HEYNE BIOGRAPHIEN

Zum Autor

Dietrich Gronau, 1943 im Kreis Potsdam geboren, studierte Germanistik, Theaterwissenschaft und Japanologie in Berlin und Paris. Lebt als freier Schriftsteller in Berlin. Veröffentlichte u.a. den Erzählband »Madame Lütfullah« (1983) und Biographien über Nâzim Hikmet (1991, rororo Monographien Nr. 426), Marguerite Yourcenar (1992, Heyne Biographien Nr. 225) und Mustafa Kamal Atatürk (1994, Fischer Taschenbuch Verlag Bd. 11062). In Vorbereitung eine Biographie über Benoîte Groult (Heyne Biographien).

Dietrich Gronau

ANAÏS NIN

Erotik und Poesie

Wilhelm Heyne Verlag
München

HEYNE BIOGRAPHIE
12/235

Printed in Germany 1993
Umschlagillustration: Interfoto München
Umschlaggestaltung: Atelier Ingrid Schütz, München
Satz: Layout & Grafik 1000, München
Druck und Bindung: Presse Druck, Augsburg

ISBN: 3-453-06346-5

Inhalt

1.
Kinderjahre in Paris, auf Reisen, in Barcelona
(1903 – 1914)

Anaïs Nin, die 1966 im Alter von dreiundsechzig Jahren durch die Veröffentlichung ihrer Tagebücher auf einen Schlag weltweit berühmt wurde, entstammte wie die meisten der zu Vor- und Leitbildern erhobenen kreativen Menschen, deren Erfahrungen, Einsichten und Zeitzeugnisse mehr zählen als die Art und Weise ihrer Vermittlung, einer längst versunkenen Welt. Versunken nicht durch das Vergehen der Jahre, sondern durch die Fülle und Bedeutung der sie verändernden Ereignisse.

Ruhige Epochen und sichere Verhältnisse bringen Idyllisches und Dekoratives hervor, Zeiten des Umbruchs und der Katastrophen fördern das Dramatische, das Experiment, den leidenschaftlichen Ton. Nins Leben und Tagebücher wurden durch beide Extreme geprägt, durch das Europa des äußeren Friedens bis 1914 und durch die nach dem Ersten und dem Zweiten Weltkrieg in Aufruhr geratene Welt.

Minutiös und subjektiv registrierte sie diesen langen Weg, ohne sich von den Erkenntnissen der Historiker, Philosophen und Politiker beirren zu lassen. Auf das Jahr genau sechs Jahrzehnte lang speicherte sie aus individueller Sicht, was sich in ihrem nächsten Umkreis abspielte, und so nimmt heute der Leser ihrer Tagebücher die Umwälzungen dieses Jahrhunderts in dem Maße wahr, wie sie das Bewußtsein eines sensiblen und humanistisch gebildeten Menschen verändert haben.

Nicht die gern als spezifisch weiblich bezeichnete Intuition und Sensibilität verleihen Nins Aufzeichnungen ihren besonderen Wert, sondern die unbeirrbare Verteidigung von Freiheit, Würde und Eigenleben des einzelnen gegen die ihn bedrohenden Manipulationen. Nin schuf sich zum Schutz ihre eigene Welt im Tagebuch, eine Gegenwelt, die sie allein deswegen nicht als Sonderling oder als romantische Weltflüchtige der Lächerlichkeit preisgab, weil sie sich individuellen Herausforderungen selbst in komfortablen Lebensumständen stellte. Noch in ihren pornographischen Texten gelang es ihr, den in reiner Sinnlichkeit befangenen Körper mit einer Aura melancholischer Selbstverlorenheit zu umgeben.

Die weibliche Sicht Nins ist nichts anderes als der Mut, trennende Ordnungs- und Übersichtskategorien zu ignorieren, um das seit Jahrhunderten durch gesellschaftliche Aggressionen geschundene Individuum wieder zum selbstbewußten Leben zu erwecken. Die Psychoanalyse, deren Nin sich wie viele ihrer Zeitgenossen in den zwanziger und dreißiger Jahren bediente, strebte das gleiche Ziel an, ihre Grenzen jedoch, die Detailanalyse, überwand Nin mit ihrem Gespür für die Totalität menschlicher Existenz ebenso wie die Enge sexueller Begierden und die Einseitigkeit feministischer Kampfpositionen.

Sie wollte den ganzen Menschen, und nur dieser Wunsch, der Zehntausende von Tagebuchseiten von ihrem elften Lebensjahr bis kurz vor ihrem Tod füllte, machte sie zu einem modernen Don Quijote, dem Spott und Mitleid ebenso sicher sind wie Bewunderung und tiefes Mittrauern um den ewig verlorenen Menschen.

Die familiären Verhältnisse, in die Anaïs Nin am 21. Februar 1903 hineingeboren wurde, enthielten bereits alle Kennzeichen ihres eigenen zukünftigen Lebens: Rastlosigkeit, bürgerliche Repräsentationssucht, Persönlichkeitskult und erotisches Versteckspielen. Es fehlten Strenge des Geistes und Leidenschaft des Herzens. Die Eltern hatten beide eine musikalische Ausbildung absolviert, womit sich ihre Gemeinsamkeiten auch schon erschöpften. Am fatalsten sollte sich ihr Altersunterschied auswirken. Nach elfjähriger Ehe trieb es den um acht Jahre jüngeren Vater dreier Kinder in eine dauerhafte Liebschaft mit einer jugendlichen Verehrerin.

Joaquin Nin y Castellanos war spanisch-katalanischer Herkunft. In Barcelona, wo seine Eltern sich niedergelassen hatten, studierte er an der Musikakademie Komposition und Klavier. Eine seiner ersten Konzerttourneen führte ihn 1902, als er mit seinen dreiundzwanzig Jahren und seiner romantischen Erscheinung – er war klein und zierlich, und seine Augen besaßen einen sanften blauen Schimmer – seine Zuhörerinnen, aber noch nicht in gleichem Maße die Kritiker faszinierte, in die Provinz nach Kuba, der damals zu den Vereinigten Staaten von Amerika gehörenden neuen Heimat vieler spanischer Auswanderer. In Havanna begegnete er in einer Musikalienhandlung Rosa, der ältesten Tochter des dänischen Konsuls Culmell, um deren Hand er wenige Monate später anhielt.

Rosa war 1871 in Havanna geboren worden. Ihre Mutter kam aus einer wohlhabenden Familie, deren Vorfahren während der Revolutionswirren Ende des 18. Jahrhunderts Frankreich verlassen hatten. Nach der Geburt von sieben Töchtern und drei Söhnen flüchtete sie aus dem Haus ihres dänischen Gatten und überließ sich und ihr weiteres Schicksal einem attraktiven kubanischen Abenteurer. Rosa, der Erstgeborenen, fiel zwangsläufig die Aufgabe zu, ihren jüngeren Geschwistern die Mutter zu ersetzen, wofür sie durch ihre Erziehung und Ausbildung an der katholischen Klosterschule von Brentwood in New York – das perfekte Englisch, das sie dort erlernte, erleichterte später ihr und ihren eigenen drei Kindern den Einstieg in die amerikanische Gesellschaft – die besten Voraussetzungen hatte.

Verständlicherweise war der Konsul nicht begeistert, als Rosa ihm ihre Liebe zu dem unbekannten Pianisten aus Barcelona gestand. Handelte es sich nicht wieder um einen Abenteurer, der seiner Familie nur Unruhe bringen würde? Andererseits war zu bedenken, daß Rosa mit ihren einunddreißig Jahren nicht mehr lange auf eine Verheiratung warten durfte, denn sie wollte eigene Kinder haben und nicht ewig Muttterersatz sein.

Da Rosa nicht nur in die blauen Augen, den bleichen Teint und die modisch extravagante Erscheinung ihrer Zufallsbekanntschaft verliebt war, sondern auch als ausgebildete Sängerin – sie hatte in Havanna privaten Unterricht genommen – eine künstlerische Seelenverwandtschaft empfand, gelang es ihr ohne weiteres, ihren Vater zu überzeugen, daß Joaquin Nin der richtige Ehemann für sie sei. Sie würde nicht nur Kinder mit ihm haben, er würde sie auch nach Paris bringen, wo es, nach seinen Worten, beste Möglichkeiten gäbe, ihr zu einer eigenen Karriere zu verhelfen.

Die Kosten für die Überfahrt des jung vermählten Paares nach Frankreich und die standesgemäße Unterbringung der Konsulstochter in Paris gingen notgedrungen zu Lasten des Brautvaters. Herr Culmell bezahlte sogar noch den Transport eines Klaviers, das er seiner Tochter zur Hochzeit geschenkt hatte. Da sein Schwiegersohn jedoch kaum einen Sous verdiente, mußte er wohl oder übel auch dessen Haushalt finanzieren. Nach seinem Tod 1907 beglich dann Rosa aus dem väterlichen Erbe sämtliche Rechnungen, unter ihnen nicht wenige über Luxusartikel, die ihr Mann zur Einstimmung auf seine Konzerte benötigte.

Das Domizil der Nins befand sich in dem großbürgerlichen Pariser Randbezirk Neuilly-sur-Seine in der Rue Général-Henrion-Bertier Nummer sieben. Dort kam wenige Monate nach der Eheschließung in Havanna ein Mädchen zur Welt, das am 21. Juni 1903 auf die Namen ihrer kubanischen Tanten Anaïs, Juana, Edelmira, Antolina getauft wurde.

An eine Karriere als Sängerin war bis auf wenige öffentliche Auftritte nun gar nicht mehr zu denken. Zusätzlich zu dem Kind nahmen Rosa der Haushalt mit den zahlreichen musikalischen Abendgesellschaften und die Betreuung des sensiblen und äußerst exzentrischen Künstlergatten voll in Anspruch. Daß sie nicht wirklich unter dieser Einbuße litt, lag wohl im wesentlichen an ihrer eher unkünstlerischen Begabung, das Leben nüchtern und von seiner materiellen Seite zu betrachten. Sehr früh schon begriff sie, daß sie ihren Mann mit anderen Frauen teilen mußte, und so konzentrierte sie sich auf das Wohlergehen ihrer Tochter und ihrer beiden Söhne Thorvald und Joaquin, die sie 1905 und 1908 gebar. Vielleicht rechnete sie bereits in jenen Jahren damit, eines Tages allein mit ihren Kindern leben und wirtschaften zu müssen.

Joaquin Nin kümmerte sich nur wenig um seine Frau und seine Kinder. Er studierte weiter Komposition an der Schola Cantorum, gab Konzerte, übernahm zeitweise Professuren und schrieb in seinem Arbeits- und Bibliothekszimmer Bücher über spanische Musik, spanische Musiker und allgemeine Kunstfragen. Abends in Neuilly wurde häufig musiziert, zeitweise mit dem berühmten Geiger Eugène Ysaye und dem jungen Cellisten Pablo Casals, der wie der Gastgeber die Musikakademie in Barcelona besucht hatte. Gelegentlich trug auch Rosa eine ihrer Lieblingsarien von Alessandro Scarlatti, dem Hauptvertreter der italienischen Barockoper, vor.

Die empfindlichsten Störungen für ein harmonisches Ehe- und Familienleben verursachten die wechselnden Aufenthalte in anderen Städten, in denen Joaquin Nin konzertierte, lehrte oder sich selbst weiterbilden wollte. 1905 ging es nach Havanna, wo der erste Sohn Thorvald geboren wurde, 1908 nach Berlin, dem Geburtsort des zweiten Sohns Joaquin, und 1910 nach Brüssel. Anaïs erkrankte während dieser Zeit zweimal lebensgefährlich, wodurch das Zutrauen zu ihrem Körper erheblich beeinträchtigt wurde. In Havanna bekam sie Typhus, und in Brüssel, wo sie erstmals die Schule besuchte, mußte sie wegen einer verschleppten Blinddarmentzündung operiert werden und drei Monate im Krankenhaus liegen.

Ihr Vater, den sie abgöttisch liebte, verletzte sie damals tief, als er ihr eines Tages deutlich zu verstehen gab, wie häßlich sie durch ihre Krankheiten geworden sei. Wahrscheinlich löste diese ungewöhnlich stark und nachhaltig empfundene Zurückweisung bereits das Bedürfnis aus, sich in eine Wunschwelt zu flüchten. Im Vorwort ihres 1978 veröffentlichten Kindertagebuchs schrieb ihr Bruder Joaquin Nin-Culmell, der nach einer angestrebten Pianistenlaufbahn ein anerkannter Musikwissenschaftler wurde:

»Schon in Brüssel schrieb sie Märchen, die meine immer begeisterte Mutter meinem nicht so empfänglichen Vater zu lesen gab. Ihr ›Ruf‹ innerhalb der Familie war derart, daß Madame Emilia Quintero, eine Freundin der Familie, als sie Anaïs nach unserer Ankunft in New York kennenlernte, sagte: ›Das ist also die Kleine, die so gut schreibt?‹«

Als Sechzehnjährige erklärte Anaïs die Funktion ihres Tagebuchs, das sie während der ersten Jahre wie einen Partner anredete, durch eine sinnfällige Variante: »Du bist wie ein Sieb. Nicht so eins, wie man es in der Küche benutzt – du bist ein Seelensieb. Alles, was ich sage, denke und tue, fließt langsam durch dieses Sieb und breitet sich ohne künstlerische Zubereitung auf deinen Seiten aus.«[1]

Ein ungewollt treffendes Bild, das auch für Nins spätere Tagebücher gilt: Das in ihnen aus der Wirklichkeit Abgesonderte entspricht weit mehr einer subjektiven Auslese als einer objektiven Bestandsaufnahme. In diesen von persönlichen Motiven diktierten Aufzeichnungen liegen wahre Empfindungen und Verstellungen, Reportage und inszenierte Realität meist dicht beieinander, so daß trotz der Fülle des Niedergeschriebenen der Eindruck entsteht, der Autorin niemals wirklich nahe zu sein. Oscar Wilde, dessen paradox formulierte Erkenntnisse Nin sehr schätzte, hätte sie vielleicht als ein Vorbild seiner Erzählung *Die Sphinx ohne Geheimnis* bezeichnet.

Ende der dreißiger Jahre blickte Nin, geschult durch mehrere Psychoanalysen, in der surrealistisch gefärbten Prosaskizze *Das Labyrinth* noch einmal auf ihr Kindertagebuch zurück: »Ich war elf Jahre alt, als ich das Labyrinth meines Tagebuchs betrat. Ich trug es in einem Körbchen, stieg die ausgetretenen Stufen eines Spanischen Gartens empor und gelangte in den Hinterhof eines Hauses in New York, das inmitten enger Straßen lag. Ich hielt mich unter dem Schutz dunkler, grüner Schatten an Wege, die ich bestimmt wiederfinden würde. Ich wollte sie wiederfinden, um zurückkehren zu können.«

Nach der Schilderung einer symbolüberfrachteten bizarren Szenerie heißt es in der Abschlußpassage: »Meine Füße traten auf Papier. Es waren die Straßen meines Tagebuchs, gekreuzt von den Balken schwarzer Notizen. Auf ihnen wanden sich

Mauern ohne Tore und Begierden ohne Erfüllung. Ich war verloren im Labyrinth meiner Erkenntnisse, verloren zwischen den verschleierten Gesichtern meiner Handlungen, die nur im Tagebuch enthüllt wurden.«[2]

Auch mit dieser sprachlich überhöhten Erklärung über Anlaß und Sinn ihrer Tagebücher führte Nin den Leser wieder nur in eine Sackgasse, denn nichts lag ihr ferner, als ihre Handlungen wirklich enthüllen zu wollen. Das Vexierspiel zwischen Schein und Wirklichkeit, das sie ebenso in der künstlerischen Produktion wie in der Selbstdarstellung beherrschte, ließ ihren Bruder Joaquin noch nach ihrem Tod schreiben: »In meinen Augen als Bruder wird Anaïs immer geheimnisvoll bleiben, selbst in der ungekürzten Fassung des Kindertagebuchs, selbst wenn in Zukunft sämtliche ungekürzte Fassungen all ihrer Tagebücher veröffentlicht würden. Es ist eindeutig, daß Anaïs ein intuitiver, ein subjektiver Mensch war: eine Dichterin, eine Zauberin. Sie war Erfinderin ihrer Welt und ihrer Zuflucht.«[3]

Außergewöhnliche Sensibilität, intuitive und schnelle Auffassungsgabe und durch Krankheit verminderte physische Abwehrkräfte boten in Verbindung mit der hochgespannten Atmosphäre des elterlichen Künstlerhaushalts und dem häufigen Ortswechsel beste Voraussetzungen, die in der jungen Anaïs schlummernden Talente schon früh zum Ausbruch zu bringen. Daß die bei ihr als begabtem Kind weniger auffällige narzißhafte Ichbezogenheit sich später noch steigerte und zur Haupttriebfeder für die Niederschrift ihres monumentalen Tagebuchs wurde, läßt sich jedoch nur teilweise durch Herkunft, Erziehung und äußere Umstände erklären. Die Besessenheit, Exaltation und Nervosität, die Nins Leben und Schreiben prägten, hatten ihre ureigenen Quellen in ihr selbst.

Von Brüssel aus, wo sich die Familie Nin zwei Jahre aufhielt – gemessen an ihrem sonstigen hektischen Lebenswandel eine kleine Ewigkeit –, ging es im Frühjahr 1913 an die Atlantikküste zurück nach Frankreich. Anaïs' Vater, der eine längere Erholungspause einlegen wollte, so schien es jedenfalls, hatte eine Villa in Arcachon, einem damals fashionablen Kurort an der

Gironde, nicht weit von Bordeaux entfernt, gemietet. Denkwürdig aus dieser trügerisch idyllischen Zeit in Arcachon blieb der Abend, an dem der Grundstücksnachbar, Gabriele d'Annunzio, zu Besuch kam. Auf Wunsch des berühmten italienischen Dichters sang Rosa eine Barockarie von Antonio Caldara, wofür sich der hohe Gast mit einem Handkuß bedankte.

Am 13. Mai 1913 ereignete sich schließlich das, worauf Rosa innerlich bereits seit langem vorbereitet war. Ihr Mann erklärte, daß er einen kurzfristig angesetzten Konzerttermin wahrnehmen müsse. Die Vermutung Rosas, daß der Konzerttermin Joaquin nur als Vorwand diente, um sich mit seiner Geliebten, der sehr jungen und sehr reichen Maria Luisa Rodriguez, die ebenfalls die für d'Annunzio gegebene Soiree mit ihrer aufreizenden Gegenwart beehrt hatte, auf- und davonzumachen, bestätigte sich schon bald. Joaquin Nin kam nicht mehr zurück, auch nicht auf Bitten seiner Kinder, mit denen er noch viele Jahre korrespondierte.

Für Rosa bedeutete das abrupte Ende ihrer Ehe – Joaquin heiratete 1925 seine Geliebte –, daß sie von nun an für ihre drei Kinder alleine zu sorgen hatte. Große Trauer empfand sie nicht, eher Zorn und Verachtung. Anaïs aber wandte sich im Lauf der Jahre immer leidenschaftlicher ihrem Vater zu. In ihrer Phantasie wurde er zu einem idealen Partner, zu dem sie schließlich auch physisches Verlangen hindrängte. Nachdem sie ihm später in Frankreich wiederbegegnet war, schrieb sie 1933 das lyrische Prosastück *Haus des Inzests* und die Erzählung *Eiszeit*, zwei Texte über inzestuöse Beziehungen.

In einem Rückblick auf ihr kurzes Leben diagnostizierte die zwölfjährige Anaïs: »Bevor ich schlafen ging, habe ich die groben Züge meines Lebens nachvollzogen. Meine Geburt und gleich danach eine schreckliche Typhuserkrankung. Später, als ich größer wurde, litt ich schweigend bei jeder Tournee von Paps, die uns für lange Monate trennte. 1912 bekam ich dann mehrere Anfälle, die mit einer schweren Blinddarmoperation endeten, von der man glaubte, daß sie bereits an einer Toten vollzogen wurde. Ich litt genauso wie Mama, wenn ich sie so traurig sah, obwohl sie sich Mühe gab, es zu verbergen.

Zu meiner Genesung reisten wir nach Arcachon und wohnten in der Villa ›Les Ruines‹. Welch traurige Szenen zwischen Papa und Mama! Sie prägten sich für immer in meine Gedanken, die unfähig waren, zu verstehen. In jenem schauerlichen Monat Juni, wenn ich mich nicht irre, ging Papa auf Tournee, und Mama kam nach Spanien. Ich war weit davon entfernt, den Grund dieser Reise zu verstehen, die sich inzwischen in meiner Erinnerung als die traurigste Zeit meines Lebens festgesetzt hat.«[4]

Bereits ein Jahr früher stellte sie fest: »Arcachon, das ist der Ort, wo Papa uns verlassen hat, und er ist nicht wiedergekommen. Wir wohnten in einer Villa, die ›Les Ruines‹ hieß. Es waren tatsächlich Ruinen, denn seitdem habe ich meinen Papa nicht mehr geküßt, und seitdem ist die Familie eine Ruine, und Mama mußte singen, um uns zu ernähren.«[5]

Rosa, die sich seit dem Familienunglück in Arcachon Nin-Culmell nannte, ging es zwar in den folgenden Jahren finanziell niemals so schlecht, wie es Anaïs als mitempfindende Tochter in ihren Tagebüchern darstellte, aber da das väterliche Erbe erheblich zusammengeschmolzen war, mußte sie sich nach einer Erwerbsquelle umsehen, bevor wirkliche Not sie zu bedrohen begann. Als hilfreich erwiesen sich dabei ihre zahlreichen Verwandten, erst in Barcelona und dann in New York, und ihre eigene resolute Art, Tatsachen anzupacken. Als sie erkannte, daß sie mit ihren Gesangsauftritten in Amerika kaum genügend Dollar verdienen würde, wandelte sie sich zu einer Geschäftsfrau mit organisatorischem Talent, wobei ihr die Ausbildung an der Brentwood-Klosterschule und der ererbte Geschäftssinn ihres Vaters außerordentlich zugute kamen.

Von Arcachon zog Rosa Nin-Culmell im Frühsommer 1913 erst einmal zu ihren Schwiegereltern nach Barcelona, was ihr, wie Joaquin jun. sich später erinnerte, den Vorwurf ihres Mannes einbrachte, ihn auf diese Weise zu einer Rückkehr erpressen zu wollen. Anaïs, die zu diesem Zeitpunkt ebensowenig wie ihre beiden Brüder ahnte, daß sie ihren Vater verloren hatte, gewann vor allem zu ihrer Großmutter ein inniges Verhältnis.

Nach einem einjährigen Aufenthalt in der katalanischen Hafenstadt bestieg Rosa mit ihren drei Kindern das Passagierschiff *Montserrat* nach New York, um sich dort, unter großzügigeren gesellschaftlichen Bedingungen, eine eigene Existenz aufzubauen. Noch am ersten Tag, während die *Montserrat* an der spanischen Küste entlangfuhr, begann Anaïs ihre Tagebucheintragungen zu machen. Angeregt durch die Vorstellung, Europa für lange Zeit nicht mehr wiederzusehen, wehrte sie sich gegen ein Übermaß an Empfindungen und Erinnerungen, indem sie alles in Sprache umsetzte, was sie in ihrer Umgebung und in sich selbst wahrnahm. Da sie bereits viele Bücher aus der Bibliothek ihres Vaters gelesen und selber Märchen und Abenteuergeschichten geschrieben hatte, gelang ihr dieser Umsetzungsprozeß mit erstaunlicher Sicherheit.

Am 25. Juli 1914 schrieb sie in orthographisch fehlerhaftem, stilistisch aber geschmeidigem Französisch – ab 1920 wurde das »Journal« zum »Diary«, und nur noch gelegentlich tauchte ein französisches Zitat auf – die ersten Sätze ihres bis 1974 geführten Tagebuchs. Noch konnte sie sich nicht ganz von der Form der Erzählung trennen, und so begann sie, eingeschlossen in ihrer Schiffskabine, mit der Überschrift *Letzter Blick auf Barcelona und letzte Gedanken*: »Die Berge ragen empor in majestätischer Schönheit. Die untergehende Sonne zeigt ihren letzten blassen Schimmer. Der blaue Himmel ist hie und das mit kleinen weißen Wolken gesprenkelt. Inmitten dieser Landschaft kommen scharenweise verschiedene Gedanken.

Wir werden Barcelona verlassen, diese hübsche Gegend. Wir werden diesen blauen Himmel, der mich so entzückt, nicht mehr sehen. Ich werde meine Lippen nicht mehr auf das sanfte Gesicht meiner geliebten Großmama legen. Ich werde diese wunderschöne Landschaft nicht mehr in aller Muße betrachten können. Ich werde mich nicht mehr meinen namenlosen Gedanken hingeben können, die mich abends immer erfaßten, wenn ich am Balkon lehnend, in der Stille der Nacht, mich ihnen hingab. Und schließlich bin ich traurig, wenn ich daran denke, daß wir ein Land verlassen haben, das für uns eine Mutter und ein Glücksgeschenk war.«

Die Überfahrt dauerte mit Zwischenlandungen in Malaga und Cádiz siebzehn Tage, und Anaïs füllte während dieser langen ruhigen Zeit eine Seite ihres Schulhefts nach der anderen. Nach den Beschreibungen der Ausflüge in Malaga – »Die Frauen dürfen nur zur Kirche und zum Stierkampf ausgehen, und sogar das nur selten. Allein wegen dieses unschönen Brauchs, den die Leute hier ausüben, würde ich das Land verlassen« – und in Cádiz folgten Beobachtungen der Passagiere, des Bordpersonals und des wechselhaften Wetters und immer wieder verehrungsvolle Beschreibungen ihrer Eltern in Prosa und in Versen. Über den Vater heißt es in einem Gedicht:

»Hier ist mein Papa, mein geliebter Papa.
Hier ist der Kopf des größten Pianisten,
den es auf der Welt gibt.
Er spielt einmal sanft,
einmal kraftvoll.
Sein Spiel ist eine Sprache:
sie ist traurig oder fröhlich.
Es ist großartig zu beobachten,
wie seine Hände den Noten gehorchen.
Alle Welt ist entzückt.«

Das Porträt von der Mutter, das noch am gleichen Tag, am 2. August, entstand, fiel um einige Spuren banaler aus. An einen imaginären Leser gewandt – wenig später redete sie das Tagebuch selber als ihren idealen Zuhörer an –, schrieb sie: »Vor Ihren Augen sehen Sie eine große Sängerin, es ist Mama. Sie hat überall großen Erfolg, und wie Papa trägt sie auf ihrer Stirn manche Kränze, die sie für ihre Mühe auszeichnen. Außer einer großen Sängerin ist sie auch eine zärtliche Mutter. Sie opfert sich für uns wie keine andere Mutter. Mama ist herzensgut, die Güte ihres Blickes sagt das. Ich liebe sie sehr. Sie schenkt uns viel Liebe, ich weiß es. Und diese geliebte Mama weiß nicht, was sie für uns noch alles tun soll, um uns Freude zu machen. Diese ganzen Opfer sind für uns, sie arbeitet einzig und allein für unser aller Zukunft. Keine Mutter auf dieser Erde hat mehr als Mama getan.«

Als auf halber Strecke das Meer unruhiger wurde und auch Anaïs an der Seekrankheit litt, mußte das Tagebuch warten, aber bereits während der zweiten Schlechtwetterperiode stellte sich das vertraute Verhältnis wieder her. »Entschuldige, daß ich mit dem Bleistift schreibe, aber ich bin draußen an Deck. Ich werde dir das Wetter beschreiben: es scheint keine Sonne, der Himmel ist grau, der Wind weht, das Meer ist mit Schaum bedeckt, die Wellen sprühen einen feinen Regen auf das Deck, das Meer ist grau. Das Schiff versucht ständig Kopfstand zu machen und taucht mit dem Bug nach vorn. In mehrere Kabinen ist Wasser eingedrungen.«

Der blasse Bleistiftstrich, Korrekturen und die persönliche Handschrift ließen Anaïs fürchten, daß zukünftige Interessenten nicht in der Lage sein würden, ihr Tagebuch zu lesen. »Der zweite Offizier hat uns in seine Kajüte mitgenommen, da gibt es eine Schreibmaschine. Ich hätte mein Tagebuch gern abgeschrieben, denn keiner aus meiner Familie wird ein so schreckliches Gekrakel wie meines entziffern können, aber Mama hat mir erklärt, daß es besser sei, das Tagebuch so zu lassen, wie es ist.«

In späteren Jahren verwarf Anaïs den Gedanken, ihr Tagebuch überhaupt jemals zu veröffentlichen, obwohl sie, wie die meisten Tagebuchschreiber mit literarischem Anspruch, ambitionierte Texte verfaßte. Zu der auszugsweisen Publizierung kam es schließlich ab 1966, nachdem das Ninsche Tagebuch durch Mundpropaganda, nicht zuletzt von Henry Miller ausgehend, zu einer Legende geworden war und Nin selber den Wunsch in sich entdeckte, wenigstens einen Teil ihrer fast ein halbes Jahrhundert umfassenden Aufzeichnungen der Öffentlichkeit zu übergeben. So wie sie sich nach und nach hinter Schleiern verhüllt hatte, präsentierte sie ihre Maskeraden auch nur schubweise und mit Bedacht. Der erste veröffentlichte

Tagebuchband enthielt die turbulenten Pariser Jahre mit Henry Miller. Dennoch erfuhr die verblüffte Lesergemeinde erst nach Nins Tod durch ein aufgespartes *Intimes Tagebuch,* daß sie mit ihrem amerikanischen Kollegen und dessen Frau, June, nicht nur diskutiert und Café noir getrunken hatte.

Das *Kindertagebuch* (1914–1920) und die *Frühen Tagebücher* (1920–1931) folgten erst zum Schluß der Edition, als das Interesse der Leser nach den verwirrend zurückhaltenden Konfessionen und den verwirrend offenherzigen Texten des *Intimen Tagebuchs* und des *Delta der Venus* bereits nachzulassen begann. Ohne Zweifel hat sich Nin mit ihren Bekenntnissen einen Namen geschaffen. Als Moralistin, die gegen die Zerstörung des Individuums aufbegehrte, bleibt sie jedoch weiterhin zu entdecken. Die Reihenfolge, in der sie die Tagebücher erscheinen ließ, verhinderten das langsame Hineinwachsen in ihren Schutzpanzer, ohne dessen Kenntnis ihre Jahre des Reifens und der Erfahrungen wesentlich an Reiz und Tiefe verlieren. So hat die Meisterin der Verstellung und Maskerade dafür gesorgt, daß auch nach ihrem Tod der Schein vor der Wahrheit, die Stilisierung vor der Unvollkommenheit und die pralle Frucht vor der zarten Blüte die Öffentlichkeit blendeten.

In der elfjährigen Anaïs steckte trotz frühreifer Wachheit ein junges, braves Mädchen, das Glück und Schuld im Rahmen bürgerlicher und katholischer Moral empfand. Dazu gehörten Fleiß und Disziplin, Kontrolle dessen, was von den eigenen Gedanken und Gefühlen in die Sprache dringt, und Trauer, wenn Wunsch und Wille mit den vertrauten Maßstäben kollidieren. Die Fahrt über den Atlantik dauerte mit dem kleinen Dampfschiff *Montserrat* recht lange, und nicht immer gab es für das Tagebuch nur geistige Nahrung. Am 5. August 1914 lautete die Eintragung:

»Alles, was ich tue, tue ich für mich selbst, um mich zu zerstreuen. Dieses Jahr werde ich Mama einen hübschen bestickten, rosafarbenen Taschentuchbehälter machen, stelle ich mir vor, oder ich könnte auch eine andere Handarbeit für sie machen. Man merkt es, heute habe ich keine Lust zu schreiben, denn ich weiß überhaupt nicht, was ich erzählen soll. Ich bitte um Verzeihung, liebes Tagebuch.«

Am 9. August, drei Tage vor der Ankunft in New York, legte Anaïs die Handarbeit – sie hatte sich schließlich für einen Schal entschieden – beiseite und ließ ihre Gedanken wieder einmal schweifen: »Ich teile meinem Tagebuch mit, daß wir demnächst in New York ankommen. Ich freue mich, meine Tanten zu sehen. Aber ich bin auch immer trauriger, Großmama zu verlassen. Es ist wahr, ihre Küsse fehlen mir, ihr sanfter Blick fehlt mir ebenso wie ihre Küsse. Nun ja, vielleicht werden wir wieder nach Barcelona zurückkehren, ich hoffe es. Mein Schal ist fast fertig, es fehlt nur noch eine Reihe. Ich habe beschlossen, ihn Mama zu schenken, denn Großmama kann eine so helle Farbe wie dieses Blau nicht tragen.«

Dann folgten zwei Tage ganz ohne Eintrag, das heißt, Anaïs vermerkte gewissenhaft unter jedem Datum: »Nichts.« Am 11. August lief die *Montserrat* endlich im Hafen von New York ein, da jedoch starker Nebel herrschte, mußte das Schiff morgens von drei bis acht Uhr kurz vor der Einfahrt vor Anker gehen. Dann waren es nur noch zwanzig Minuten bis zum Überseekai. Anaïs vermerkte lapidar die bevorstehende Zäsur: »Alle sind froh, daß wir in New York ankommen. Ich bin auch froh, aber ganz ehrlich, ich würde gern nach Barcelona zurückkehren.«

Trotz der aufregenden Ereignisse der Landung, der Begrüßung durch die Verwandten, der ersten Fahrt mit der Untergrundbahn durch New York und der Ankunft in einem neuen Haus nahm sich die Elfjährige noch am selben Abend die Zeit, ihre Tagebuchaufzeichnungen fortzusetzen. Diese Konzentration auf sich selbst auch in Zeiten intensivsten Erlebens zeugt mehr noch als die frühen schriftlichen Äußerungen von der egozentrischen Kraft in der jungen Anaïs. Vielleicht auch von der Einsamkeit eines Kindes, das zwar bereits eine Überseefahrt (mit ihrem Vater nach Kuba) kennengelernt hatte und stets umgeben war von Familienangehörigen, die sie verwöhnten, das aber dennoch niemanden fand, der es von seinem eigenen Wesen befreite. Dieses eigene Wesen, das sich scheinbar unabhängig von der Außenwelt entwickelt hatte, brachte Anaïs auf den Gedanken, einen Doppelgänger zu haben, ein Gedanke, der sie nie wieder losließ und sie dazu verführte, bald ihr Tagebuch, bald ihren Vater, bald eine Person, mit der sie sich identifizierte, als ihr zweites Ich zu betrachten. Am zweiten Tag nach der Abreise aus Barcelona beschrieb sie in Gedichtform eine Art Vision, die sie während ihres ganzen Lebens wie ein Fluch oder ein Segen begleiten sollte:

»In der Einsamkeit der Nacht
schlich auf leisen Sohlen
eine Gestalt im Nachthemd
an der Terrasse vorbei.
Sie lief
und hielt plötzlich inne:
sie hatte soeben
eine ähnliche Gestalt erblickt,
die ihr folgte.
Als sie sich umdrehte,
verschwand die andere Gestalt
vor ihren erstaunten Augen:
es war der eigene Schatten, der sie ängstigte,
denn ihre Seele war nicht ruhig.«

2.
Jugend und erste Ehejahre in New York
(1914 – 1923)

Rosa Nin-Culmell wurde mit ihrer Tochter Anaïs und ihren beiden Söhnen Thorvald und Joaquin von ihren zahlreichen kubanischen Verwandten, die in New York lebten, mit offenen Armen empfangen. Man bedauerte ihr Mißgeschick mit dem flatterhaften spanischen Pianisten und half ihr durch Stolz und Würde, diese Episode ihres Lebens möglichst schnell im Schoß der Familie zu vergessen. Auch materiell unterstützte man sie großzügig, so daß sie sich schon bald im Bezirk Manhattan eine eigene Wohnung mieten konnte. Finanziell unabhängig wurde sie schließlich durch eine rigorose Entscheidung. Sie gab den wenig lukrativen Job als Gesangslehrerin auf und begann im prosaischen Stil amerikanischer Lebensart Geld zu machen: nacheinander betrieb sie eine Fremdenpension, warb um Kunden für Kaufhäuser, handelte mit Immobilien und spekulierte mit Aktien.

Anaïs, seit Jahren gewohnt, neue Städte und neue Menschen vorbeiziehen zu sehen, reagierte weder verstört noch besonders begeistert auf den abermaligen Ortswechsel. Sie beobachtete aufmerksam ihre Umgebung, und die Eintragungen in ihrem Tagebuch, das sie in einem Körbchen überall mit sich herumtrug, nahmen mit ihrer Bücherlektüre an Genauigkeit und Anschaulichkeit zu. Die bereits ausgeprägte Neigung, das eigene Gewissen zu befragen und die eigenen Empfindungen zu beschreiben, wurde durch ihr kontaktfreudiges Temperament und ihr naives Interesse an alltäglichen Kleinigkeiten ausbalanciert. Während der ersten New Yorker Jahre klagte sie dann und wann, daß es ihr an Liebenswürdigkeit und äußerer Attraktivität fehle, aber dieses Unbehagen jugendlichen Heranwachsens legte sich, sobald sie durch das werbende Verhalten junger Männer die Gewißheit erlangt hatte, eine hübsche Frau mit der exotischen Ausstrahlung der Katalanin geworden zu sein.

Auffällig an Anaïs' Kindertagebuch sind die häufigen Eintragungen über ihren Vater, die oft in Form von Briefen, fiktiven oder tatsächlich abgeschickten, erfolgten. Sie steigerte sich in ein Verhältnis hinein, das zumindest den üblichen familiären Rahmen sprengte. Eine wichtige Rolle bei dieser Entwicklung spielte, daß Joaquin Nin, obwohl er niemals wieder die Absicht hatte, zu seiner Familie zurückzukehren, mit seinen Kindern korrespondierte. Allerdings mit weniger Erfolg bei seinen Söhnen, die sich bereits nach kurzer Zeit dem Versuch des Vaters entzogen, sie auch noch aus der Ferne zu beeinflussen. In einem klärenden Gespräch mit ihrer Tochter sagte Rosa im Herbst 1919: »Ach, mein kleines Mädchen, du kennst die Macht deines Vaters nicht, wenn er schreibt. Du weißt nicht, wie gut er die Fähigkeit beherrscht, andere Menschen von dem zu überzeugen, was er sagt, selbst wenn es Lügen sind.«[6]

Drei Monate nach der Überfahrt mit der *Montserrat*, die schon bald nach Ausbruch des Ersten Weltkriegs von feindlichen deutschen Schiffen gekapert worden war, trug Anaïs am 15. November in ein neues Schulheft ein: »Jedesmal, wenn ich zur Kommunion gehe, stimmt mich der Gedanke an Papa trauriger, und ich weiß nicht warum. Heute nacht habe ich geträumt, daß ich einen Brief von Papa bekommen habe, in dem er mir sagte: ›Ich komme.‹ Ach, wenn das nur wahr wäre! Wie glücklich ich wäre, ich wäre der glücklichste Mensch auf Erden. Ich schreibe an Papa, und immer bitte und bettle ich, er soll doch kommen. Ich hoffe, vielleicht kommt er wirklich. Wenn ich kommunizere, glaube ich eher, Papa zu küssen und zu empfangen als den lieben Gott. Er ist so angenehm, dieser Augenblick. Ich bin es überdrüssig, Papa zu sagen: ›Ich küsse dich‹, ich möchte ihn gerne wirklich küssen.«

Am 6. September 1916, also zwei Jahre später, skizzierte sie an den Vater einen Brief mit den Schlußsätzen: »Es gibt weder Frühling noch Sommer noch Herbst noch Winter für mich, nur Traurigkeit. Warum ist mein Schicksal denn so verschieden vom Schicksal der anderen? Jeder ist mal traurig, mal unglücklich, ich weiß es, aber mir scheint, daß es für die anderen ein Heilmittel gibt, während es für meine Traurigkeit nur eine Heilung gibt, die ich bisher für unmöglich hielt und die ich nur im Traum erahnte. Du weißt, was ich meine, Papa, nicht wahr? Du weißt auch, was mir fehlt, Papa, und du weißt, daß nur du meine Heilung wahrmachen kannst. Muß ich es immer wieder sagen? Nein, ich habe es schon so oft gesagt! Geliebter Papa, es ist deine Tochter, die mit dir spricht und die nach dir verlangt.«

In leidenschaftlichem Ton faßte Nin 1938 in der Erzählung *Eiszeit* die Jahrzehnte währende angespannte Beziehung, die erst 1933 in Frankreich ihren Wendepunkt fand, zusammen. Auf ihre Kindheit in Brüssel, wo der Vater sie, enttäuscht durch ihre krankheitsbedingte äußere Veränderung, von sich gestoßen hatte, und auf ihre Jugendjahre in New York zurückblickend, wo sie sich bemühte, dem Wesen des Vaters nahezukommen, schrieb sie über sich:

»Sie sehnte sich nach großer Liebe und Zärtlichkeit, nach Vertrauen und Offenheit. Sie glaubte sicher zu wissen, daß ihr Vater sie zurückgewiesen hätte – seine Maßstäbe waren zu streng. Sie schrieb ihm einmal, sie glaube, daß er sie verlassen habe, weil sie als Tochter nicht intelligent und schön genug war. Immer hatte sie den Eindruck, zurückgewiesen zu werden, und war davon überzeugt, unerwünscht zu sein. Die Angst, unerwünscht zu sein, lastete wie eine ewige, eisige Verdammung auf ihr.«[7]

Einige Seiten weiter fällte Nin ihr Urteil über ihren Vater, den sie als einen Mann erkannt hatte, dessen Seele zwischen Ehrgeiz und Egoismus verlorengegangen war. »Als Frau vermochte sie besser die Krankheit seiner Seele zu erkennen, die sich hinter jener Maske der Kälte verbarg, vor der sie sich als Kind so sehr gefürchtet hatte. Seine Seele war krank. In der Tiefe seines

Wesens war er sehr krank. Sein Wesen starb. Seine Augen waren nicht mehr in der Lage, die Wärme, die Nähe und das Wirkliche zu sehen. Er schien von weither gekommen zu sein, aber nur, um sie sofort wieder zu verlassen. Er täuschte seine Anwesenheit vor, aber nur sein Körper war anwesend, nicht seine Seele. Sie entfloh durch hundert Spalten, befand sich stets auf der Flucht, auf der Flucht in die Vergangenheit oder in die Zukunft, überallhin, aber sie verweilte nie in der Gegenwart.«[8]

Niemand in der Umgebung der jungen Anaïs in New York ahnte etwas von ihrer heimlichen und immer intensiveren Zuwendung zu ihrem Vater, die sie einzig und allein ihrem Tagebuch anvertraute. Ihre Tanten und Onkel, Cousins und Cousinen lernten sie als ein recht normales Mädchen kennen, das zwar ein etwas übersteigertes Bedürfnis nach Literatur demonstrierte, indem es ständig Bücher, die es sich aus der Stadtbibliothek entlieh, verschlang und selber überall und zu jeder Zeit Texte produzierte, sich aber sonst kaum von Gleichaltrigen unterschied. Anaïs spielte mit Puppen oder Bällen, half der Mutter im Haushalt, ging regelmäßig zur Schule und liebte Familienfeste.

Am 1. Oktober 1914 übernahm Rosa Nin-Culmell die kleine Zweizimmerwohnung ihrer nach Havanna zurückkehrenden Schwester Antolina im Innenstadtgebiet von Manhattan. Die Kinder, die vorher mit ihrer Mutter in dem Einfamilienhaus von Tante Edelmira und Onkel Gilbert Chase auf Long Island untergebracht waren, vermißten anfangs den Garten, aber schon bald genossen sie es, wieder ihr eigenes Zuhause zu haben. Anaïs, die erst noch die englische Sprache lernen mußte und weiterhin am liebsten französische Literatur und Bücher über französische Geschichte und berühmte Franzosen und Französinnen wie Napoleon und Jeanne d'Arc las, brauchte lange, um ihre neue Heimat auch innerlich anzunehmen. Ihre Abneigung gegen die amerikanische Zivilisation verstärkte sich sogar noch während ihres sechzehnjährigen Aufenthalts von 1923 bis 1939 in Paris, schlug dann aber, nach ihren Jahren in der New Yorker Künstlerkolonie Greenwich Village und ihrer Übersiedlung nach Kalifornien, beinahe in das Gegenteil um.

Für die Zwölfjährige gab es vorerst nur Frankreich. »Ich hasse alles, was amerikanisch ist. Warum? hat mich Mama gefragt. Also es ist so: ich mag nur die Stille, und hier ist unaufhörlich Lärm. Warum? Weil hier alles düster und streng ist, wie im Gefängnis, und ich mag strahlende Landschaften, ich sehe gern den Himmel, ich liebe es, die Schönheit der Natur in aller Stille zu bewundern, und hier sind die Häuser so hoch, so hoch, daß man nichts sieht. Und wenn man durchs Fenster einmal ein Eckchen Himmel sieht, dann ist er nicht blau, blaß rosa oder von einem ruhigen Weiß, nein, das sieht man hier nicht, man sieht einen schwarzen, tiefhängenden, finsteren Himmel, verschmutzt und geschwärzt durch die Eitelkeit und den Hochmut der modernen Frauen und Männer.«[9]

Die Schlußwendung gegen die modernen Frauen und Männer bezog sich vor allem auf Anaïs' Mutter, die nicht mehr in Neuilly an der Seite eines Künstlers lebte, sondern plötzlich in ein Land verschlagen worden war, wo man es für selbstverständlich hielt, daß Frauen, sogar verheiratete, arbeiteten. Oft erwähnte Anaïs das müde Gesicht ihrer Mutter, und voller Mitgefühl beschrieb sie sie als einen Engel der Aufopferung und Geduld. Da Nin seit ihrer Heirat 1923 fast ausschließlich vom Geld ihres Mannes lebte, wurde ihr während ihrer Vortragsreisen durch Amerika, die sie seit den späten vierziger Jahren unternahm, immer wieder von feministisch engagierten Frauen vorgeworfen, daß sie bei ihrer Propagierung weiblichen Lebens den ökonomischen Aspekt vernachlässige. Ohne Zweifel ein angreifbarer Punkt, aber ein verständlicher, wenn man ihre bürgerliche Herkunft und das von ihr als Schmach und Qual empfundene Geldverdienen ihrer aus dem alten Europa verstoßenen Mutter berücksichtigt.

Die Wohnung in Manhattan war zwar klein, da die Kinder aber noch nicht erwachsen waren, genügte sie Rosa vorerst als gemeinsame Unterkunft. Bei der detaillierten Beschreibung der Räume begann Anaïs mit der Küche, in der auch die Mahlzeiten eingenommen wurden, dann folgten das Wohnzimmer mit offenem Kamin, Salonmöbeln, einer Schlafcouch und einem Klavier, das Badezimmer und das Schlafzimmer, in dem manche Seite des Tagebuchs entstand:

»Kommen wir zum Schlafzimmer. Wenn man eintritt, sieht man rechts zwei Türen. Die eine ist eine Spiegeltür zu einem Schrank, aus dem man die Kleider herausnimmt, daneben ist eine Tür ohne Spiegel zu einem Schrank mit Fächern für die Wäsche. Hinten sieht man ein Bett, das man nachts größer macht, links zwei Fenster zum Hof hinaus. Vor den Fenstern ist die Heizung, daneben ein kleiner Papierkorb, in der Mitte ein viereckiger Tisch, auf den wir unsere Schulsachen legen, Bücher, ein Tintenfaß, zwei Federhalter, mein Tagebuch und ein paar Hefte. Alles ist mit drei dunkelbraunen Teppichen ausgelegt. Da spielen und arbeiten wir.«[10]

Während Rosa sich tagsüber um Gesangsschüler und eigene Konzertengagements bemühte und Thorvald und Joaquin mit Freunden zusammenwaren, zog sich Anaïs gern zu ihrem Tagebuch zurück. Wenn ihr nichts einfiel, worüber es sich zu schreiben lohnte, entschuldigte sie sich bei ihrem stummen Freund, indem sie ihm erklärte:

»Ich habe schreckliche Kopfschmerzen und schreibe nicht mehr. Bis morgen!« Oder: »Ich kann nichts essen, und ich schreibe diese paar Worte hin, um meinem Tagebuch zu zeigen, daß ich nicht aus Faulheit zu schreiben versäume.«

Von Rosa, die es später ablehnte, die literarisch verarbeiteten Bekenntnisse ihrer Tochter zu lesen, obwohl sie anfangs mit Stolz das Aufkeimen der schriftstellerischen Begabung verfolgt hatte, bekam sie mitunter hilfreiche Ratschläge, die die Grundregeln jeder Kunstgattung betrafen, sich also leicht von der Ton- auf die Wortkunst übertragen ließen. »Nach so vielen Tagen ohne Schreiben nur eine Zeile, um zu erklären warum«, begann Anaïs nach einem solchen Gespräch mit ihrer Mutter. »Mama hat mir erklärt, daß ich an den Tagen, an denen ich nichts zu sagen und keine Lust zu schreiben habe, nicht schreiben soll, weil ich dann zu schlecht schreibe. Also werde ich von jetzt an nur hin und wieder schreiben, weil es doch immer das gleiche ist.«[11]

»Immer das gleiche« sollte es nicht sein, selbst wenn die gleichbleibenden äußeren Verhältnisse und inneren Befindlichkeiten es so diktierten. Anaïs hatte das Formulieren und die Selbstdarstellung an höchsten Vorbildern gelernt – als Zwölfjährige las sie zum Beispiel die Briefe von Madame de Sévigné – so daß sie bereits in ihrem Tagebuch bewußt auf Stil, Ausdrucksmittel und Inhalt zu achten begann. Auch die späteren Beschreibungen ihres Innenlebens lassen einen starken Einfluß vorgegebenen Materials, in diesem Fall dem der noch jungen psychoanalytischen Wissenschaft, erkennen. Dieses Schwanken Nins zwischen Spontaneität und Imitation, zwischen Unmittelbarkeit und Eklektizismus gaben ihren Tagebüchern den schillernden Reiz bekenntnishafter Literatur und literarisch unvollkommener Bekenntnisse. Die der ständigen Maskerade verdächtigten Tagabuchaufzeichnungen fanden ihr Pendant in Nins reinen Prosatexten, denen immer etwas Vorläufiges und formal und inhaltlich Unbewältigtes anhaftete, da sie nie ganz frei waren von der kokett geübten Handschrift unendlicher Konfessionen.

Die geheime Hoffnung, eine berühmte Schriftstellerin zu werden, drückte Anaïs gelegentlich in dem Wunsch aus, eines Tages Mitglied der Académie Française zu sein. Eine Träumerei, die sie zwar bald als lächerlich bezeichnete, als sie mehr von den irrationalen Quellen und handwerklichen Schwierigkeiten des Schreibens begriff, die sie aber zeit ihres Lebens nicht aus den Augen verlor. Sie strebte sehr bewußt nach öffentlicher Anerkennung, für die sie, vergeblich auf literarischen Ruhm wartend, seit Beginn der Tagebuchveröffentlichungen 1966 strapaziöse Mammuttourneen unternahm, um sich als eine von Mysterien umflorte Autorin feiern zu lassen. Daß sie durch diese zahlreichen Werbeauftritte ihr Lebenswerk, das irritierend vielschichtige Tagebuch, gefährdete, indem sie es den kurzlebigen Flammen populärer Begeisterung überantwortete – sie klagte in den siebziger Jahren zunehmend über das

Unverständnis ihrer meist jugendlichen und unerfahrenen Zuhörer –, war vielleicht ihr letztes Opfer auf dem Altar der launischen Musen.

Ungleich intensiver und umfassender als die Ratschläge der Mutter wirkten auf die literarische Debütantin Anaïs die künstlerische Tätigkeit des Vaters und die in seinem Buch *Pour l'Art* vorgetragenen allgemeinen Betrachtungen. Diese geistige Verknüpfung trug ebenso zur immer engeren Bindung an den Vater bei, wie sie später, nach dem Eintauchen in das literarische Paris der zwanziger und dreißiger Jahre, die Trennung erleichterte. Für die junge Anaïs verbanden sich in einem Kunstwerk schöner Schein und innere Magie, woraus sich ihre Empfänglichkeit für die französischen Symbolisten und Surrealisten wie für die amerikanischen Lebensphilosophen von Ralph Waldo Emerson bis Henry Miller entwickelte.

In dem für ihren Vater bestimmten Brief, den sie am 10. Juni 1917 ihrem Tagebuch als Abschrift einfügte, zeigte sich bereits deutlich, daß sie einer Vorstellung von Kunst und Künstlertum zuneigte, die dem »Originalgenie« des Sturm und Drang ebenso verhaftet war wie dem Titanenkult eines Romain Rolland. Der Künstler war und blieb für sie ein Auserwählter, ein Erzpriester des Altars. Sie selber kultivierte diese Rolle bis zur Selbsttäuschung, was ihrer Person und ihren literarischen Texten, unabhängig von den stilistischen Anleihen bei den Surrealisten, den Hauch des Geheimnisvollen oder, im Zuge der Zeit, des Allweiblichen verlieh.

»Ich muß dir etwas mitteilen, geliebter Papa, etwas, was vor kaum einer Woche stattgefunden hat [gemeint ist eine von Schülern einstudierte Revue, in der Anaïs eine Tanznummer übernahm und sich beim Schlußbeifall für das Ensemble heimlich wünschte: ›Diesen Beifall möchtest du für dich haben!‹][12]. Das hätte mich nicht so sehr beschäftigt, wenn ich nicht zur Zeit so viel an meine Berufung denken müßte und alles als Zeichen und Hilfe deuten würde. Deine Idee, die Arbeit, die du leistest, sind sie nicht verwandt mit der Arbeit, die ich machen möchte? Wenn du dich mit deiner Aufgabe beschäftigst, ist das nicht so, wie ich auch einmal arbeiten möchte, aus Liebe zur Kunst, aus Liebe zu allem, was schön ist, im Namen dieser anderen Sache, die hinter dem Leben steht: dieser Sache, welche diejenigen erkennen, die in ihrer Phantasie das doppelte Leben durchquert haben, das alltägliche Leben und die andere Seite der Welt, das andere Gesicht des Lebens, das so wenige kennen?«

Nach einem längeren Absatz über die Wechselwirkung zwischen Künstler und Publikum, die sich gemeinsam nach dem Land der Kunst sehnen, »wo alles schön, rein und unbekannt ist«, fuhr Anaïs fort: »Bitte, Papa, belehre mich, wenn meine Vorstellungen falsch sind, belehre mich, wenn ich mir falsche Gedanken mache, wenn ich das Ziel deiner Arbeit und der Arbeit, die ich unternehmen möchte, falsch verstehe. Eine sehr undeutliche Vorstellung ist mir aus deinem ›Pour l'Art‹ zurückgeblieben, aber mir scheint, du sagtest, die Kunst ist alles, was schön ist: ich glaube auch, du sagtest, du arbeitest im Namen der Kunst, du wolltest sie bekannt machen, du wolltest, daß man sie versteht und daß man an sie glaubt.«[13]

Etwa eine Seite später wechselte die hochgestimmte Briefschreiberin den Ton und leitete den Abschluß mit dem Geständnis ein: »Plötzlich habe ich meine große Liebe zur Küche, zur Ordnung, kurz, zu allem, was mit Haushalt zu tun hat, entdeckt. Solange ich mich nicht auf andere Weise nützlich machen kann, versuche ich es so, und es macht mir Spaß, Desserts zuzubereiten, Strümpfe zu stopfen, die Wäsche und andere Dinge zu kontrollieren, von denen ich bisher überhaupt nicht wußte, daß es sie gibt, weil ich immer nur träumte. Jetzt träume ich nicht mehr, weil ich verstanden habe, daß ich nichts tun werde, wenn ich immer träume. Nichts hindert mich jedoch daran, während ich den Kuchenteig rühre, an viele Dinge zu denken.«

Zu den ersten literarischen Exerzitien der jungen Nin gehörten die Beschreibung ihrer Umwelt und die Porträtierung ihr nahestehender Personen, eine Miniaturkunst, die ihre künstlerische Begabung am stärksten zum Ausdruck brachte und durch die ihre späteren Tagebücher entscheidend an Lesequalität gewannen. An erster Stelle kamen als Versuchsobjekte die Mama und die beiden Brüder. »Mama hat ziemlich dunkelblonde Haare, eine lange Nase, kleine grau-grüne Augen, einen ziemlich großen Mund, sehr hübsche Zähne. Sie ist ein bißchen klein, aber nicht sehr, sie ist sehr stark, ihr Charakter ist bewundernswert, sie ist ein Engel, so sanft wie ich weiß nicht was. Mama verzagt nie, sie tut alles für uns. Sie ist ein sehr, sehr guter Mensch.«[14]

Über Thorvald, den Zweitgeborenen: »Thorvald ist neuneinhalb Jahre alt, mittelgroß. Er hat blaue Augen, die Haare sind über den Ohren gestutzt. Er hat eine Strähne, die ihm auf die dunkelblonden Augenbrauen herabfällt. Eine kleine runde Nase mit einem Knubbelchen. Einen kleinen Mund, hübsche Zähne, kleine Füße und kleine Hände. Er spielt wunderbar Geige, es ist eine Wonne, ihm zuzuhören. Normalerweise hat er einen ruhigen Charakter, er bemüht sich bei der Arbeit, aber auch wenn er spielt, spielt er wie verrückt. Er ist selten mürrisch und hat nur einen Fehler, aber einen großen, nämlich daß er für nichts und wieder nichts unaufhörlich weint. Man kann ihm trotzdem verzeihen. Er schreibt nicht gern, und es kostet viel Mühe, bis er ein- oder zweimal im Monat bei meinen Briefen an Papa etwas dazuschreibt. Er ist nie krank. Er ist sehr stark und gesund.«[15]

Und über Joaquin, den Jüngsten: »Joaquinito ist sechs Jahre alt, er hat langes, dunkelblondes Haar, eine kleine runde Nase, große schwarze Augen, einen kleinen Mund, hübsche weiße Zähne. Er ist unglaublich intelligent, sehr wild, aber nicht böse. Wenn er uns weh tut oder wenn ich weine, küßt er mich und bittet mich um Verzeihung. Ich verzeihe ihm immer, er ist so lieb, er ist so bleichsüchtig, wie ich auch, aber er ist sehr stark. Ich habe noch vergessen zu sagen, daß er gerne zerstört und daß er nie ein einziges Spielzeug hat, das nicht kaputt ist.«[16]

Fast ein Vierteljahrhundert später wagte sich Nin als erfahrene Literatin und erfahrene Frau an die schwierigere und delikatere Aufgabe, ein Innenporträt von sich selbst zu entwerfen.

Sie fügte es dem ersten Teil der aus drei Texten bestehenden Erzählung *Eiszeit* ein, für die sie Fragmente ihrer frühen Tagebücher verwendete, um ihre Entwicklung vom schwärmerischen Mädchen zur leidenschaftlichen Frau und die Wiederbegegnung mit ihrem Vater, dem zum Trauma gewordenen Idol, authentisch darzustellen. So begegnet man als Leser der *Eiszeit* Formulierungen, die man bereits aus den Tagebüchern kennt, und man wird Zeuge, wie Nin ihre Kindheits- und Jugendbetrachtungen neu interpretiert, ergänzt und als Grundmuster ihrer gereiften Persönlichkeit behandelt.

Bevor sie ihr Innenporträt mit provozierender Offenheit, die einer Selbstoffenbarung gleichkam, zeichnete, machte sie verstreut Angaben über ihre äußere Erscheinung. Wieder begann sie, wie bei den kindlichen Porträtskizzen ihrer Brüder, mit den Augen, die sie bei sich als groß und unergründlich beschrieb, Augen, die von langen Wimpern »wie von orientalischen Filigranen« umspielt waren und »ihr inneres Leuchten intensivierten«. Etwas später folgte der ganze Körper, dem sie die in den dreißiger Jahren in Paris erlernte Grazie spanischer Tänze verlieh:

»Sie war unbeschwert und agierte mit einem unerschöpflichen Reichtum an Gesten und Bewegungen, die dem Blühen und der Fülle der Natur glichen. Die Gestalt bewegte sich mit größter Leichtigkeit, und im Umgang mit anderen Menschen war sie unbeschwert und ließ sich von ihren Gefühlen leiten. Sie öffnete ihre Augen, und alle Wunder der Liebe, ihre Schattierungen, Nüancen und ganze Vielfalt, entströmten ihnen wie zu einem Fest. Die Bewegungen des Körpers folgten den Gesten der Hände wie ein Orchester dem zerbrechlichen Taktstock seines Dirigenten, der den Auftakt zu einer Symphonie gibt.« Und schließlich ihr Haar, das beim Tanzen »in leichten Locken« herabfiel, sonst aber »dunkel und glatt« war.

Und dann das Innenporträt, das von Wildheit und Ekstase, von erlittener Sinnlichkeit und verzweifelter Ichbesessenheit erfüllt ist. Die sexuellen und intellektuellen Abenteuer der Pariser Jahre tränken die Zeilen, und noch treibt die aufgestachelte Unruhe die Autorin weiter, schon bald zu den Gleichgesinnten

Anaïs Nin zu Beginn der dreißiger Jahre, als ihre Studie über D. H. Lawrence gerade erschienen war.

Oben: Im Alter von elf Jahren begann Anaïs ihr Tagebuch.

Unten: Anaïs Nins Vater, der Komponist und Pianist Joaquin Nin.

Familienausflug nach Coney Island, kurz nach der Ankunft aus Spanien. In der Mitte Anaïs' Nins Mutter, vorne links ihr Bruder Joaquin. Anaïs trug damals ständig ihr Tagebuch in einem kleinen Strohkorb mit sich.

Anaïs Nin in ihrer Pariser Zeit.

nach Greenwich Village, in die verzehrenden Gluten Mexikos und in die unbeschwerten Gefilde Kaliforniens.

»Sie hatte sich in eine Übertreibung hineingesteigert, wie man dies nur von sehr gefühlsbestimmten Menschen kennt. Die kleinste Geste wurde zum absoluten Beweis von Liebe oder Haß. Sie verlangte von dem ihr Ergebenen die völlige Kapitulation. Beim geringsten Nachgeben sah sie sich in ihrer Verteidigung gegen die eindringende Flut der Zweifel bestärkt. Die Zweifel verzehrten sie schneller, als äußerliche Beweise der Zuneigung es verhindern konnten. Darum war die Liebe, die ihr entgegengebracht wurde, keine freie, sondern glich einer Liebe, die Votivgaben anhäufen mußte, wie die Naturvölker sie ihren eifersüchtigen Göttern darbieten. Jeder Tag verlangte die Erneuerung von Kerzen, Speisen und kostbaren Geschenken, von Räucherwerk, Opfern und, wenn notwendig (und für einen Neurotiker sind sie immer notwendig), auch von Menschenopfern. Jeder Mensch, der in ihren Bann geriet, wurde nicht zum Liebenden, sondern zum Tag- und Nachtpfleger dieser Krankheit, dieses unersättlichen Sehnens, dieses gierigen Verschlingens menschlichen Glücks.«[17]

Unersättlichkeit und Gier waren Worte, die die junge Anaïs sicher bereits aus Büchern kannte, aber selber noch nicht zu benutzen gewagt hätte. Sie träumte vorerst vom Leben, und ihre Energien erstickten in Rührseligkeit, Selbstmitleid und Pietisterei. Das Tagebuch gibt diese Spannung zwischen Wachheit und Kraft einerseits und anerzogener frommer Einfalt und bürgerlich kultivierter Melancholie durchweg wieder. Das Grundgefühl der aus Einsamkeit geborenen Trauer, »die kein Mensch beenden konnte«[18], blieb jedoch in allen schriftlichen Äußerungen Nins erhalten. Trauer und Melancholie wurden für sie schöne stille Masken, deren sie sich bediente, um die Aufmerksamkeit auf sich, die Erwählte und in den Schlünden der Einsamkeit Lebende, zu lenken. Nicht von ungefähr fühlte sie sich von der Nachtseligkeit eines Novalis angezogen.

Während selbst reicher Trauerflor des Gemüts und dunkler Faltenwurf der Seele noch Ausdruck emphatischer Selbstinszenierung sein können, bewirkten die gleichen Attitüden im realen gesellschaftlichen Bereich Ungenauigkeiten, die mitunter das Amüsante streifen. Ebenfalls in der Erzählung *Eiszeit* schilderte Nin ihre Jugendjahre in New York als eine freudlose und in grauem Elend verbrachte Zeit, obwohl ihre frühen Tagebücher, wo sie den realen Alltag spiegeln, überwiegend heitere Lebendigkeit ausstrahlen. In der 1939 veröffentlichten Erzählung überwiegt herbes Schicksal.

»Sie war elf Jahre alt. Die Mutter war auf Arbeitssuche und den größten Teil des Tages nicht zu Hause. Sie mußte Strümpfe stopfen, Geschirr abwaschen, ihre Brüder mußten gebadet und angezogen werden. Sie mußte mit ihnen spielen und ihnen bei den Hausaufgaben helfen. Die Tage verliefen freudlos und mühevoll und verlangten von ihnen allen große Opfer. Sie spürte, daß die heiteren Farben und angenehmen Düfte aus ihrem Leben entschwunden waren, obwohl es ihr Freude und Genugtuung bereitete, die Mutter zu unterstützen und ihr bereitwillig zu helfen. Wenn aus dem Zimmer, in dem ihre Mutter Gesangsunterricht gab, Unterhaltung und Lachen drangen, überwältigte sie das traurige Gefühl, etwas verloren zu haben.«[19]

Da Nin mit *Eiszeit* einen eindeutig autobiographischen Text verfaßte, läßt sich der tendenziöse Rückblick auf ihre Jugend durchaus als eine der zahlreichen Facetten erkennen, hinter denen sie sich verborgen halten wollte. Nach ihrem Tod schrieb ihr Bruder Joaquin über ihre gemeinsame Jugend in New York: »Anaïs dramatisierte gern. Wenn unsere Mutter sie einmal bat, einen Strumpf zu stopfen, notierte sie gleich, es wären zweihundert! Sie behauptete, immer nur die abgelegten Kleider ihrer Cousine getragen zu haben. Das war wohl auch ein- oder zweimal der Fall. Aber meist trug sie ganz entzückende Sachen, die aus den besten Geschäften stammten! Unsere ›Armut‹ war sehr relativ. Wir hatten immer ein Hausmädchen.«[20]

Was die abgelegten Kleider betrifft, so kann die sechzehnjährige Anaïs selber Auskunft geben, denn an ihr Tagebuch gewandt, schrieb sie am 16. Mai 1919: »Ich möchte, daß du dir anhand einer Liste von Sachen, die ich im Augenblick anzuziehen habe, ein Urteil darüber bilden kannst, ob ich extravagant bin. Hier die Liste:

Einen Sonntagshut
Einen blauen Hut für alle Tage (alt)
Ein Gingham-Kleid für alle Tage (neu)
Ein malvenfarbenes Kleid für alle Tage (alt)
Ein Gingham-Kleid für alle Tage (alt)
Ein blaues Organdy-Kleid für sonntags
(alt und gefärbt)
Ein blaues Kleid aus Crêpe-Georgette zum Tanzen und
für Festtage (neu)
Ein ausgebessertes Wollkleid für zu Hause (zu alt)
Ein Wollkleid mit einem Oberteil für
besondere Anlässe (neu)
Einen Wollrock und acht bis neun Blusen mit
blauem Kragen (alt)
Zwei Sweater, einen erdbeerfarbenen und einen
beigen (neu, alt)
Ein Paar feine Lederschuhe zum Tanzen (neu)
Ein Paar gelbe Schuhe für alle Tage (neu)
Zwei Paar seidene Strümpfe, ein Paar schwarze und
ein Paar gelbe für sonntags (neu)
Sechs Paar gelbe Wollstrümpfe für alle Tage (alt)
Ein Kleid aus Kammgarn und Seide für sonntags (alt)
Ein rosa Gingham-Kleid aus Kuba für jeden Tag (alt)
Unterwäsche ist wohl uninteressant?
Ein rosa Tam-O-Shanter (Baskenmütze, alt und ausgebessert)
Einen Gürtel aus schwarzem Leder (alt)
Ein Cape aus Kammgarn (neu)
Bin ich extravagant?«[21]

Eine extravagante Garderobe? Nicht für eine Nin y Castellanos aus Neuilly, Tochter eines gefeierten Pianisten und einer Mutter aus reichem Hause, wohl aber für ein Mädchen von fünfzehn Jahren in der spanisch-kubanischen Einwandererkolonie von New York. Die Fülle objektiver Details wie der Kleiderliste machen Nins Kindertagebücher und Frühe Tagebücher (bis 1931) echter und unmittelbarer, denn in ihnen trennt sich noch erkennbarer das Statische vom Fließenden, das Reale vom Phantastischen und Erwünschten. In den späteren Tagebüchern und in den literarischen Arbeiten, die fast alle autobiographische Züge tragen, wirkt alles Material, auch das scheinbar objektive, unzuverlässiger, wenn man der Autorin, ihrem Leben und ihrer geistigen Originalität auf die Spur kommen möchte. Durch die ihr zum Zwang gewordene Selbsterforschung, die ihre schriftstellerische Kraft immer wieder lähmte, und durch ihren Kampf, das Komplexe und Singuläre ihres Wesens zu erfahren, verwischten sich in ihren Texten zunehmend die Grenzen zwischen Umwelt und Innerlichkeit, zwischen Vorgegebenem und Umgewandeltem.

Henry Miller verglich Nins Tagebücher, die er lange vor ihrer Veröffentlichung in den dreißiger Jahren in Paris einsehen durfte, mit den Bekenntnissen des Heiligen Augustin und denen von Jean-Jacques Rousseau. Er erkannte intuitiv das ihnen gemeinsame subjektive Zentrum. In Ruhe betrachtet und verglichen, tritt jedoch der von der Zeit bestimmte wesentliche Unterschied hervor: Der heilige Augustin und Rousseau litten am Menschsein, und ihre Wahrheit lag in der Klärung und Ordnung der Vielfalt. Nin dagegen litt am Ichsein, und ihre Wahrheit lag im Leben und Vergehen in der Vielfalt. Auf der einen Seite das Fliehen in eine noch vorhandene Mitte, den christlichen Glauben und den absoluten Menschen, auf der anderen Seite das Fliehen vor der Erstarrung des Menschen in Systematisierung und Funktionalität, das Sich-Flüchten in das frei verfügbare Chaos der Innenwelt.

Nin, die den Sturz in dieses von der Psychoanalyse vorgeleuchtete und von den Symbolisten und Surrealisten künstlerisch gestaltete Chaos des modernen Menschen bewußt riskierte, erfand sich bereits früh einen Begleiter, den sie gern ihr »Double« nannte und den sie erstmals in dem auf der *Montserrat* geschriebenen Gedicht *In der Einsamkeit der Nacht schlich auf leisen Sohlen* erscheinen ließ. Fünf Jahre später gab sie ihrem

»Double«, dem sie zeitweise in Vorbildern wie ihrem Vater begegnete, einen neuen Namen. »Ich bin sehr zufrieden mit dir, denn kein einziges Mal ist meine Phantasie mit mir durchgegangen, so wie es in letzter Zeit vorgekommen ist. Aber es ist wesentlich unterhaltsamer, den ganzen Tag zu träumen, zu lesen, wenngleich ich sehr wohl erkenne, daß Träumen zu nichts, rein gar nichts führt. Ich habe beschlossen, daß der Unbekannte, der die Leere ausfüllen wird, die ich an einem der letzten Abende verspürt habe, mein ›Schatten‹ heißen wird.«[22]

Ihr Begleiter, das Tagebuch selbst oder der in ihm verborgene Partner, wurde sogar in die Schule mitgenommen, in die sich Anaïs nur mit innerem Widerwillen eingefügt hatte. Ihr Verhältnis zu den Mitschülern und den Lehrerinnen beeinträchtigte dieses Unbehagen an der geistigen Reglementierung jedoch kaum. Daß der Unterricht in diesem katholischen Institut nicht allzu streng gewesen sein kann, läßt die folgende Tagebucheintragung vom 25. Februar 1915 vermuten, die gleichzeitig zu den Porträts der Mutter und der Brüder ein Beispiel sorgfältig skizzierter Umwelt hinzufügt:

»Ich habe mein Tagebuch in die Schule mitgenommen, um ein paar Zeilen einzutragen. Es wird gerade Erdkunde aufgesagt, aber ich kann nicht folgen. Ich werde das Klassenzimmer beschreiben, diesen Raum, den ich hasse. Die Klasse ist ein großer, viereckiger Raum aus grauem Holz; um einzutreten, öffnet man eine kleine Glastür. Rechts an der Wand befinden sich viele Kleiderhaken hinter einem roten Vorhang. Nachdem ich meinen Mantel und meinen Hut aufgehängt habe, gehe ich in die dritte Reihe zur vierten gelben Bank. Vor allem sage ich ›Good morning, Miss Bring‹, wenn ich eintrete.

Ich lege einen Bleistift, eine Feder, einen Radiergummi und ein Lineal auf den Tisch. Ich nehme ein Buch und lerne. Die Lehrerin macht ›bing‹ mit ihrem Glöckchen, dann stehen wir auf und sprechen ein Gebet, das aus einem Vaterunser, einem Geheiligt-Seist-Du-Maria, einem Gelobt-sei-der-Vater, einer Bitte an die Mutter Gottes und dem Segen des Tages besteht. Danach sagen wir den Katechismus auf und die Erdkunde, und dann nehmen wir bis Mittag Arithmetik durch. Um ein Uhr fängt der Unterricht wieder an, wir machen ein Diktat, einen Aufsatz, Leseübungen und Grammatik. Um drei ist er zu Ende. Die Klasse besteht aus vierundzwanzig Jungen und zwölf Mädchen. Die Lehrerin ist streng, aber nicht böse. Die Ungerechtigkeiten sind jedoch zahlreich, weil sie eine Lieblingsschülerin hat, es ist die bösartigste von allen, und sie verpfeift die ganze Klasse auf sehr unberechtigte Weise. Die Lehrerin schaut mich an, also muß ich mein Heft schließen. Bis heute abend, wie ich hoffe.«

Seit frühester Kindheit gewohnt, aus eigenem Impuls zu lernen, empfand nicht nur Anaïs die Schule als etwas Überflüssiges. Auch ihre Mutter betrachtete den offiziellen Unterricht eher als eine Behinderung für die bereits weit entwickelten Fähigkeiten ihrer Tochter, schwierigste Bücher zu lesen und sich schriftlich differenziert auszudrücken, allerdings in Französisch. Doch nachdem Anaïs die englische Sprache innerhalb von fünf Jahren fast perfekt sprechen und schreiben gelernt hatte, nahm Rosa sie von der Schule. Anaïs atmete erleichtert auf: »Ich mache ständig Zukunftspläne, denn Mama erlaubt mir, die Schule zu verlassen. Ach, ich bin ja so froh, so froh, so froh! Schluß mit all diesen Lehrerinnen, die so wenig menschlich sind wie ein Block Marmor, Schluß mit dieser Schule voller unverständlicher und unverzeihlich grotesker Mädchen, Schluß mit der Routine einer allzu primitiven Erziehung, Schluß mit den Hausaufgaben, mit Algebra und allem, Schluß mit dem ganzen Quatsch! Froh? Ich bin mehr als froh, ich bin betäubt, berauscht, sprachlos über so viel Glück!«[23]

Das Pläneschmieden wurde schon bald durch eine weitere Veränderung angeregt. Nachdem Rosa Nin-Culmell mit ihren Kindern innerhalb New Yorks zweimal umgezogen war, zuletzt in ein mehrstöckiges schmales Haus, das sie nach ihren finanziellen Mißerfolgen als Sängerin und als Gesangslehrerin in eine Pension umgewandelt hatte, konnte sie es sich schließlich leisten, eine der begehrten Villen auf Long Island, der New York vorgelagerten langgestreckten Insel, zu kaufen. Die Villa in Richmond Hill, in der sich die Familie mit ihrem Hausmädchen Monsita 1920 einrichtete, war ein kleines Paradies, in dem es sich leicht von einer glücklichen Zukunft träumen ließ. Es gab endlich wieder einen eigenen Garten, und es gab Gästezimmer, die nicht mehr an Fremde vermietet werden mußten, denn Rosa hatte sich zu einer gewieften Immobilien- und Aktienspekulantin entwickelt. Eine ganz persönliche Entdeckung beflügelte Anaïs jedoch bereits seit ihrem sechzehnten Geburtstag zu neuen Lebensaussichten. Am 16. Mai 1919 konstatierte sie mitten in einer längeren Tagebuchaufzeichnung, daß sie nun das Alter erreicht habe, eine Frau zu werden.

Die Jahre von 1919 bis 1923 bildeten in Nins Leben einen der glücklichsten Zeitabschnitte. Sie fühlte sich seit Verlassen der Schule wieder so frei wie in Barcelona, aber unabhängiger als je zuvor. Ihr Tagebuch füllte sich mit Erlebnissen, die kaum noch Platz ließen für innere Monologe und traurige Empfindungen. Anaïs ging aus zum Reiten und Tanzen, sie verbrachte die heißen Sommertage in den damals noch idyllischen Strandbuchten von Long Island, und sie verliebte sich in attraktive junge Männer mit poetischen Seelen. Nebenbei setzte sie ihre Lektüre fort, intensiver jetzt und bewußter, wenn auch weiterhin mit der ihr eigenen unruhigen Begierde, die alles verschlang, was die Geheimnisse der Existenz zu klären versprach: Werke von Henri-Frédéric Amiel und Emerson, von Montaigne und Longfellow, von Descartes, Goethe, Ibsen, d'Annunzio, Shelley und anderen. Die Kräfte, die sie in diesen vier Jahren in sich mobilisierte, bildeten 1923, als sie mit ihrem Ehemann Hugo Guiler nach Paris ging, einen Explosivstoff, der schon bald den von ihr gewohnten bürgerlichen Rahmen sprengte und ihr den Weg durch das Labyrinth des Lebens endgültig freimachte.

Zarte Flirts, Verliebtheiten oder »Romanzen«, wie Anaïs längere Beziehungen zu jungen Männern gern nannte, waren Zustände, auf die sie durch ihre Mutter und andere weibliche Verwandte bereits vorbereitet worden war, zumindest äußerlich. Sie hatte gelernt, Puder und Rouge zu benutzen, sie besaß ein Lieblingsparfüm, das »Royal Begonia« von Houbigant, und sie frisierte sorgfältig ihr schwarzes Haar, das sie damals noch kurzgeschnitten trug. Ihr persönlicher Stolz waren ihre Augen, die durch keine Retusche ihren eigenen Charakter verloren. »Ich habe mich im Spiegel betrachtet, aber nichts festgestellt, worüber ich hätte lachen können. Man sieht nur meine Augen, riesengroß und düster, geheimnisvoll und ernst.«[24]

Die Frage, ob sie so reizvoll sei, wie sie es dann und wann von gleichaltrigen Jungen gehört hatte, beschäftigte sie besonders lebhaft, seit sie zum erstenmal verliebt war. Marcus Anderson, ihr »Prinz Marcus«, wie sie ihn heimlich nannte, hatte ihr zwar »mit den Augen und mit der Feder« das »sonderbare Geheimnis« ihrer Persönlichkeit bestätigt, aber was galt bei diesem Kompliment ihrer äußeren Erscheinung und was ihrem eigenen Wesen? Einen Monat, nachdem sie ihren »Prinzen« in einem Lokal auf Long Island beim Tanzen kennengelernt hatte, erzählte sie ihrem Tagebuch am 13. Februar 1920 von dem Erlebnis in einem Fotoatelier, das sie in Erregung und Freude versetzt habe:

»Es wurden Fotos gemacht von meiner verrückten kleinen Person, ja, von mir! Man hat mich so gut zurechtgemacht, frisiert, in Pose gebracht usw., daß ich sehr schön war. Man hat mich hin- und hergedreht, um die Länge meiner Wimpern, meine Augen zu beurteilen und was weiß ich noch alles. Zu meiner großen Verwunderung sagte man immer wieder laut und vernehmlich, ›that I was beautiful?!!!‹ Einmal gab man mir einen Fächer in die Hand, einmal einen Strauß Rosen, einmal steckte man mir eine Rose und ein Stück Tüll ins Haar, ein anderes Mal wurde ich stehend fotografiert mit den Händen hinter dem Kopf. Am schwersten fiel mir, zu lächeln und einen munteren Eindruck zu erwecken. Es würde mir leichter fallen, traurig und nachdenklich zu wirken. Am meisten habe ich mich wohl gefreut, als Miss Levins sagte, am Ausdruck meines Gesichts könne man sehen, daß ich gern lese und schreibe, und, als jemand fand, daß ich ein bißchen Ähnlichkeit mit dem Dichter habe, den ich so liebe: mit Shelley.«[25]

Während Rosa für mehrere Wochen auf Verwandtenbesuch in Havanna war, litt Anaïs an ihrem ersten Liebeskummer. Sie versuchte, sich gegen die unbekannte Empfindung zu wehren, und klagte sich an, eitel und kokett zu sein und sich nicht genügend streng und abweisend auf Tanzpartys zu verhalten. Doch alle Selbstbezichtigungen halfen nicht, sie von »Prinz Marcus« zu befreien. Auch nicht die Flirts mit ihrem Cousin Eduardo Sanchez, einem auffallend hübschen Jungen, dessen Männerbeziehungen Anaïs nicht hinderten, ihn später in Paris zu verführen, und mit Enric Madriguera, einem frühbegabten Violinisten – er wurde später Dirigent –, dem Anaïs ebenfalls in Paris wiederbegegnete.

Am 16. März 1920 schüttete sie ihr Herz dem immer treuen und unerschütterlichen Tagebuchfreund aus: »Ich habe mich oft gefragt, wann ich Marcus wiedersehen werde, und plötzlich ist es soweit. Ich werde ihn sehen, den Jungen, dem ich so vielen anderen gegenüber den Vorzug gebe. Heute abend fühle ich mich betrübt und traurig und allein. Wenn Mama da wäre, würde sie sagen, daß ich nicht so schlecht bin, wie ich glaube, und schon könnte ich wieder lächeln. Ich habe zehn Seiten an Marcus geschrieben; heute früh war ein kurzer Brief von ihm gekommen. Ach, mir liegt so viel daran, daß du weißt, wie ich bin! So viel! Heute habe ich mir von ganzem Herzen einen neuen Hut gewünscht – bei all den Hüten, die in meinem Schrank sind, all den ausgefallenen Ideen, die ich mir erlaube! Und danach habe ich mich fünf oder zehn Minuten lang im Spiegel betrachtet. Ich möchte vernünftig sein und nicht unbedingt hübsch sein wollen – am Samstag, und nicht Marcus wiedersehen wollen und nicht immer an die Freude denken, die mir durch diese Freundschaft zuteil wird. Das ist alles so furchtbar, und die Tränen fließen!«

In einem plötzlichen Anflug von Selbsterkenntnis, daß sie, die Tochter eines Joaquin Nin, eines Katalanen und selbstsüchtigen Künstlers, sie, die von einer geheimnisvollen Innenwelt Besessene, niemals physisch treu sein würde, fügte sie dem Ausbruch ihres Verliebtseins hinzu: »Merkwürdig, wie fickle (flatterhaft –

sie schrieb ihr Tagebuch noch immer auf französisch, obwohl ihr die englische Sprache bereits vertraut war) ich bin, sobald mir die Namen meiner Prinzen im Kopf herumgehen. Wenn Marcus mich einmal besser kennt, so fürchte ich, wird das Idealbild abbröckeln, das er sich von mir geschaffen hat.«[26]

Im Verlauf der schwärmerischen Beziehung zu Marcus, die etwa ein Jahr dauerte, behielt Anaïs trotz gegenteiliger Behauptung ihren klaren Verstand. Sie mied jedes weitergehende Engagement, um nicht plötzlich wie ihre Mutter nur das Anhängsel eines egoistischen Mannes zu sein, der weder Liebe noch Partnerschaftlichkeit kennt.

Einige Jahre zuvor hatte sie ihren Vater in einem Brief gefragt: »Papa, es hat mir jemand gesagt, die Männer seien alle sehr egoistisch. Stimmt das, Papa? Wenn das wahr ist, warum muß das so sein? Gibt es nicht einen einzigen Mann auf Erden, der nicht egoistisch ist? Und auf jeden Fall, wenn sie alle egoistisch sind, glaubst du, daß ich dann trotzdem heiraten soll, wenn ich einmal groß bin?«[27]

Kurz bevor sie ihrem zukünftigen Ehemann Hugo Guiler begegnete, schrieb sie über ihre Gefühle zu dem anderen Prinzen, dem Violinisten Enric Madriguera: »Meine Liebe wird, wenn sie je erwacht, die stärkste und treueste auf der ganzen weiten Welt sein, eine Mischung aus der zärtlichen Ergebenheit einer Schwester und der ewigen, sanften, unermüdlichen Kameradschaft und Treue. Ich liebe Erics Geige, und ich dachte oft sehr viel über ihn nach, doch das ist nicht Liebe.«[28]

Bis zur Erfüllung ihrer Vorstellung von Liebe, der noch die sinnliche Leidenschaft als wesentliche Komponente fehlte, vergingen für Anaïs noch Jahrzehnte ihres Lebens, in denen sie eine kameradschaftliche Ehe mit Hugo Guiler erfuhr, eine Phase wechselseitigen sinnlichen und geistigen Austauschs mit Henry Miller, Liebesverhältnisse zu geistig stärkeren Partnern, wie dem Psychoanalytiker Otto Rank, und zu jüngeren Männern, unausgereiften oder einseitig begabten. Erst in Rupert Pole, zu dem sie seit 1947 eine enge Beziehung einging, fand sie den Menschen, der ihrem Ideal eines wachen und zärtlichen

Weggefährten durch die Labyrinthe geistig-sinnlicher Existenz entsprach.

Der »männliche Egoismus«, an dem sich die schon sehr selbstbewußte Anaïs immer wieder stieß, führte letztlich auch zur Entthronung ihres Prinzen Marcus. Eine erste Irritation über sein Verhalten notierte sie am 1. Juli 1920. »Gestern bin ich mit Marcus ausgegangen. Wir haben ›Lightning‹ gesehen, eine Komödie, die vor guter Laune nur so überquillt, cleverly acted. Danach sind wir vom Theater zum Bahnhof zu Fuß gegangen und haben uns unterhalten. Marcus sagte mir: ›You are the prettiest girl in New York‹, und er war entsetzlich ernst dabei. ›And you are the greatest flatterer in New York‹, antwortete ich mit glühenden Wangen. Aber wir phantasieren nicht nur die ganze Zeit, wenn wir zusammen reden. Ich habe versucht, ihm zu erklären, daß ich auf das große Abenteuer warte, aber er hat es nicht verstanden – zu meiner größten Verzweiflung. Zum erstenmal ist Marcus unfähig, dem Höhenflug meiner Gedanken zu folgen.«[29]

Am 30. April 1921 schrieb sie an ihren Cousin Eduardo Sanchez, der aufgrund seiner ausgeprägten Sensibilität und literarischen Bildung immer mehr zum Vertrauten ihrer Innenwelt wurde, über das erloschene Verhältnis zu Marcus: »Nun weiß ich, daß Liebe etwas Natürliches ist, daß sie möglich ist und daß sie, wie ein Blitz, jeden treffen kann. Ich habe heute mehr Selbstvertrauen, ich würde lachen, wenn er mich ›liebes Kind‹ nennen würde. Und ich wäre nicht eingeschüchtert durch seine selbstsichere, bestimmte Art, seine seltsame Arroganz. Da ich inzwischen praktischer denke, würde ich ihn einfach bewundern um der Begabung willen, die er unleugbar besitzt. Doch die komische Seite dieses kurzlebigen Abenteuers ist die Tatsache, daß Marcus mich niemals liebte.

Oh, ich kenne die verschiedenen Arten der Liebe intuitiv: abstruse Liebe, eigensüchtige Liebe und unbeständige Liebe, die, verglichen mit der wahren und edlen Liebe, nicht einmal diesen Namen verdient. Sie ist einfach das Ergebnis von Hirngespinsten, Eitelkeit, Eigenliebe und Selbstsucht! Das klingt alles ziemlich dramatisch, und doch habe ich während des Schreibens vor mich hingelacht. Die Zeit heilt viele Wunden und Liebesaffären und gibt dir ein wenig Sinn für Humor.«[30]

So gern Anaïs auch ihre Traurigkeiten beschrieb, während jener frühen zwanziger Jahre lebte sie in einem solchen Wirbel von Unterhaltungen und Aktivitäten, daß sie leicht den ersten Herzensschmerz überwand. Sie erschrak gelegentlich vor der Lebensgier, die sie besonders während der heißen Sommermonate durch ihre Lust an Vergnügungen in sich wahrnahm, doch immer wieder tauchten in ihrem Tagebuch die Namen neuer Verehrer auf. Schon bald schienen sie ihr alle austauschbar zu sein, solange sie nicht wie Enric und Eduardo einen Funken Poesie in sich trugen oder ihre Männlichkeit sich in Tugenden des Geistes und des Charakters ausdrückte.

»Manchmal weiß ein Junge mehr als ein anderer, scheint Bücher zu lieben, andere Dinge im Kopf zu haben außer Mädchen, Tanzen, Sport, doch was kommt am Ende heraus? Manchmal scheint ein Junge intelligenter als der andere zu sein, ernsthafter, gesetzter, doch was kommt am Ende heraus? Sie sind alle gleich. Sie sind alle jung, unerfahren, unwissend, flatterhaft. Sie haben alle die Selbstzufriedenheit männlicher Wesen von achtzehn Jahren, glauben, sie wissen alles und daß sie das Ziel des Lebens erkannt haben, glauben, daß sie die Frauen verstehen, daß man das Beste aus dem Leben herausholen muß. Deswegen beginnen sie zu tanzen, jedes Mädchen zu lieben, das ihnen über den Weg läuft, hübsche Reden zu halten, ihre Siege zu diskutieren; kurz, sie beginnen, wie Männer zu handeln, wo sie doch eigentlich das ABC der Männlichkeit lernen sollten.«[31]

Als Anaïs diese Zeilen schrieb, war sie bereits ihrem Traummann begegnet. Hugo Guiler wohnte seit Anfang des Jahres 1921 mit seiner Familie in Richmond Hill, zwei Häuser von der Villa der Nins entfernt. Er war fünf Jahre älter als Anaïs, und er führte wie sie ein Tagebuch und schrieb Gedichte. Ähnlichkeiten gab es auch in ihrer Herkunft und Kindheit. Hugos Familie – aus seinem Rufnamen Hugo wurde später, als er Nins erste Bücher mit seinen Kupferstichen illustrierte, der Künstlername

Ian Hugo – stammte aus Schottland, und nach seiner Geburt 1898 in Boston verbrachte er seine Kindheit teils bei den Großeltern in Europa, teils in Puerto Rico, wo sein Vater eine Zuckerrohrplantage verwaltete. Von 1916 an studierte er an der Columbia-Universität in New York die sehr unterschiedlichen Fächer Volkswirtschaft und englischsprachige Literatur. Ein Jahr ehe er Anaïs kennenlernte, hatte er eine Stellung bei der National City Bank angetreten. Hugo blieb bis zu Nins Tod an ihrer Seite, nicht immer physisch und nur wenige Jahre als ihr einziger Begleiter, aber die innere Verwandtschaft, die sie von Anfang an am stärksten miteinander verband, hielt jede äußere Trennung und jedes geistige Abenteuer aus.

Drei Tage nach ihrem vernichtenden Urteil über junge und unerfahrene Männer berichtete Anaïs ihrem Tagebuch von Hugo Guiler, mit dem sie bereits einmal getanzt hatte und der unerwartet von ihrer ahnungsvollen Mutter zu einem Nachbarschaftsbesuch eingeladen worden war. »Heute nachmittag, noch bevor ich merkte, was geschehen war, saß Hugo Guiler neben mir, und wir redeten und nahmen keine Notiz von den anderen, die mit ihm spazierengegangen waren, als Mama sie alle zu uns entführte. Mr. Guiler trägt Emerson in seiner Tasche, liebt Stephenson und schreibt ein Tagebuch! Während wir sprachen, wünschte ich mir, er würde mich gern genug haben, um mich als seine Freundin zu betrachten. Weißt du, es scheint, als ob alles, was ich an Eduardo liebte, in jemand anderem zu mir zurückgekommen sei, in einem älteren Menschen, und zwar vermischt mit noch mehr Ernsthaftigkeit und Weisheit. Das ist der Eindruck, den ich von Mr. Guiler habe: daß er weiß, daß er stark ist, vertrauenswürdig, männlich, und doch das Herz und den Geist eines Dichters hat. Oh, was mag von diesem Fremden kommen, der im Namen der Poesie, der Bücher an die Tür meiner inneren Welt geklopft hat? Er hat geklopft, und ich bin freudig erregt, schon beinahe bereit, meine Tür weit zu öffnen und zu rufen: Willkommen! Willkommen!«[32]

Professioneller geworden als Porträtistin, seit sie im September 1920 an der Columbia-Universität Kurse in Literatur und

Philosophie belegt hatte, versuchte sich Anaïs an der Darstellung Hugos, der allmählich ihre Freundschaft mit Eduardo in den Hintergrund drängte. Bemerkenswert ist, daß sie auch die weicheren Züge Hugos benannte, denn bis auf die aggressiveren und egozentrischeren Männer, die sie in Paris aus ihrer bürgerlich verträumten Geborgenheit rissen, bevorzugte sie zeit ihres Lebens anschmiegsame oder auch labile Partner, die sie nicht in ihrer immens aufgefächerten Wahrnehmungsfähigkeit behinderten. Hugo, dessen später hervortretende Anlage zur Bisexualität unerwarteterweise zur Harmonisierung und Dauerhaftigkeit ihres Verhältnisses beitrug, beeindruckte sie anfangs vor allem durch seine ausgewogene Männlichkeit, nach der sie sich wie nach einem Selbstschutz sehnte, denn noch immer war sie zutiefst abhängig von ihrem Vater, dessen Künstleregoismus und menschliche Härte sie als einen Erbteil in sich fürchtete und zugleich als Mittel zur öffentlichen Anerkennung und zum Ruhm bewunderte.

»Hugo ist sehr groß, von schmaler Gestalt und vollkommener Symmetrie. Mein erster Eindruck von ihm bei seinem Tanzabend war, daß er die Leichtigkeit und Anmut eines Gentleman besitzt, gemischt mit großer Einfachheit und Offenheit, dem Hauptkennzeichen seines Charakters, wie ich später herausfand. Sein Gesicht ist oval, das Oval des Idealisten und Träumers; seine Züge sind regelmäßig und klar. Seine ganze Stärke findet ihren Ausdruck in seiner hohen Stirn, in seinen intelligenten, klaren und ausdrucksvollen Augen. Seine Lippen sind weich und empfindsam, jedoch von fester, entschlossener Beherrschtheit. Seine Nasenflügel sind fein gemeißelt, zart, beweglich, doch das Kinn ist stark und fest. Diese Gesamtgestalt ist charakteristisch für sein Wesen – eine Mischung von Stärke und Entschlossenheit mit Gefühl, Tiefe und Zärtlichkeit. In seinem Lächeln sehe ich Güte, Herzlichkeit und Echtheit, und dieses Lächeln ist offen, ehrlich und einfach. Ich sehe Freundlichkeit, Verständnis und Feinheit in seinen Augen, ein konzentriertes Denken und Klugheit sind auf seine Stirn geprägt.

Es gibt keine Geste, die nicht spontan und natürlich wäre, kein Wort, das nicht von Herzen kommt. Äußerlich ist er ganz und gar männlich, hinreißend, stark. Innerlich hat er die wunderbaren Phantasien des Dichters, ein ausgewogenes Urteil, klare Vorstellungen, eine praktische und kluge Art. Ferner, soweit ich es erkennen kann, eine große Selbstlosigkeit, keine Spur von Egoismus oder Dünkel. Sein sprühender Humor, sein ruhiger Optimismus und zugleich sein tiefes Verständnis für das Pathetische, sein Vertrauen in Menschen, seine Liebe zur Natur, zur Musik und zur Poesie, sein Idealismus machen aus Hugos Charakter etwas unbeschreiblich Harmonisches und Vollkommenes.«[33]

Diese Studie, in der sich idealisierende Schwärmerei und Ehrgeiz der sich heranbildenden Literatin mischen, verrät viel von dem Wunschbild der Autorin über sich selbst. Harmonie und Kraft, Güte und äußere Schönheit – trotz Betonung innerer Vorzüge wird Nin immer gleichzeitig daran arbeiten, ihrer äußeren Erscheinung die Makellosigkeit eines unvergänglichen Gemäldes zu geben – sind Kennzeichen, die sie Anfang der zwanziger Jahre in New York noch in anderen Menschen sucht, die sie aber erst nach jahrzehntelangen Irrungen und Wirrungen in ihrer eigenen Persönlichkeit vereinigt, endlich frei, sich ohne jeden Zwang zu binden. Nach dieser durch ihre Reisen in Mexiko vollends errungenen Selbstbefreiung schrieb sie Ende der fünfziger Jahre den 1961 veröffentlichten Prosatext *Labyrinth des Minotaurus*.

Um die Mutter bei der Versorgung des Haushalts finanziell zu entlasten, wie sie ihrem geduldigen Tagebuch weiszumachen versuchte, entschloß sich Anaïs, Geld zu verdienen. Da die Familie gerade die stattliche holzverkleidete Villa in Richmond Hill bezogen hatte, konnte wohl kaum von einer zwingenden Notlage die Rede sein. Wahrscheinlicher ist daher, daß Anaïs persönlichen Motiven folgte. Sie wollte den als zu eng empfundenen Rahmen der gesitteten Vergnügungen junger Leute und des phantasielähmenden Wissenschaftsbetriebs der Columbia-Universität, der sie bereits im Herbst 1921 wieder den Rücken kehrte, verlassen, um sich in der Öffentlichkeit zu beweisen.

Eine Freundin der Familie riet ihr, einen Job als Kindererzieherin anzunehmen, aber ihr schwebte etwas anderes vor. Eingedenk des Eindrucks, den sie im Fotoatelier hervorgerufen hatte, und unmittelbar angeregt durch einen Kunststudenten, mit dem sie im Treppenhaus der Universität zusammengeprallt war und der sie, fasziniert durch ihr verlegen errötendes Gesicht, in sein Atelier eingeladen hatte, bewarb sie sich als Malermodell. Sie stellte fest, daß es bei der anwachsenden Zahl Arbeitsloser, die sich sogar schon in den Straßen New Yorks bemerkbar mache – soziale und politische Beobachtungen schlichen sich in Nins Tagebüchern nur selten ein –, nicht leicht sei, sich vermitteln zu lassen.

Anfang Februar 1921 konnte sie dem Tagebuch endlich einen ersten Erfolg mitteilen, und sie tat es in einem Ausbruch persönlicher Befriedigung, dem auch das beigemischte Schamempfinden nichts von dem Eingeständnis heimlich erlebter Lust nahm. Das katalanische Blut war aufgewallt, und für Augenblicke hatte sie eine Lebensgier verspürt, der zu folgen sie die bürgerliche Welt ihrer Familie und die Eingeschlossenheit in edlen, aber unerlösten Gefühlen hinderten. Auch Hugo, der das Modellstehen gutmütig akzeptierte, war nicht der Mann, der ihre wahren und tiefsten Leidenschaften befriedigen konnte. Im Gegenteil, sein vorsichtiger, behutsamer Lebensstil besänftigte Anaïs zu einem Zeitpunkt, zu dem sie für alle Abenteuer dieser Welt bereit war. Die Konventionen ihres katholisch-konservativen Milieus trieben sie in eine Ehe, aus der nur ihre eigenen intellektuellen und sinnlichen Energien sie wieder befreien konnten, was ihr schließlich im Einflußbereich anderer Rebellen wie Henry Miller in Paris gelang.

Ihren Probeauftritt als Malermodell schilderte sie ihrem vor sich aufgeschlagenen Komplizen folgendermaßen: »Der Donnerstag brachte mir eine Erfüllung, die weit größer war, als ich mir jemals erträumt habe. Mein Haar wurde völlig nach hinten gelegt, so daß jede Linie meines Gesichts, meines Kopfes und meiner Ohren, die entsprechend der gegenwärtigen Mode noch niemals das Licht der Öffentlichkeit erblickt hatten, sichtbar wurde. Ein flacher, mit Blumen und Bändern geschmückter Hut à la Watteau vollendete meine Kostümierung. Anfangs war ich fast versucht, über die Figur, die ich darstellte, in Tränen auszubrechen. Es handelte sich offensichtlich um eine strenge Überprüfung wahrer Schönheit, der ich ausgesetzt war, und während ich in meinen zierlichen Silberschuhen zitterte und bebte, schlug mein Herz wie wild unter der engen Taille aus goldenem Stoff. Dann kam der kritische Augenblick. Ich sah die anderen Modelle: eine Beatrice, ein holländisches, ein indisches, ein persisches und ein in altem Stil gekleidetes Mädchen. Schließlich war die Reihe an mir – und alles, woran ich mich erinnere, sind der Applaus und die neugierigen und kritischen Blicke der Maler.

Aber dann der Ausgang von allem! Wie die Künstler sich um mich versammelten! Sie verglichen mich mit Greuze und anderen Malern, und sie sprachen so offen und ungeniert, daß mich das Belustigende dieser Situation überwältigte, denn ich kam mir vor wie ein Möbelstück auf einer Auktion. Derartige Gedanken werden mich immer vor der Eitelkeit bewahren, denn wenn Fremde auch noch so viel Vortreffliches entdecken mögen, ich weiß um meine Fehler, so daß mich Lob nur demütigen kann. Schließlich wurde ich Mrs. Becker zugeschlagen. Sie verpflichtete mich für drei Vormittage in der nächsten Woche. Miss Curtis, die Direktorin, erhöhte noch meine Freude, als sie von ›meinem Erfolg‹ sprach.

Wenn sich jemals ein Mädchen in einer strahlenden Glorie fühlte, die sie nur sich selbst verdankt, dann ist es dein Mädchen, die ewige Schreiberin, deine Philosophin. Es ist schon seltsam, daß ich jetzt Gelegenheit habe, die Wertlosigkeit weiblicher Schönheit zu studieren, ihre Wirkung zu überprüfen und festzustellen, bis zu welchem Ausmaß sie das innere Selbst überdeckt, dessen Wert allein ewig und bestimmend ist. Da gibt es nur einen in der Welt, der mich jenseits dieser Schönheit liebt, und das ist der eine, der zu mir sagte: ›Du weißt, daß ich Schönheit ohne Intelligenz nicht lieben könnte.‹ O Hugo, deiner bin ich sicher, dir kann ich vertrauen. Nur dein Lob ist mir Lob.«[34]

Gegen Eitelkeit, die sie, geschult am Katechismus und an den französischen Moralisten, als ein besonders großes Übel in ihrem Verhalten entdeckt hatte, kämpfte Anaïs bis in die letzten Jahre ihres Lebens. Auf dem harten Prüfstand als Modell, den sie nach beachtlichen Erfolgen – sie posierte sogar für ein Titelfoto der *Saturday Evening Post* (Ausgabe vom 8. Juli 1922) – Ende des Jahres 1922 aufgab, erlag sie immer wieder Reizen, die sie bald als Moralistin, bald als scheinbar unbeteiligte Chronistin ihres eigenen Lebens – diese Mischung ist allen ihren Tagebüchern eigen – beschrieb.

Über ihr Zusammensein mit den anderen Modellen, durch die sie ihre Empfänglichkeit für ausgeprägte Weiblichkeit und für Frauenkörper entdeckte, notierte sie: »Wie glücklich und von anheimelnden Gefühlen durchdrungen ich heute durch meine Beziehungen zu den anderen Modellen bin. Wir sprachen über Kleider, die Kostümschneider, unsere Bewunderer und unseren Ehrgeiz, gaben uns gegenseitig Mittel gegen übermüdete Füße und berieten uns über die Farbe unseres nächsten Kostüms. Alles Ausdruck eines einfachen Mitteilungsbedürfnisses, das auch in mir ist und mich innerlich erwärmt. Ich liebe diese Mädchen, und ich hoffe, daß ich eines Tages das Loblied auf sie singen kann, das sie verdienen – vielleicht in einem Buch, das der Welt zeigt, wieviel Seele in einem Modell ist, wieviel Liebenswürdigkeit, Hingabe und Freundlichkeit, und wie sie sich abplagen in ihrem anstrengenden, selbstlosen und erfüllten Leben.«

Anaïs, die sich später in ihren Romantexten wie in ihren Tagebüchern ausführlichen Frauenstudien widmete – seit ihrem intimen Verhältnis zu June Miller in Paris galten sie vor allem diesem von ihr bewunderten gegensätzlichen Frauentyp –, hatte bereits durch ihre Tätigkeit als Modell und auch als Mannequin für Modehäuser Gelegenheit, sich an diesem literarisch schwierigen Thema zu üben. Von einer ihrer Kolleginnen, Helen Eagen, zeichnete sie im Anschluß an allgemeine Betrachtungen folgendes Porträt, das in seinen kräftigeren Farben Parallelen zu den späteren Darstellungen June Millers erkennen läßt.

»Helen Eagen ist von statuarischer Schönheit. Sie hat den klassischsten Kopf, den ich je gesehen habe, klare und starke Züge und einen massiv herausgemeißelten Körper, der nichts von pulsierendem Leben, von Zartheit, Geschmeidigkeit und Wärme vermittelt, sondern wie etwas in Jahrhunderten sorgfältig und kunstvoll aus Stein Gehauenes wirkt.«[35]

Rückblickend auf ihre Arbeit in den Studios und Vorführsalons wurde ihr bewußt, daß sie in ihrem Privatleben, in dem seit ihren ersten Tanzvergnügungen Flirts und Rendezvous eine große Rolle spielten, den gleichen Anfechtungen und Verlockungen ausgesetzt war wie in der Berufsöffentlichkeit. Als besondere Schwäche erkannte sie in sich, daß gleichgültiges Verhalten ihr gegenüber sie depressiv stimmte und zum Verstummen brachte. Sie wollte von allen geliebt und bewundert werden. »Ich weiß nicht, wie ich mir den Reiz erklären soll, der darin liegt, von jemandem geliebt zu werden. Hängt das mit der auf Neuheiten reagierenden Gesellschaft zusammen, daß ich so großes Interesse daran habe, bewundert und umworben zu werden? Ich möchte Zuschauer bleiben, und doch bewegen mich unterschiedliche Gefühle, wenn ein Gesicht sich dem meinen voll zuwendet, Augen die meinen suchen, und Worte, eine Stimme und Redewendungen mir zu verstehen geben: ›Ich liebe dich.‹ In einem solchen Augenblick habe ich keine Vorstellungen und keine Gedanken mehr. Ich höre, sehe, nehme auf und bin berührt durch den Vorgang, als sei er selbstverständlich, unvermeidbar, natürlich – aber auch traurig und bemitleidenswert.«[36]

Im Juni 1922 kam es zwischen Hugo und Anaïs zu einem ersten Kuß und der gegenseitigen Beteuerung, schon bald den Bund der Ehe zu schließen. Anaïs wirbelte jedoch weiter durch die Tanzpartys, hörte im Haus dem Klavierspiel ihres Bruders

Joaquin und dem Gesang der Mutter zu, las mit Hingabe die Tagebücher von Maria Bashkirtseff und Eugénie de Guérin und beobachtete mit ihren facettenreichen Insektenaugen den Reigen des Lebens um sich, dem sie sich zugehörig fühlte, ohne wirklich von ihm ergriffen zu sein. Da Hugo sich trotz der Verlobung in verständnisvoller Distanz zu seiner scheinbar so selbstverlorenen zukünftigen Braut hielt, zog eine atmosphärische Verstimmung auf, kaum spürbar zwar, aber dafür um so bedrohlicher für das glückliche Ende. Noch fataler wirkte die Reise Hugos Mitte des Jahres 1922 nach Schottland, wo er nach Vorstellung seines protestantischen Vaters die katholische Verlobte möglichst vergessen sollte.

Als Anaïs am 20. September 1922 eine Einladung von ihrer Tante Antolina nach Kuba erhielt, zögerte sie nicht, sie anzunehmen. Ihr einziger Kummer war, daß sie für einige Zeit von ihrer Mutter getrennt sein würde. Über Hugo, der seiner Sohnespflicht mehr gehorchte als seinem Herzen, kein einziges Wort. Erst einen Tag später verzeichnete das Tagebuch: »Nur ein Wunder kann unsere Heirat möglich machen.«[37] Und kurz vor ihrer Abreise Anfang Oktober hieß es: »Ich bin jetzt gewiß, daß meine Liebe für Mutter größer ist als für Hugo.«[38] Freundesbriefe, die sie von der Finca La Generala, dem Landgut der verwitweten Generalsgattin Antolina de Cárdenas, schrieb, gingen wieder an Eduardo Sanchez, den in Poesie und Liebessehnsucht gleichgesinnten Cousin.

Nach mehreren Wochen bei Tante Antolina fand Anaïs beim Durchblättern ihrer Tagebücher alte Briefe von Hugo, deren Lektüre ihr noch einmal bestätigte, daß die Ursache, die zu ihrer Verstimmung geführt hatte, in ihrem Beharren auf geistiger Selbständigkeit lag. Und sie fragte sich wieder, ob diese intellektuellen und künstlerischen Interessen, die sich nur durch Intensität von denen Hugos unterschieden, wirklich ein Hindernis für ihre gemeinsame Liebe sein sollten. Schuldbewußt gestand sie sich:

»Nach Frauenart behielt ich alle diese Dinge in mir. Wir sprachen niemals mehr darüber und vergruben uns in tausend andere Probleme und Schwierigkeiten, die unsere Denkgewohnheiten uns bereiteten.«[39]

Seltsamerweise erhielt sie unmittelbar nach ihren melancholischen Betrachtungen einen Brief von Hugo, in dem er sie fragte: »Wirst du auf mich warten, bis ich dich so sehr liebe, wie du es verdienst, geliebt zu werden?«[40] Anaïs fühlte sich überglücklich, aber die Heirat, die Hugo ihr im selben Brief vorschlug, mochte sie um ihrer neu gefundenen Liebe willen nicht sofort akzeptieren. In einer Antwort beteuerte sie ihm, daß sie jetzt auf ihre hochfliegenden Pläne verzichten wolle: »Oh, ich habe die Absicht, alle deine Bedenken über meine Fixierung auf ›Höhepunkte des Lebens‹, die dich in den vergangenen Tagen so sehr betrübten, zu zerstreuen. Ich werde dich mit einer solchen Fülle von Beweisen darüber, wie wesentlich ich bin, überschütten, daß du mich auf Knien bittest, in mein altes Selbst und zu meiner alten Leichtigkeit zurückzukehren.«[41]

Einen Monat später waren die Barrieren, die sich während der Pariser Jahre wieder bemerkbar machten, ohne sie je zu einer endgültigen Trennung zu veranlassen, überwunden, und Anaïs verkündete am 6. Dezember 1922: »Ich habe nun doch Hugo versprochen, ihn zu heiraten. Ich schickte ihm ein Telegramm, nachdem ich einen Brief von ihm erhielt, der mich völlig über den Haufen warf. All diese großzügigen Empfindungen, diese Ergebenheit, dieses äußerste Verständnis haben sich schließlich wieder in ihm verbunden. Für Mutter erträumte ich mir ein wahreres Glück. Gott helfe mir!«[42] Hugo beeilte sich, auf die Einwilligung hin nach Havanna zu kommen, wo Ende Februar 1923 die Hochzeit stattfand.

Im März war die Familie Nin einschließlich Schwiegersohn wieder in der Villa in Richmond Hill versammelt. Da jedoch die Spannung zwischen der Mutter, die sich seit der Heirat im Stich gelassen und vereinsamt fühlte, und der Tochter, die sich zum erstenmal an einem längeren literarischen Text versuchen wollte, fast täglich zu tränenreichen Klagen und melodramatischen Szenen führte, zog das jungvermählte Paar schon bald in einen eigenen Bungalow. Dort führte Anaïs gewissenhaft den Haushalt, während Hugo seinen Bankgeschäften nachging. Abends, wenn Hugo nach Hause gekommen war, tauschten sie ihre kleinen alltäglichen Erlebnisse aus, er rauchte zufrieden seine Pfeife, und wenn sie Lust hatte zu singen und zu tanzen, begleitete er sie auf der Gitarre. Nächtliche geflüsterte Zärtlichkeiten rundeten das Bild einer harmonischen Ehe ab, die zehntausend glückliche Jahre währen würde.

Anaïs aber konnte und wollte ihre innere Unruhe, die ihr weiterhin im Kopf und im Leibe saß, nicht ignorieren. Sie lenkte die gemeinsamen Gespräche auf ihre literarischen Ambitionen, und sie appellierte dabei an Hugos eigene zaghaft begonnenen Versuche, sich im Tagebuch und in Gedichten von verborgenen Empfindungen zu befreien. Als Eduardo Sanchez, der sich seinen Freiraum durch homoerotische Eskapaden und ausdauernde Hingabe an die Poesie bewahrt hatte, die Besuche bei seiner Cousine wiederaufnahm, erkannte diese, daß auch sie sich nie von ihren individuellen Sehnsüchten würde lösen können. Sie mußte den Kampf um Anerkennung und Selbstausprägung, egal, was er koste, führen. Da sie jedoch vorerst an ihre Rolle als Frau und Ehefrau gebunden war, blieb ihr nichts anderes übrig, als den vorgegebenen Rahmen, in dem sie seit der Hochzeit in Havanna lebte, so weit wie möglich auszunützen und, wenn notwendig, zu erweitern. Hellsichtig diagnostizierte sie ihre augenblickliche Situation: »In mir paßt nichts zusammen, nichts ergibt ein Ganzes. Es ist irritierend, aus Bruchstücken zu bestehen. Und ich frage mich, will ich nur Frau, nur Schriftstellerin oder nur Intellekt sein?«[43]

Ohne das häusliche Glück zu kompromittieren und angeregt durch die Gespräche und den zusätzlichen Briefwechsel mit Eduardo, gelegentlich auch durch das Geigenspiel Enric Madrigueras im Haus der Mutter, begann sie heimlich einen Roman zu schreiben, dem sie den Titel *Alines Wahl* gab.

Innerhalb einer Woche füllte sie hundertvierundachtzig Seiten. Aber zu vieles sprudelte gleichzeitig aus ihr heraus, zu lange hatte sie schon auf den Augenblick gewartet, sich nicht nur beliebig in ihrem Tagebuch auszuströmen, sondern nach den Regeln der Kunst zu arbeiten. Der größte Fehler, den sie beging, war, sich selbst wieder zum Thema zu machen, ein Fehler, der sich in seiner maßlosen Übersteigerung als ihre besondere Stärke erweisen sollte und ihr sogar als Vertreterin einer außer- oder zwischenliterarischen Gattung, des auf Selbstanalyse beruhenden bekenntnishaften Tagebuchs, Ruhm einbrachte.

Der Text über Aline alias Anaïs geriet ihr aus den Fugen. »Ich habe das ganze Leben einer jungen Frau hineingestopft, dazu noch viele Gedanken, Stimmungen und zahllose Empfindungen – auch Eigenschaften, die ich in mir entdeckte. Wenn man mich nach meiner größten Schwierigkeit fragte, würde ich ohne zu zögern antworten: das Weglassen. Weglassen war mein größtes Problem, denn von allem hatte ich zuviel, einschließlich Adjektiven und unreinen Infinitiven!«[44] Ein Jahr später, am 17. August 1924, beendete sie den Roman, den sie selbst als mißlungen bezeichnete. Zur Erinnerung behielt sie bei einer späteren Durchsicht ihrer Papiere nur noch einige Fragmente.

Der Romanversuch verschaffte Anaïs nicht nur Erkenntnisse über die Schwierigkeiten des Literaturschreibens, sondern auch über ihr Wesen als Frau, ein Thema, das sie von nun an in ihren Tagebüchern und Prosatexten endlos variierte. In einem Punkt war sie sich bereits sicher: man kann zwei Männer, vielleicht sogar mehrere, zugleich lieben. Sie dachte dabei an Hugo, Eduardo und Enric und schon bald auch an John Erskine, den damals fünfundvierzigjährigen Schriftsteller, Kritiker und Literaturprofsssor an der Columbia-Universität, bei dem Hugo studiert hatte und den er bewunderte, und an Richard F. Maynard, einen bereits anerkannten amerikanischen Maler, der Anaïs im Lauf der Jahre auf der Leinwand, mit dem Fotoapparat und in Ton abbildete und darstellte. Ab 1925 erweiterte sich diese Gruppe, die sich bis auf Maynard nach und nach in Paris bei dem Ehepaar Nin-Guiler einfand, um eine ganze Schar berühmter und interessanter Männer, gelegentlich auch reizvoller Frauen wie June Miller. Aber im Grunde spielte es letztlich für die Abenteurerin im Dschungel der Selbsterfahrung keine Rolle, durch wen sie vorwärtskam. Sie brauchte das Spiel und den Kampf, aber immer auch Zärtlichkeit und Schutz, Zuwendung und Geborgenheit.

»Eines Tages werde ich eine Geschichte darüber schreiben, daß eine Frau zwei Männer lieben kann; daß sie einen Kuß empfangen kann, während sie von den Lippen eines anderen träumt; daß sie liebevoll ein Gesicht betrachten kann, während sie an ein anderes denkt; daß sie in den Armen eines Mannes einschlafen kann, während sie einem anderen im Traum begegnet. Und wie ein Brief höchste Hingabe erweckt, sie aber einen Augenblick später die Tür öffnet, um einem anderen mit Zärtlichkeit zu begegnen.«[45]

Aber würde sie überhaupt jemals Geschichten schreiben, Literatur machen, Künstlerin sein können? Oder war sie an erster Stelle Frau, der Hingabe und Liebe alles bedeutete? Sie schwankte noch, denn ihr Roman, mit dessen Erfolg sie spekulierte, zerfloß ihr unter den Händen, aber sie schwankte auch noch, als sie bereits auf dem Weg der Selbstfindung weit vorangekommen war und ihre kunstvoll geschaffene Persönlichkeit sie vor Einbrüchen schützte. Sie wollte Frau sein und bleiben im alten Stil, doch nach eigener Fasson. »Ja, ich bin Frau«, schrieb sie in einem dieser dichten Momente, in denen sich ihr alles verband und alles trennte. »Doch wenn der Künstler wieder in mir herrscht und die Leidenschaft des schöpferischen Vorgangs mich in unvorstellbare Sphären trägt, dann weiß ich, daß meine Seele der Kunst gehört, daß es die Kunst ist, die ich anbete und für die ich lebe. Das Schreiben erfüllt mein ganzes Wesen, und ich fühle mich geborgen wie in einer Hand.« Und nach einem Absatz fuhr sie unmittelbar fort: »Aber schließlich sieht die Künstlerin, wie sich die Vollendung ihres Werks in der Dämmerung verliert. Dann greift die Liebe nach ihr, nimmt ihr den Federhalter aus der Hand und führt sie mit den geflüsterten Worten fort: ›Laß uns die Sterne und den bleichen Mond betrachten.‹ Das ist es, warum eine Frau eine Frau bleibt und ein Mann Künstler sein kann.«[46]

Hugo unterstützte seine Frau bei dem Versuch, der Muse etwas abzutrotzen, was diese ihrer Jüngerin in Richmond Hill scheinbar verweigerte. Er verehrte Anaïs wie eine zerbrechliche Kostbarkeit, und niemals wieder beging er den Fehler, ihr ›Höhenflüge‹ vorzuwerfen. Da er selber eine zarte poetische Ader besaß, die ihn auch nach seinem partiellen Literaturstudium die Nähe seines bewunderten Lehrers John Erskine suchen ließ, überraschte er seine Frau schließlich mit dem Plan, ebenfalls ein ›Buch‹ schreiben zu wollen. Diese in die Tat umgesetzte literarische Begleitung interessierte sie jedoch weniger als die Gewißheit, in ihrem »post-banker«, wie sie ihn scherzhaft nannte, einen ihr auf allen Gebieten ergebenen Beschützer zu haben.

Sein Schutz erstreckte sich auch auf Anaïs' Brüder und auf ihre Mutter. Seit die durch den Ersten Weltkrieg verursachte Wirtschaftskrise, die zum Zusammenbruch der Börsen 1929 in New York und 1930 in Europa führte, Geld und Arbeit immer knapper werden ließ, war auch Rosa Nin-Culmell trotz ihres jahrelang bewiesenen Geschicks als Geschäftsfrau in finanzielle Schwierigkeiten geraten. Hugo zahlte manche Rechnung, nicht zuletzt für die Ausbildung der beiden Söhne, aber da er nicht zu den Spitzenverdienern gehörte, waren auch seine Mittel begrenzt. Einen Aufschub für die Lösung von Rosas Problem brachte ein Brief Antolinas. Die Generalswitwe plante auf ihrem Landgut die Errichtung einer Armenschule, was ihr geraten sein ließ, eine in Geschäftsdingen erfahrene Vertraute an ihrer Seite zu haben. So fuhr Rosa Ende Januar 1924 nach Kuba, wo sie bis Ende April blieb.

Während der Abwesenheit ihrer Mutter kümmerte sich Anaïs zusätzlich um die von Gläubigern heimgesuchte Villa, in der Joaquin und Thorvald einer trüben Zukunft entgegensahen. Wie schon einmal in Manhattan, sollten die überflüssigen Zimmer vermietet werden, aber auf die Annoncen kamen nur Interessenten, die mit nichts einverstanden waren. Das Tagebuch wurde zur Kummerecke: »Das sind schon merkwürdige Tage, wenn ich sie ruhig betrachte. Mein Liebling verläßt mich früh am Morgen, und ich habe gegen neun Uhr meine Hausarbeit beendet. Der Rest des Tages ist durch verschiedene Dinge aufgeteilt: ich muß die Zimmer, die noch nicht vermietet sind, herrichten, sie ständig jemandem zeigen, Post beantworten, Rechnungen und Buchhaltung erledigen, für beide Häuser einkaufen gehen, die Betten in beiden Häusern machen, das Frühstück für Thorvald, das er am nächsten Tag mitnimmt, vorbereiten, mit Gläubigern verhandeln, in meinen Bungalow zurückkehren, falls die Zeit es erlaubt, um Kleider zu waschen, zu bügeln und auszubessern, und dann ist es Zeit, das Mittagessen vorzubereiten und noch mehr Teller abzuwaschen. Zwischendurch säubere und säume ich Gardinen, fache das Feuer im Heizofen an, wenn es auszugehen droht, gieße und pflege meine Gartenbeete, bürste das lange Haar unseres Hundes und füttere die Kanarienvögel.«[47]

Anaïs war es gewohnt, im Haushalt zu arbeiten, und sie tat es gern, aber für zwei Haushalte gleichzeitig sorgen zu müssen ging einfach über ihre Kräfte, abgesehen davon, daß sie aus Übermüdung kaum noch zum Schreiben kam. Abends saß sie mit Hugo auf dem Sofa, und sie träumten davon, was sie alles tun würden, wenn Hugo ein besseres Gehalt bekäme. Rosas Rückkehr aus Havanna entlastete schließlich nicht nur Anaïs in praktischen Dingen, sie beendete auch die Ungewißheit der Zukunft für sie alle.

Rosa, die von ihrer Schwester Antolina mit guten Ratschlägen und wahrscheinlich auch mit gehörigen finanziellen Mitteln ausgestattet worden war, hatte sich entschlossen, die Villa aufzugeben und mit ihren Söhnen nach Paris überzusiedeln, um Joaquin eine bessere Ausbildung am Musikkonservatorium zu ermöglichen. Hugo, der mit seiner Frau unter anderem auch von einem längeren Aufenthalt in Frankreich geträumt hatte, überlegte nicht lange und bewarb sich bei seiner Bank um einen Posten in der Pariser Auslandsfiliale. Seiner Bewerbung wurde stattgegeben, und somit stand den Nins beider Häuser für einen Umzug in die französische Hauptstadt nichts mehr im Wege.

Anaïs bereitete sich auf die Rückkehr in die alte Welt vor, indem sie den Roman *Die Gesandten* von Henry James las, und sie bemühte sich in einer langen Korrespondenz darum, ihren Vater zu einer Scheidung zu überreden, um ihrer Mutter, die nichts davon ahnte, peinliche Auseinandersetzungen in Paris zu ersparen. Als Rosa im August 1924 in Frankreich eintraf, reagierte sie auf die inzwischen vorbereitete Scheidung mit Trotz und Empörung. Anaïs aber ließ nicht locker, und so erreichte sie es schließlich, daß die Trennung ihrer Eltern auch gesetzlich vollzogen wurde. Anaïs hatte sich mit diesem Coup gleichzeitig ihrem Vater wieder nähergebracht und sich innerlich von ihrer Mutter befreit.

»Oh, welches Mitleid hatte ich anfangs mit ihr. Aber schließlich war mein Mitleid erschöpft; zu oft hatte meine Mutter Vorteil daraus gezogen, so daß ich nach einem kurzen Augenblick rebellierte und voller Zorn ihre Unvernunft verurteilte. Mit welcher Sorgfalt habe ich Vater besänftigt und nachgiebig gestimmt, bis seine Briefe von Geduld und Zuneigung überströmten. Mit welcher unendlichen Zärtlichkeit setzte ich ihm alles auseinander und überzeugte ihn, so daß er bereit war, jedem meiner Worte zu gehorchen.«[48]

Nach dem Verkauf der Möbel und des Bungalows im November 1924 verbrachten Hugo und Anaïs noch zwei Wochen in einem Hotelzimmer in New York, wo sie auf die Überfahrt nach Europa warteten. Bei einem gemeinsamen Mittagessen mit John Erskine unternahm Hugo den rührenden Versuch, seine Frau noch in letzter Minute als neue amerikanische Literaturbegabung anzupreisen, und er drängte Anaïs, dem verehrten Meister einige Proben ihres Könnens, nicht zuletzt ihres im Entstehen begriffenen Romans, *Alines Wahl*, vorzulegen. Anaïs, die diese Werbung Hugos als äußerst ungeschickt empfand, weigerte sich jedoch standhaft, dieser Aufforderung nachzukommen. »Das Ergebnis war, daß Erskine über sein eigenes Werk sprach«, schrieb sie später doch etwas pikiert darüber, daß nicht auch der Meister insistiert hatte. »Trotz aller Bewunderung für Erskine habe ich seinen schwachen Punkt entdeckt. Ihm fehlt die Begabung, aus Menschen das Beste herauszuholen. Er unterbricht ständig die Gedanken der anderen, um seinen eigenen zu folgen.«[49] In Paris sollte ihre Wiederbegegnung noch eine andere Wendung finden.

Am 16. Dezember gingen Hugo und Anaïs an Bord des Passagierschiffs *La France*, auf dem sie, von der National City Bank finanziell bereits besser ausgestattet, die erste Klasse gebucht hatten. Ihr »weltlicher« Besitz bestand, wie Anaïs etwas melodramatisch in ihr Tagebuch schrieb, aus »einem Koffer voller Kleidung, einer lavendelfarbenen Hutschachtel, einer Schreibmaschine und einer Guitarre«.[50] Am 24. Dezember 1924 lief ihr Schiff in Le Havre ein.

3.
Selbstbefreiung in Paris
(1924 – 1939)

Um auch nur annähernd vollständig die fünfzehn Jahre, die Anaïs Nin in Paris verbrachte – ausgenommen die Reisen und das psychoanalytische Intermezzo in New York 1934/35 –, darzustellen, bedürfte es eines Computers mit mehreren Programmen. Wie in den letzten Jahren vor ihrer Ehe liebte sie es, für Menschen zu schwärmen und von Menschen umschwärmt zu sein. Durch die Berufstätigkeit ihres Mannes besaß sie genügend Zeit und Geld, jedem Bedürfnis und jeder Laune folgen zu können, und da Hugo Guiler stetig um den Ehefrieden bemüht war, duldete er nicht nur ihre nervösen Eskapaden, er begleitete sie auch abends und an den Wochenenden durch die Pariser Kunst- und Kulturwelt oder, in den frühen dreißiger Jahren, zu den Treffpunkten und Vergnügungsstätten der Bohème und der bürgerlichen Libertins.

Anaïs benötigte, um ihre latent vorhandenen schöpferischen Kräfte zu stimulieren, nicht nur die Droge ihres Tagebuchs, deren lähmende Wirkung auf eben diese Kreativität sie sporadisch erkannte, sondern ebenso das Rauschgift ständig wechselnder Kontakte und Anregungen. Die Überreizungen, die aus dieser Dauerstimulierung resultierten, füllten Jahr um Jahr das Tagebuch mit Gedankensplittern, Selbstbetrachtungen und subjektiven Spiegelungen ihrer Umwelt. Sie führten aber weder zum Rückzug in die Konzentration auf ein eigenes künstlerisches Werk, wie sie es bei Djuna Barnes, ihrem Vorbild für die literarische Gestaltung frauweiblichen Lebens, bewunderte, noch zur Rückgewinnung des Vertrauens in eine dauerhafte und intensive Zweierbeziehung, von der sie eine unerfüllbare ideale Vorstellung hatte. Exaltationen und Krisen, die bis zu Selbstmordgedanken und zum Eintauchen in die Psychoanalyse reichten, wechselten sich ab, ohne in eine Phase aktiver Ruhe oder schöpferischer Vergessenheit zu münden.

Das intellektuelle und künstlerische Klima des Paris der zwanziger und dreißiger Jahre – hier lebten gleichzeitig, um nur einige Literaten zu nennen, Breton und Gide, Claudel, Artaud, Giraudoux und Cocteau – war auch nicht dazu angetan, eine übersensible und sinnlich stark reagierende, aber unerfahrene Frau wie Anaïs – die Ehe mit Hugo war eine zärtliche, aber keine sexuell aufregende – in die Kontemplation und produktive Selbstbesinnung zu führen. Ihre schriftstellerischen Energien, die sich bereits in einem ersten Romanversuch gebündelt hatten, wurden in der damaligen Hauptstadt einer internationalen Künstlerbohème unablässig abgelenkt. Die verwirrende Fülle von Anregungen, die, eine Dekade früher, selbst einen so empfindsamen und für den französischen Kulturkreis empfänglichen Poeten wie Rainer Maria Rilke nicht davon abhielt, einen Text wie *Die Aufzeichnungen des Malte Laurids Brigge* vorzubereiten, verleitete Anaïs eher dazu, ihre Kräfte ausströmen zu lassen, als sie zu sammeln. Verführbar durch ihre Sehnsucht nach unbegrenzter Erfahrung, verlor sie das Ziel, das sie sich selber gesetzt hatte – das Schaffen eines bedeutenden Kunstwerks – in den Fluten des Anschauungsmaterials.

Das erste Jahr gestaltete sich etwas schwierig. Hugo mußte sich in der Filiale der National City Bank einarbeiten, und die Suche nach einer passenden Wohnung dauerte Monate, bis sie, nach einer Zwischenlösung in der Rue d'Assas am Westrand des Jardin du Luxembourg, Ende 1925 in der Rue Schoelcher endete, einer am Friedhof Montparnasse entlangführenden Straße, in die auch Rosa mit ihren Söhnen zog. Als Hugos Gehalt 1926 erhöht wurde, ging es zum Square du Port Royal im 5. Arrondissement, nach einer weiteren Finanzaufbesserung in das luxuriöse Appartement am Boulevard Suchet mit Blick zum Bois de Boulogne und 1929, nach dem Börsenkrach in New York, in ein idyllisches, aber altersschwaches Landhaus in Louveciennes, einem kleinen Ort nordöstlich von Paris.

Am längsten brauchte Anaïs, um sich an die Stadt zu gewöhnen, die sie, verwöhnt durch die auf Long Island verbrachten Jahre, als laut, düster und verwahrlost empfand. Ganz besonders jedoch stieß sie die moralische Verwahrlosung ab, die sie überall zu entdecken glaubte, denn noch urteilte sie als katholisch erzogene bürgerliche Ehefrau, der jedes öffentliche Bekenntnis zur Sinnlichkeit eine Mißachtung anständigen Benehmens war. Und noch wehrte sie sich, die eigene Sinnlichkeit als frei verfügbare Komponente ihres individuellen Lebens zu akzeptieren. Gepeinigt und zornig schrieb sie am 20. Januar 1926 in ihr Tagebuch:

»Ich hasse, hasse, hasse Paris. Ich war bisher nur glücklich, wenn ich nicht in dieser Stadt war. Paris ist ein Alptraum für mich. Natürlich nicht jeden Tag. Es gibt Zeiten, in denen ich ausgesöhnt bin, aber die Tatsache, daß ich allein dastehe mit meiner Abscheu, verstärkt die Bitterkeit meines Empfindens. Ich wünschte, ich könnte allem Leben entsagen. Ich wünschte, ich könnte Dinge mit mehr Sanftmut verachten. Und was mich am meisten quält, ist, daß ich in New York nicht lieber leben möchte als in Paris, sondern an einem sauberen Ort – einem Ort, wo sich die Menschen nicht in den Straßen küssen und umarmen, wo mir keine Männer folgen, die mir schmutzige Anträge zuflüstern, und wo nicht so viele Frauen umherstreifen mit rotgefärbten Lippen und einem Gesichtsausdruck, der einen anhaltenden Widerwillen in mir hervorruft. Vor allem möchte ich wahre Männer sehen, Männer, die nicht in jeder Minute ihres Lebens an Frauen denken – an Frauen, zu denen sie ausschließlich eine körperliche Beziehung haben wollen.«[51]

Erst fünf Jahre später verfaßte sie mit dem Mut der an ihrer Lebensgier Verzweifelnden eine Studie über David Herbert Lawrence, dessen Romane damals noch schockierten und von der Zensur unterdrückt wurden, weil der zeitweise in Mexiko und in New Mexico lebende englische Autor ähnlich wie die Surrealisten, die seit dem Ersten Weltkrieg die literarische Szene Frankreichs beherrschten, die Rückbesinnung auf die animalischen Instinkte und unbewußten Kräfte im Menschen forderte, um das in Konventionen und Intellektualismus erstarrte Europa aufzurütteln. Anaïs tat diesen ersten und entscheidenden Schritt zu ihrer Selbstbefreiung noch vor der im Dezember 1931 stattfindenden Begegnung mit Henry Miller, dessen Rolle in dieser Hinsicht gern überbewertet wird. Miller zog sie zeitweise in seine Welt der ausgelebten Sexualität und der kraftvollen Visionen einer Geist, Sinnlichkeit, Glauben und Künstlertum verschmelzenden Existenz, aber da hatte Anaïs ihr Schutzgehäuse bereits aus eigenem Antrieb verlassen.

Zu denen, die ihr teils bewußt, teils unbewußt halfen, ihre Fesseln zu lösen, gehörten bis zur Begegnung mit Miller vor allem John Erskine, der im Dezember 1925 mit seiner Frau und seinen beiden Kindern für längere Zeit nach Paris kam; dann Eduardo Sanchez, der nach einem Zwischenaufenthalt auf Kuba im Juni 1930 plötzlich wieder bei seiner Cousine auftauchte und sie gleich beim ersten Besuch mit dem Werk seines Lieblingsautors, David Herbert Lawrence, bekannt machte; und schließlich, sozusagen als zweite Garde, Gustavo Morales, ein temperamentvoller kubanischer Komponist, Eugene Graves, ein attraktiver, aber etwas elegischer Jugendfreund Hugos aus New York, Armand Godoy, ein von der Zeit überholter französischer Schriftsteller und Sonderling, Paco Miralles, ein spanischer Tanzlehrer, bei dem zeitweise auch Hugo beflissen Unterricht nahm, und der junge französische Graf Horace Guicciardi, eine Bekanntschaft von der Überfahrt mit der *France*.

Sie alle stimulierten Anaïs, die mit fortschreitenden Jahren fürchtete, trotz ihrer Ehe ein unerlöstes Dornröschen zu bleiben, durch ihr sinnliches Flair oder ihre geistig-moralische Aufrichtigkeit und Offenheit, und sie hielten in ihr die Bereitschaft wach, mit jedem Prinzen mitzugehen, wenn er nur stark und verrückt genug wäre und sich nicht von ihrer Sprödigkeit und

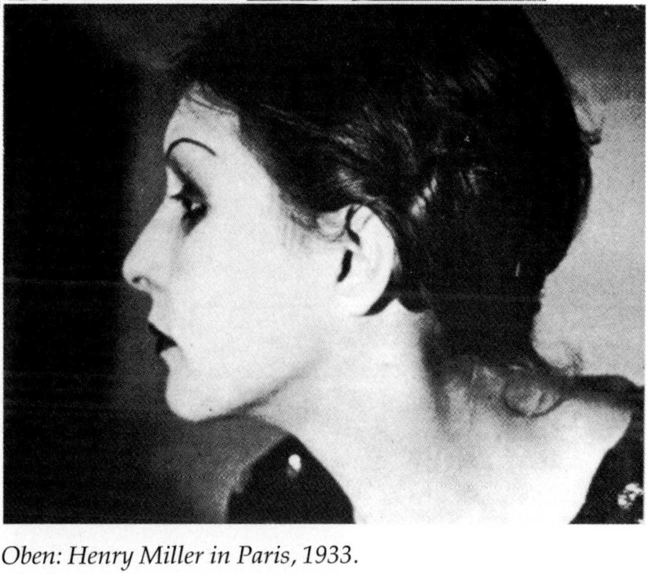

Oben: Henry Miller in Paris, 1933.
Unten: June, Henry Millers Ehefrau.

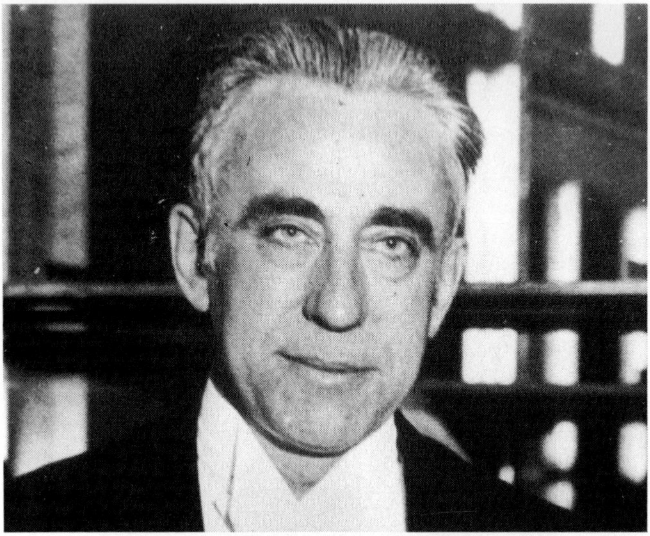

Oben: Der amerikanische Schriftsteller John Erskine.

Unten: Der Psychoanalytiker Otto Rank, ein Schüler Freuds.

Oben: Eine anonyme Zeichnung des französischen Regisseurs und Dramatikers Antoine Artaud, der das »Theater der Grausamkeit« verkündete.

Unten: Lawrence Durrell, ein Freund aus Pariser Tagen.

Carl van Vechten fotografierte Anaïs Nin 1934 in New York.

Preziosität täuschen ließe. Nach einer Begegnung, bei der sie sich fast dem sie umwerbenden Mann hingegeben hätte – er war ein Mitarbeiter des Verlegers Edward Titus, der 1932 ihre Studie über D. H. Lawrence veröffentlichte –, schrieb sie: »Er bezeichnete mich als Romantikerin. Ich werde wütend: ›Ich habe meine romantische Veranlagung satt.‹«[52]

John Erskine, dessen Ruf als maßgeblicher Kritiker sich seit der Publizierung seiner theoretischen Schrift *Die literarischen Gattungen*, 1920, befestigt hatte, war für Anaïs der erste Mann in ihrem Leben, der etwas von ihren sinnlichen Sehnsüchten herauslockte und befriedigte. Er hielt nicht viel von ihren literarischen Bemühungen, obwohl er freundliche Worte für ihr Tagebuch fand, das sie ihm nach ihrer Weigerung in New York nun doch auszugsweise zu lesen gab, aber er fühlte sich von ihrer betonten Weiblichkeit, die selbst noch in Augenblicken der Hingabe – so sah es jedenfalls Henry Miller – von einem Hauch Kultiviertheit und geistiger Disziplin umgeben war, angezogen und schließlich hingerissen. Anaïs, die ihr Äußeres und die Wirkung ihrer Erscheinung auf andere gern in schmeichelhaftester Weise beschrieb, definierte ihre weibliche Natur, auf die sie stolz war und die sie bewußt einsetzte, mit den angeblich von Hugo stammenden Worten: »Meine Stärke ist weich, indirekt, behutsam andeutend, kreativ, zärtlich, weiblich.«[53]

John, wie sie Erskine bald in ihrem Tagebuch nannte, erinnerte sie an die Autorität und den Künstleregoismus ihres Vaters, dessen genaues Alter er auch hatte – beide wurden 1879 geboren –, seine besondere Faszination für sie lag jedoch in seiner Ausgeglichenheit und seiner imponierenden physischen Statur, durch die sie sich kindhaft geborgen fühlte. Die seltenen Treffen mit Joaquin Nin, der meist in Begleitung seiner neuen Ehefrau Maruça, der noch immer reizvollen Maria Luisa Rodriguez aus Arcachon, erschien, hatten Anaïs verhältnismäßig unberührt gelassen, aber das Kapitel über die Beziehung zu ihrem Vater, den sie im Tagebuch vieldeutig als »das Problem« bezeichnete, war für sie noch längst nicht abgeschlossen.

Kurz nach der Ankunft John Erskines mit seiner Frau Pauline und seinen Kindern Anna und Graham im Dezember 1925 in Paris unternahmen Hugo und Anaïs mit ihren herzlich willkommenen Gästen einen Ausflug nach Chartres, um die berühmte gotische Kathedrale zu besichtigen. Als sachkundige Führerin begleitete sie Hélène Boussinescq, eine bekannte Übersetzerin – sie übertrug erstmalig für Frankreich die in nervös-sensiblem Stil geschriebenen Romane des 1909 verstorbenen englischen Autors George Meredith – und Sprachlehrerin, bei der Anaïs jahrelang ihre Englischkenntnisse verbesserte und Einblick in die Werke moderner Schriftsteller wie Luigi Pirandello und Ferdinand Bruckner gewann. Anaïs war fasziniert von Erskine, und sie beobachtete eine Erregung in sich, die sie zugleich erschreckte und beglückte, aber der Verstand sagte ihr, daß sie nichts erwarten dürfe, denn Erskine war verheiratet, hatte Kinder und war Hugos väterlicher Freund.

Immerhin vergingen noch gute drei Jahre, bis alle Hemmungen und Skrupel beseitigt waren, allerdings weniger auf seiten Erskines, denn er kannte bereits Lilith, mit der er ein fast öffentliches Verhältnis hatte. Nach einem ersten bedeutungsvollen Flirt und Kuß am 16. Mai 1929 saßen der angesehene Poet und Literaturkritiker und die soignierte Bankiersgattin am nächsten Tag im orientalisch eingerichteten Salon des Appartements am Boulevard Suchet und zögerten ein letztes Mal: »Als John und ich den ganzen Nachmittag auf dem Divan saßen und unsere Wesenszüge, verborgenen Gedanken, Sehnsüchte und Enttäuschungen erforschten, spürten wir diesen alles zerstörenden Impuls, widerstanden ihm und führten ihn auf den gestrigen Tag zurück. Wir weigerten uns, die Tatsache unseres Flirts anzunehmen. Nein. Er konnte unmöglich mit Hugos Frau flirten, und ich konnte unmöglich mit dem Liebhaber von Lilith flirten. Und doch – er hatte mich küssen wollen, und ich hatte diesen Kuß erhofft. Und als er es tat, hatte der Rest der Welt für mich aufgehört zu existieren, zumindest für eine Minute.«[54]

Der Kuß und das anschließende zögerliche Tête-à-tête gingen Anaïs nicht aus dem Sinn. »Ich darf diesen Kuß nicht zu ernst nehmen. Das darf ich nicht. Ich muß meinen Verstand und meine Sinne beisammenhalten. Ich habe diesen Kuß gewollt, ersehnt, provoziert – das genügt. Er kam von einem Mann, der selbstsicher ist, nicht leicht den Kopf verliert, wofür er allen Grund hat. Ich war glücklich – wie eine Frau, die liebt, um geliebt zu werden; wie ein Künstler, denn er wiederholte, daß er mich ›ungewöhnlich‹ fände; glücklich in gottloser Weise, in phantastischer Weise, in göttlicher Weise.«[55]

Eine weitere Woche bangen Hoffens und Wartens verging, bis sie Erskine anläßlich eines Essens, das dieser für Freunde in einem der besten Pariser Restaurants, im »Lapérouse«, gab, endlich wiedersah. Sie erkannten beide, daß sich ihre Leidenschaft nicht mehr unterdrücken ließ und sie ihr nachgeben mußten. Zusammen mit Hugo, dem »humorvollen Bankmann«, der nichts von der sich anbahnenden Affäre ahnte, gingen sie nach dem Diner noch auf ein Glas in die Wohnung Erskines. Da ihn jedoch die Anwesenheit seiner Frau an diesem Abend mehr denn je irritierte, folgte er trotz mitternächtlicher Stunde dem Ehepaar Guiler auf ein nächstes Glas zum Boulevard Suchet.

Anaïs, die dem idealisierten Mann ihrer Jungmädchenträume und ihrer am Vater orientierten Wunschphantasie bereits so nahe war, schrieb über den Ausgang des Abends: »Wir kamen in unser Appartement. Ich öffnete die Tür zum Balkon und schlug vor, uns dort hinzusetzen. Es war Vollmond, und wir löschten die Lichter. Hugo ging in die Küche, um Getränke zu holen. John und ich standen da, die Gesichter einander zugewandt, tendu par un désir affolant [erfaßt von einem unbändigen Verlangen]. Doch wir mußten uns wieder setzen, uns unterhalten, wobei wir uns ansahen, und zweimal glaubte ich, daß er mich in Gegenwart von Hugo küssen würde, wie die eine Nacht, und daß mein ganzes Leben explodieren würde. Um halb drei Uhr morgens, als er an der Tür stand und gehen wollte, verschlang er mich wieder mit seinen Augen, und ich schrie fast: ›Ich komme mit dir.‹ Die Qual, ihn ohne mich weggehen zu sehen, war unerträglich. Er begehrte mich.«[56]

Zwei Tage später – Hugo war in seiner Bank, das Mädchen hatte Ausgang – kam John wieder. Er zog Anaïs, die ein ärmelloses Kleid aus rotweißem Chiffon trug, auf den Divan, und sie küßten sich »tief, verzweiflungsvoll und hungrig«. »›Du bist durchtrieben‹, flüsterte er, ›aber so zauberhaft, so reizend.‹ Seine Hände liebkosten meinen ganzen Körper, suchten meine Brüste und meinen geheimsten und empfindsamsten Teil. ›Ich will deine Brüste küssen – geh und zieh dir etwas anderes an. Ich will sie sehen – ich möchte nicht das Kleid zerreißen.‹ Ich stand auf. Ich erinnerte mich an eines seiner Bücher, in dem er geschrieben hatte, daß wir das Recht besäßen, den Körper unseres Verlangens zu sehen. Ich nahm meine spanische Stola mit in das Umkleidezimmer, und nur von ihr umhüllt kehrte ich zurück.«[57]

Ermutigt durch die Romane von D. H. Lawrence zu detaillierteren Beschreibungen intimer Vorgänge – die derbere Ausdrucksweise Henry Millers lehnte sie für den eigenen Gebrauch später ab –, berichtete sie ohne Scheu vor dem delikaten Terrain ihrem Tagebuch von dem etwas unglücklichen Ende ihrer ersten Umarmung mit John Erskine. Es klappte alles nicht so recht, die Emotionen spielten dem Liebhaber einen Streich, doch die Geliebte wußte ihn mit Zärtlichkeiten zu trösten, bis der Abschied gekommen war. »Nach vielen weiteren Küssen sagten wir auf Wiedersehen.«

In ihrer eigenen phantasievollen Sprache, die durchdrungen blieb von der Exaltation verschleierter erotischer Literatur des 19. Jahrhunderts – sie las in jenen Jahren mit großer Anteilnahme *Corinne oder Die Reise nach Italien* von Germaine de Staël und die überhitzten orientalisierenden Romane von Pierre Loti – und die niemals ganz mit dem von Henry Miller erstmals so überzeugend behandelten Thema der Sexualität zusammenpassen wollte, registrierte sie mit Akribie und festem Blick auf ihr Tagebuch den Verlauf ihrer erstmals auch physisch erlebten Leidenschaft.

Aber sie wollte mehr, sie wollte nicht nur den einen Liebhaber – »die Liebe zu einem einzigen Mann, einer einzigen Frau ist eine Beschränkung«[58] –, sie wollte sich an Ekstasen berauschen, um ihre Kreativität zu spüren. Zu June, Henry Millers Frau, sagte sie in einem Gespräch über Haschisch, daß sie eine solche Droge nicht brauche, sie habe sie in sich. Und doch klagte sie mitten in ihrem Liebesreigen, der sich Anfang der dreißiger Jahre ins Endlose zu erweitern drohte: »Oh, wäre ich doch ein Mann und in der Lage, mich so leicht, so wahllos zu befriedigen.«[59]

Die Raserei mit Erskine wurde schon bald, nach einem guten Jahr, zur Gewohnheit und schließlich zur Last. Am 2. Oktober 1931 notierte sie gereizt: »Ich wünschte mir, daß ich mich von John völlig trennen könnte, denn ich brauche meine Ganzheit.«[60] John schien seinerseits abgehalten gewesen zu sein, von seinen Büchern, von seinen Verehrern, von Lilith. Man sah sich kaum noch, doch in einem Moment der ehrlichen Rückschau gestand Anaïs: »Ich wußte, es würde Jahre dauern, bis ich John vergaß, weil er es war, der die geheime Quelle meines Lebens als erster weckte.«[61]

Die zahlreichen Bekannten, Freunde und Verwandten – der Nins und der Guilers –, die sich während der Jahre von 1925, als John Erskine nach Paris kam, bis 1932, als Henry Miller sie in sein schöpferisches Chaos riß, um Anaïs bemühten und sie in den verschiedensten Kunstbereichen unterhielten, bildeten einen kleinen Hofstaat, der die geistsprühende Luft zwischen Montparnasse und Montmartre einatmete, aber kaum mit den Zirkeln konkurrieren konnte, die sich zur gleichen Zeit um die ebenfalls aus Amerika geflüchteten Schriftstellerinnen Gertrude Stein, deren berühmtester Anhänger Ernest Hemingway war, und Natalie Barney, der »aufrichtigsten, wagemutigsten und berühmtesten Lesbierin ihrer Zeit«[62], formierten. Anaïs soll, wie ihr Bruder Joaquin sich später erinnerte, in fremder Gesellschaft schüchtern und gehemmt gewesen sein. Ihre Vortragsreisen durch die amerikanischen Colleges während der fünfziger und sechziger Jahre sprechen eigentlich dagegen und lassen eher vermuten, daß sie weder die Neigung hatte, sich im Kreis anerkannter Künstler und Intellektueller frustrierender

Geringschätzung, ähnlich wie bei Erskine, auszusetzen, noch dominierenden Frauen wie Gertrude Stein und Natalie Barney zu unterwerfen.

Während der gleichen Zeitspanne bis 1932 war sie auch noch nicht über einige Romanversuche und Kurzgeschichten[63], die ihr nach Einsendung an verschiedene amerikanische Zeitschriften kommentarlos zurückgeschickt worden waren, hinausgekommen. Die inneren Spannungen, unter denen sie aufgrund ihrer vielschichtigen Herkunft, ihrer vom Vater verursachten unruhigen Kindheit und ihrem leicht beeinflußbaren und empfänglichen Temperament litt, ließen sie indes immer wieder das Tagebuch als Mittel zur Klärung und Selbstbestätigung bevorzugen und nicht irgendeine traditionelle Kunstform, die ihren Überfluß nicht in gleicher Weise auffing.

Die Sucht nach Ablenkung und Zerstreuung in eher privaten Aktivitäten wie Reisen – in Europa und 1927 und 1931 nach New York –, Teilnahme an einer Zeichenklasse und an Kursen für spanischen Tanz – sie trat sogar als »Anita Aguilera« in einem öffentlichen Saal auf – spielte für Nins nur zögernd sich manifestierende literarische Kreativität eine untergeordnete Rolle. Daß es ihr trotz zunehmender Neigung, Lebenserfahrungen zu sammeln, nicht an geistiger Stärke und Willenskraft mangelte, bewies sie mit ihrer Studie über David Herbert Lawrence. Diese Studie erschien 1932 auf Selbstkosten in einer limitierten Auflage von fünfhundert Exemplaren im Verlag von Edward Titus, einer Zufluchtsstätte angelsächsischer Autoren, deren Texte in ihren Herkunftsländern als moralisch anrüchig galten.

Dieses erste von Nin veröffentlichte Buch, das von einigen Kritikern als eine der frühesten profunden Analysen des zwei Jahre zuvor verstorbenen Lawrence und seines Werks bezeichnet wurde, erregte kaum Aufmerksamkeit. Aber es verschaffte ihr die Befriedigung, daß die Auseinandersetzung mit ihrer persönlichen Problematik, dem Austausch zwischen Kunst und Leben, diesmal auch gedruckt wurde, also eine gewisse Allgemeingültigkeit beanspruchen durfte. Einige Formulierungen aus dem Text mögen deutlich machen, wie intensiv sie aus ihrer eigenen Situation heraus über den Propheten der neuen Sinnlichkeit und der *Rückkehr zu den Ursprüngen*, wie sie ein Kapitel nannte, schrieb:

Einleitend hob sie hervor, daß Lawrence sich vollständig der Erfahrung hingegeben habe und keinem System gefolgt sei, »es sei denn, man hält den ständigen Wechsel zwischen den Werten für ein System: ein System der Beweglichkeit«.[64] Im Kapitel *Frauen* verteidigte sie ihre Ehe mit Hugo, ihre Beziehungen zu Erskine und einigen anderen Verehrern: »In der Ehe ist das Problem der Schwingungen kritischer als in jeder anderen Beziehung. Während einer gewissen Anzahl von Jahren verändert sich jeder in vielfacher Hinsicht, aber da zu einem bestimmten Zeitpunkt zwei Individuen gemeinsam auf einer Höhe stehen, glauben wir fälschlicherweise, daß sie sich auch weiterhin in einer Richtung bewegen.« Und beruhigt fügte sie hinzu: »Lawrence empfiehlt eine Verbindung zwischen Mann und Frau, die auf der Gleichberechtigung zweier Einheiten basiert, ein Zugeständnis letzter Unabhängigkeit.«[65] Und im Kapitel *Gegensätzliches*, das der sie selber quälenden Diskrepanz zwischen Lebenswahrheit und Kunst gewidmet war, wählte sie die auch ihr genehme Interpretation aus: »Lawrence bewertet niemals. Literatur und nackte Wahrheit bestehen Seite an Seite. Mitleidsempfindungen wandern hin und her, genauso wie Gedanken und Überzeugungen.«[66]

Während Anaïs noch mit Edward Titus über den Druck der Lawrence-Studie verhandelte, lernte sie im Dezember 1931 den seit einem Jahr in Paris lebenden, damals noch völlig unbekannten Henry Miller kennen. Ein für die Bank ihres Mannes arbeitender Jurist, Richard Osborn, den sie wegen ihres Autorenvertrags konsultierte, erzählte ihr von dem bereits vierzigjährigen amerikanischen Genie, das sich kümmerlich durchs Leben schlug, um die literarische Welt mit seinem neuesten, im Entstehen begriffenen Text, *Wendekreis des Krebses*, aus den Angeln zu heben. Er sei mit diesem Miller befreundet, beherberge ihn sogar, gestand Osborn, und er würde ihn ihr gern einmal präsentieren.

Anaïs, die sich seit der beendeten Affäre mit Erskine und seit dem durch die Weltwirtschaftskrise indirekt verursachten Umzug nach Louveciennes in dem alten Landhaus, das sie mit Hugo, Mutter und Brüdern bewohnte und in dem sie wieder zur Hausfrau degradiert zu werden drohte, eingeengt, frustriert und einer Panik nahe fühlte, lud bereitwillig den empfohlenen Gast zu einem Essen ein. Miller, der keine Einladung ausschlug, schon gar nicht, wenn sie in das Haus eines amerikanischen Bankiers führte, kam prompt zur vereinbarten Zeit. Als Anaïs ihn sah, dachte sie: »Das ist ein Mann, den ich lieben könnte.«[67] Und nach der Lektüre eines Artikels von ihm, dem *mythischen Tier*, über den Film *L'âge d'or* von Luis Buñuel, notierte sie fasziniert: »In diesem kurzen Stück steckt eine primitive, barbarische Kraft. Im Vergleich zu den Autoren, die ich gelesen habe, scheint es wie ein Dschungel. Nur ein kurzer Artikel, aber die Worte werden wie Beile geschwungen, explodieren vor Haß, und es war, als hörte man inmitten der Tuilerien die Trommeln der Wilden.«[68]

Nicht lange nach dem Diner in Louveciennes bewies Miller, daß er der »sagenhafte Tiger«, die »fleischgewordene Spontaneität«, das »mythische Tier« nicht nur verbal war. Nach einem ihrer Treffen in billigen Hotels schrieb Anaïs in ihr Tagebuch, das sie Heft für Heft in einen Banksafe einschloß, denn es wurde zum Mitwisser ihrer jetzt vollends ausbrechenden radikalen Lebensgier, deren Bezeugungen sie 1966 herauslöste und für die Zeit nach ihrem Tod zur Veröffentlichung bestimmte: »Später, ein kleiner dunkler Raum, schäbig wie ein tiefer Alkoven. Dann aber sofort Henrys volle Stimme, sein voller Mund. Das Gefühl, in warmem Blut zu versinken. Und er, überwältigt von meiner Wärme und Feuchte. Langsame Penetration mit Pausen und Bewegungen, bei denen ich vor Lust aufkeuche. Ich habe keine Worte dafür; es ist alles neu für mich.«[69]

Und wieder tauchte ihr »Double«, ihr »Schatten« auf, wie auf der *Montserrat*, mit der sie als Elfjährige von Barcelona nach Amerika kam. »Ich kann nicht anders, ich habe heute das Gefühl, daß ein Teil von mir neben mir steht, zusieht, wie ich lebe, und sich wundert. Ohne Erfahrung, ganz naiv mitten ins Leben geschleudert, fühle ich, daß etwas mich gerettet hat. Ich fühle mich dem Leben gewachsen. Es ist wie in den Szenen eines außergewöhnlichen Theaterstücks. Henry leitet mich. Nein. Er wartet. Er beobachtet mich. Ich war es, die sich bewegte, die spielte.«[70]

Ihr Schatten oder die Gewissensbisse, die sie anfangs noch als Frau von Hugo, als Moralistin mit katholischer Prägung und als Schülerin von D. H. Lawrence, der das Leben nicht über, sondern neben die Literatur stellte, beunruhigten, verließen sie bald. Doch während sie noch glaubte, mit diesem »direkten, offenen, nackten« Mann zu spielen, nahm Miller den physischen Teil ihrer Beziehung eher wie eine seiner zahlreichen Liebeleien, die ihm Stimulans und Anschauungsmaterial zugleich für seine Pariser Bohème in *Wendekreis des Krebses* waren. Was Anaïs ihm in den etwa drei Jahren ihrer intimen Beziehung wirklich bedeutete und ihn noch lange darüber hinaus mit ihr befreundet sein ließ, beschrieb einer seiner damaligen Freunde, der aus Rumänien stammende Fotograf Brassaï:

»In dieser jungen, schönen, intelligenten Frau, die, mit einer starken Intuition begabt, sich in ihr Heim und in ihr Tagebuch vergraben hat, aber vor Verlangen brennt auszubrechen, und die noch das geringste Wort dieses Pan, dieser Naturkraft, die ihr die Vorsehung geschickt hatte, wie ein Löschblatt in sich aufsaugt, findet Miller einen unerwarteten Gesprächspartner, einen Spiegel für seine Gedanken und den festen Willen, ihn aus seinen Abgründen herauszuziehen.«[71]

Miller, der aus sehr einfachen Verhältnissen kam und sich gute Kenntnisse über die literarischen und musikalischen Traditionen Deutschlands, dem Herkunftsland seiner Eltern, angeeignet hatte – er haßte um so mehr die barbarischen deutschen des Hitlerregimes –, fühlte sich von der bürgerlich kultivierten Aura um Anaïs angezogen, und er bewunderte ihre enorme Belesenheit in romanischer Literatur, ihr hohes Einfühlungsvermögen in schöpferische Vorgänge und ihr musikalisches Gespür, das sie in Debussy den bedeutendsten Komponisten der Moderne erkennen ließ. Sie diskutierten viel und lange und ernsthaft über D. H. Lawrence, Marcel Proust und Nietzsche, über Henrys ausuferndes Manuskript von *Wendekreis des Krebses*, das Anaïs behutsam korrigierte, über Anaïs' Tagebücher, die Henry, ein Vollblutkünstler, der alles nur für sein Werk tat, verfluchte – »Nehmen Sie einen großen Nagel und schlagen Sie Ihr Tagebuch an die Wand, um es für immer zum Schweigen zu bringen!«[72] –, und sie lasen sich ihre Lieblingsbücher vor, wie es Anaïs früher mit Hugo getan hatte.

Streitigkeiten blieben nicht aus. So, wenn Anaïs ihn egoistisch und oberflächlich nannte oder Henry ihren subjektiven Sprachgebrauch bemängelte, zum Beispiel in der Formulierung »die ewigsten Seiten«, die ihn lehrerhaft – in gereizten Augenblicken beschimpfte sie das Lehrerhafte und Derbe seines Wesens als deutsch – mahnen ließ: »Ewig kann nicht im Superlativ stehen. Entweder ist etwas ewig oder nicht.«[73] Der gegenseitige Respekt zwischen diesen beiden gleichermaßen eigensinnigen und ihre geistige Unabhängigkeit verteidigenden Charakteren überwog aber jede physische und mentalische Turbulenz.

Eine Gemeinsamkeit, die sie mit vielen anderen Bewohnern der Pariser »Literatenrepublik« teilten, war die Begeisterung für die Surrealisten, als deren geistiger Kopf André Breton betrachtet wurde. Nach der Verkündigung eines ersten Manifests gab er seit 1924 die Zeitschrift *La Révolution surréaliste* heraus, in der, angeregt durch den Symbolismus von Mallarmé und die poetischen Revolutionäre Baudelaire und Rimbaud, die Literatur des Traums und des Unbewußten – bis hin zum »automatischen« Schreiben – und das freie Spiel mit Gedanken beschworen wurde. Das Programm über eine neue Lebensform aus sinnlichen und übersinnlichen Erfahrungen und Gestaltungen, das ebenso an die deutschen Romantiker wie an die französischen Vorläufer des Symbolismus erinnerte, war jedoch bereits 1930, als Breton das zweite *Manifeste du surréalisme* veröffentlichte, durch Autoren wie D. H. Lawrence, Blaise Cendrars, Jean Giraudoux, Paul Claudel und Paul Valéry überwunden und fast schon Literaturgeschichte geworden, obwohl es Schriftsteller und bildende Künstler noch lange anregte.

Anaïs, die sich in ihrem Tagebuch der Pariser Zeit häufig auf Rimbaud und Breton berief, schrieb fast alle ihre Prosatexte, die seit 1936 erschienen, im assoziativen, fließenden Stil der Surrealisten, von denen sie auch die symbolhafte Sprache und die Vorliebe für Traumbilder übernahm. Im Juli 1932, als sie im Hochgefühl ihrer sexuellen Befreiung mit der Niederschrift von *Haus des Inzests* begann, notierte sie: »In diesen Tagen habe ich an die dreißig Seiten poetischer Prosa geschrieben, in einem vollkommen phantastischen Stil, einem lyrischen Ausbruch.«[74] Diese Einseitigkeit ihrer literarischen Texte, in denen sich häufende Gefühlsanalysen und Traumvisionen unter bedeutungsträchtiger Sprache erstickten und die Figuren und Handlungsabläufe – sie bezeichnete diese Texte immerhin als Romane und Erzählungen – an den Rand drängten, brachte ihr später in New York, wo Kritiker auf den verspäteten Surrealismus und die zu eindeutige Verwendung psychoanalytischer Methoden hinwiesen, wenig Applaus ein. Als die Prosastücke Nins in Deutschland, lange nach der Veröffentlichung der Tagebücher, erschienen, verbreitete sich sogar eine gewisse Enttäuschung über die eigentliche literarische Produktion der »Freundin Millers« und der »Kultfigur der Blumenkinder«.

Damals hob Anaïs die Verwandtschaft Millers mit den bewunderten französischen Poeten Breton und Rimbaud hervor, von denen es ihr, im Gegensatz zu Miller, nicht gelang, sich unabhängig zu machen, um einen eigenen Stil und eine eigene Sprache zu entwickeln. »Ich habe immer an André Bretons Freiheit geglaubt: zu schreiben, wie man denkt, in der Ordnung und Unordnung, in der man denkt und fühlt, Eindrücken und absurden Wechselbeziehungen zwischen Ereignissen und Bildern zu folgen und vertrauensvoll in Bereiche einzutreten, in die sie uns führen. ›Der Kult des Wunderbaren‹. Und der Kult der unbewußten Führung, der Kult des Geheimnisvollen, der Ausweg aus der falschen Logik. Der Kult des Unbewußten, wie Rimbaud ihn gefordert hat. Es ist ein Versuch, die erstarrten

Formen und Muster des rationalen Verstandes zu übersteigen. Von allem dem ist in Henry eine seltsame Mischung.«[75]

Henry Miller, der 1931 vierzig Jahre alt war und nach mühevollen Versuchen in dem anregenden Fluidum der Pariser Künstlerwelt seinen entscheidenden Durchbruch als Schriftsteller hatte, schrieb mit Händen und Füßen, aus unmittelbarem Erleben und aus einem riesigen und ständig sich erweiternden Wissensreservoir. Die Briefe, die er Anaïs Nin bis Anfang der siebziger Jahre schrieb – aus Dijon, wo er kurze Zeit als Englischlehrer tätig war, aus Griechenland, wohin er Anfang das Zweiten Weltkriegs flüchtete, und aus Amerika, wo ihn seine freie Lebenseinstellung aus den Oststaaten nach Kalifornien trieb –, sind äußerst reizvoll zu lesen, denn sie entbehren der sonst in seinen Büchern oft etwas forciert wirkenden Bürgerschreckobszönität. Sie lassen nicht einmal erkennen, wie intim er mit der Adressatin gelebt hatte, denn im Gegensatz zu ihr bedeutete ihm Sexualität eher eine Ausdrucksform und ein Transportmittel für seine bis ins Religiöse gesteigerten Visionen als ein zentrales Thema, um das sich Fallstudien gruppierten.

Zwei Jahre nach dem Tod Nins erinnerte er sich noch einmal an sie, während er über seine Freunde aus vergangenen Tagen meditierte. Er widmete ihr kein eigenes Kapitel, und seine Beurteilung ihres Wesens und ihres schriftstellerischen Werks war wenig schmeichelhaft, vielleicht auch etwas vergeßlich: »Mit ihrem Tod hinterließ sie eine große Zahl von Bewunderern und Verehrern, meist junge Frauen. Wie sie reagieren werden, wenn sie die Wahrheit erfahren, kann ich mir im Augenblick nicht vorstellen. In absehbarer Zeit jedenfalls wird die Welt wissen, daß sie eine eingefleischte Lügnerin war, spitzfindig, doppelzüngig und so weiter. Ich selber, der ich vielleicht ihr bester Freund war, sah sie als eine ungeheuerliche Lügnerin oder Wortverdreherin oder Geschichtenerzählerin, wie immer man es ausdrücken mag. Ich habe über diese Seite an ihr mit ihren treuesten und hingebungsvollsten Freundinnen diskutiert. Wir sind uns alle einig darüber, daß diese Unfähigkeit zur

Wahrheit auf der Unfähigkeit beruhte, die Wirklichkeit anzuerkennen. Sie mußte die Wirklichkeit verändern, um ihrer eigenen Vorstellung von der Welt folgen zu können. Das Gemeine flößte ihr mehr Abscheu ein als Sündhaftes. Und dieser Zwang war es, der sie veranlaßte, ein Tagebuch zu schreiben, ein Tagebuch, über das man versucht ist zu sagen, daß in ihm alles drunter und drüber ging.

In einem tiefen Sinn fehlte es ihr an religiösem Instinkt. Sich vom Katholizismus abwendend, verschloß sie sich alle Türen zu den Mysterien. Und dennoch, trotz dieser Fehler und Nachteile, blieb sie in unseren Augen ein Wesen, das weder von dieser noch von einer anderen Welt war, sondern glücklich zwischen Himmel und Erde schwebte. Sie war immer ätherisch, arglos und unschuldig. Und vor allem hilfsbereit, eine Art Mutter Erde. So fest sie ihre Augen vor dem Gemeinen schloß, so weit öffnete sie sie vor der Not. Wenn sie sündigte – und Gott allein weiß, wie sehr sie es tat –, dann als ein Kind, ein Kind, dessen Augen noch nicht in die Welt geschaut haben.«[76]

Als Nin im Oktober 1969 anläßlich einer Verlagswerbetour durch die Bundesrepublik von einem Interviewer gefragt wurde, wie sie gegenwärtig zu Miller stehe, der seit zwanzig Jahren keine Zeile mehr über sie geschrieben habe, antwortete sie: »Wir sind noch Freunde. Aber er scheint zu glauben, daß er genug über mich geschrieben hat.«[77] Sie sah ihn seit Anfang der vierziger Jahre noch oft in New York oder Los Angeles, empfing bis 1973 immer wieder hinreißend spontane Briefe von ihm, ihre Lebenslinien aber waren trotz anhaltender freundschaftlicher Kontakte auseinandergegangen, und die seltene Konstellation, daß sich Sonne und Mond begegnen, verblaßte zu einer Randerscheinung des literarischen Kosmos.

Als Anaïs sich 1932 in die leidenschaftliche Affäre mit Henry Miller stürzte, drohte ihr schon bald der Boden unter den Füßen wegzugleiten. In Miller hatte sie nicht wirklich einen Partner, der sie auffing. Sie kämpften miteinander, jeder von seiner Mission, von seiner Auserwähltheit besessen, Henry stark im Geben und Nehmen, Anaïs im Begriff, alles für einen Augenblick der erfüllten Sehnsucht einzutauschen. Sie belog ihren betrogenen Ehemann, der einige Seiten ihrer intimen Aufzeichnungen entdeckt hatte, indem sie ihm weismachte, sie exerziere sich als Schriftstellerin in erotischen Szenen – um Hugo zu beruhigen, fertigte sie ein parallel geführtes »sauberes« Tagebuch für ihn an –, und dabei ging er ihr vollends verloren, unwiderruflich, in einer Gewohnheitsehe, in einer banalen Freundschaft ohne Eros und ohne geistigen Zündstoff.

Schließlich entledigte sie sich auch des langjährigen Herzensfreunds Eduardo Sanchez, dessen zärtliche Zuwendung und dessen Verständnis ihr immer Selbstvertrauen gegeben hatten. In einer Phase männlichen Allmachtswahns verführte sie ihren Cousin, der in seinen Männerbeziehungen den hingebungsvolleren Part übernahm. Und wie mit June, Henry Millers zweiter Frau, der sie intellektuell überlegen war, spielte sie erst Katz und Maus, um sich dann, in einem Augenblick der Anschmiegsamkeit, zurückzuziehen. Nach einem intimen Rendezvous – wie mit Henry Miller in einem Hotel am Nachmittag – gestand sie Eduardo, daß er nicht ihre einzige heimliche Liebe sei, er müsse sie sich mit Henry, June und Hugo teilen. Die Verletzung saß. Einige Tage darauf kam zwar nicht das Ende, aber das empfindsame Gleichgewicht zwischen ihnen war zerstört.

»Er flehte mich an: ›Komm mit in unser Zimmer, ein einziges Mal nur noch, damit wir allein sein können. Bitte, glaube mir meine Gefühle!‹ Ich antwortete: ›Lieber nicht. Laß uns den Augenblick, den wir hatten, bewahren.‹ Ich wollte nicht mitgehen. Vorahnungen. Er jedoch will Klarheit schaffen.

Heute war unser Zimmer grau und kalt. Es regnete. Ich bekämpfte die Niedergeschlagenheit, die mich überfiel. Wenn ich jemals im Leben geschauspielert habe, dann heute. Ich war nicht erregt, aber das gab ich nicht zu. Dann spürte ich, daß ich unbefriedigt war, und wir lebten lange Seiten aus Lawrence' Büchern aus. Zum erstenmal verstand ich sie – besser vielleicht als Lawrence selbst, denn er beschreibt nur die Gefühle des Mannes.

Und was empfindet Eduardo? Er empfindet mehr für mich als für jede andere Frau; er ist so nahe an die Ganzheit, das Mannsein herangekommen, wie es ihm möglich war. Ich konnte ihn nicht zerschmettern. Ich gebrauchte sanfte Worte: ›Versuch nicht, das Leben zu zwingen. Laß die Dinge langsam wachsen. Leide nicht.‹ Aber nun weiß er es.«[78]

Das Innenleben, das Anaïs so eifersüchtig seit ihrer Kindheit gehütet und gepflegt hatte und das sie als Kraftquelle für ihre Kunst benötigte, verströmte in dem Versuch, das verhaßte und geliebte Leben zu bezwingen, während es sie selbst bereits von außen nach innen zu zermalmen drohte. Sie war wieder die Jeanne d'Arc ihrer Kindheitsphantasien, nur verlor sie diesmal das rechte Maß: sie führte einen Feldzug gegen ihre Freunde und die guten Geister, die ihr die Musen mitgegeben hatten, und sie rannte in die Arme der alles verschlingenden Begierde, in die Wüste grenzenloser Banalität. Sie ahnte ihre äußerste Gefährdung, als sie den Kulminationspunkt erreicht hatte:

»Maskuline Elemente habe ich immer in mir gehabt, habe immer genau gewußt, was ich wollte, doch erst seit John Erskine liebe ich starke Männer; zuvor liebte ich schwache oder zaghafte, überfeinerte Männer. Eduardos Unbestimmtheit, Unentschiedenheit, seine ätherische Liebe und Hugos ängstliche Liebe verursachten mir Qualen und verwirrten mich. Ich handelte behutsam und doch wie ein Mann. Es wäre weiblicher gewesen, mich mit der Leidenschaft anderer Verehrer zufriedenzugeben, doch ich bestand darauf, selbst zu wählen, bestand auf einer Feinheit des Wesens, die ich nur in einem Mann fand, der schwächer war als ich. Dabei litt ich sehr unter meiner für eine Frau ungewöhnlichen Direktheit. Als Mann wäre ich froh gewesen, zu bekommen, was ich mir wünschte.

Jetzt ist Hugo stark, aber ich fürchte, es ist zu spät. Das Maskuline in mir ist zu weit entwickelt. Wenn Eduardo jetzt mit mir zusammenleben wollte (und gestern quälte er sich mit einer kraftlosen Eifersucht herum), wäre das unmöglich, weil ich kreativ stärker bin als er, und das könnte er nicht ertragen. Erst durch meine Werbung um June habe ich die Lust der maskulinen Richtung meines Lebens entdeckt. Entdeckt habe ich außerdem die schreckliche Lust das Sterbens, des Sichauflösens.«[79]

In einer ersten unbewußten Rettungsaktion versuchte Anaïs, ihre Kreativität vor dieser Auflösung zu bewahren. Seit sie mit Hugo 1931 zum erstenmal Sigmund Freud gelesen hatte, interessierte sie sich lebhaft für die Psychoanalyse. Durch Marguerite, eine sehr gute Nachbarin in Louveciennes, wurde sie auf den französischen Psychoanalytiker René Allendy, den Begründer der »Société Française de Psychanalyse«, aufmerksam. Nachdem sie dessen Standardwerk, *Das Problem der Bestimmung* (*Le problème de la destinée*), gelesen und sich Sätze wie »Tiefe und unbekannte Impulse treiben das Individuum in sich wiederholende Erfahrungen« notiert hatte, beschloß sie, den Seelenexperten selber aufzusuchen. Wie aus Furcht vor einer Entlarvung schrieb sie einen Tag vorher:

»Marguerite versucht mich zu überreden, ebenfalls zu ihm hinzugehen. Sie erinnerte mich daran, daß ich in New York [während der Reise 1931] einen Zusammenbruch hatte. Aber ich glaube, alles, was ich brauchte, war Leben; wäre ich neurotisch, hätte ich weder ein Buch [über Lawrence] geschrieben noch ein schönes Heim geschaffen oder so zu leben gewagt, wie ich lebe. ›Ich bin nicht gehemmt‹, sagte ich. ›Die Analyse ist für solche, die das Leben bedrückt.‹«[80]

René Allendy entpuppte sich als wenig hilfreicher Helfer. Die Couchgespräche – Allendy bevorzugte für seine Patienten einen Sessel – drehten sich anfangs um Liebe und Kreativität, doch als Anaïs, die in ihrem Psychoanalytiker wiederholt den Typus des väterlichen starken Mannes erkannt hatte, sich in ihn verliebte und ihn aus seiner Reserve lockte, verlor er seine Beherrschung und wurde zeitweise ihr Liebhaber – wieder nachmittags und wieder in den kleinen Hotels, wie mit Henry, wie mit Eduardo. Außerdem erwies sich Allendy als noch redseliger als seine Patienten, zu denen schon bald auf Anaïs' Werbung hin Hugo, dessen homosexuelle Komponente zutage trat, Henry, der lange Diskussionen über Mysterien führte, und

Eduardo, der unter der Untreue zu seinen Männern litt, gehörten. Allendy hörte und schwieg nicht. Ausgerechnet mit Anaïs plauderte er über die Männer, die sie in ihre schöpferische Krise getrieben hatten, aber er beruhigte sie schnell und beiläufig, indem er ihr riet, sich nicht von diesen anderen Männern überrumpeln und ihrem eigenen Leben und ihrer eigenen Kreativität freien Lauf zu lassen. Doch gerade das gelang ihr immer weniger, zumindest nicht synchron.

Ein aus den Tagebüchern Nins zusammengestelltes Protokoll über dieses für alle Beteiligten fatale Intermezzo nimmt sich folgendermaßen aus: »Man lernt nicht, weniger zu leiden, sondern dem Schmerz auszuweichen«, schrieb sie nach den ersten Sitzungen. »Allmählich sehe ich in Allendy einen Fluchtweg. Ich glaube, daß sich meine Gefühle für ihn kristallisierten, als Henry ihn an jenem Abend im Garten beschrieb. Er nannte ihn einen sinnlichen Mann.«[81] Eine vermeintliche Lösung beseitigte noch bestehende Hemmnisse: »Auf Umwegen bin ich zu Allendys schlichter Feststellung zurückgekehrt, daß Liebe Leidenschaft und Leidenschaft Liebe ausschließt. Das einzige Mal, daß Hugos und meine Liebe zu Leidenschaft wurde, war während unserer verzweifelten Auseinandersetzungen nach der Rückkehr 1931 aus New York. Ich könnte ihm das Maximum an Liebe schenken. Aber ich weigere mich, weil mir die Leidenschaft im Augenblick den größeren Wert zu besitzen scheint. Vielleicht bin ich gegenwärtig blind für die größeren Werte.«[82]

Dann die Annäherung: »Mit neugeborener Macht blicke ich Allendy ins Gesicht, sehe seine leuchtend blauen, fanatischen Augen dahinschmelzen, höre den Eifer in seiner Stimme, als er mich bittet, bald wiederzukommen. Wir küssen uns inniger als das letzte Mal. Allendy weist darauf hin, daß ich mich ganz der verzehrenden Grausamkeit des Lebens mit Henry hingebe. Schmerz ist zu höchster Lust geworden. Auf jeden Lustschrei in Henrys Armen folgt die Peitsche der Sühne: June und Hugo, Hugo und June. Wie glühend Allendy jetzt gegen Henry spricht! Aber ich weiß, daß er nicht nur von meinem Selbstzerstörungsplan redet, sondern von der eigenen Eifersucht getrieben wird. Zum Schluß der Analyse erkenne ich, daß er zutiefst erregt ist. Das Machtgefühl, das er in mir geweckt hat, ist gefährlich, gefährlicher als meine frühere Schüchternheit. Jetzt muß er mich durch die Klugheit seiner Analyse und die Kraft seiner Arme und seines Mundes schützen.«[83]

Nachdem Anaïs sah, daß Allendys »Objektivität zerbröckelte«, schwand der Widerstand auf beiden Seiten: »Er hat einen so großen, überwältigenden Körper – wie John. Er hält mich so fest, daß ich beinahe ersticke. Sein Mund ist nicht so sinnlich wie Henrys, und wir verstehen einander nicht. Aber ich bleibe in seinen Armen. ›Ich werde dich lehren, mehr zu spielen‹, sagte er, ›die Liebe nicht so tragisch zu nehmen, nicht einen so hohen Preis dafür zu zahlen. Du hast sie zu sehr dramatisiert und intensiviert. Dies hier wird für dich sehr angenehm sein. Ich habe starkes Verlangen nach dir.‹«[84]

Und schließlich der Anfang vom Ende. Anaïs hatte die Überwältigung durch Allendy erlebt, jetzt brauchte sie die Überwindung, um ihre Vaterneurose auf den nächsten zu übertragen, und sie fand den Absprung, und sie fand den nächsten, diesmal und endlich den eigenen Vater. Auf dieser entscheidenden Schwelle bereitete Anaïs ihre Trennung von Allendy vor, und das Protokoll läßt sich mit der Eintragung abrunden:

»Ich hatte eine gewaltige Szene mit Allendy. Ich brachte ihm zwei Seiten voll ›Erklärungen‹, die ihn zunächst verwirrten. Ich unterstrich zwei Augenblicke, die mich veranlaßten, mich von ihm zurückzuziehen: der eine, als er sagte: ›Und was soll aus dem armen Hugo werden, wenn ich mich gehen lasse? Wenn er erfährt, daß ich ihn betrogen habe, ist er nicht mehr zu heilen.‹ Skrupel. Wie Johns Skrupel. Sie sind mir unerträglich, weil ich zu sehr unter Skrupeln gelitten habe, deswegen liebe ich Henrys Skrupellosigkeit. Junes Skrupellosigkeit. Sie schaffen eine Ausgeglichenheit, die mich beruhigt. Doch Ausgeglichenheit soll man, wie Allendy erklärt, nicht durch den Umgang mit anderen suchen; sie muß in einem selbst wohnen. Ich sollte mich so weit von Skrupeln befreien, daß ich es nicht nötig hätte, mich von der Skrupellosigkeit anderer überwältigen zu lassen.

Zweiter Beschwerdepunkt: Allendys große Zärtlichkeit, geweckt durch die Lektüre des Tagebuchs meiner Kindheit. Ich hasse jede Andeutung von Zärtlichkeit, weil sie mich daran erinnert, wie Eduardo und Hugo mich behandelt und mich dadurch fast umgebracht haben.«[85]

Wenn man von den zitierten Aufzeichnungen Nins über John Erskine, Henry Miller, Eduardo Sanchez und René Allendy – die sinnliche Erfahrung mit June blieb ein Einzelfall – den neurotischen Schleier, der sich bei einer solchen Konzentration des Erlebten zwangsläufig verdichtet, fortzieht, wird der Blick wieder frei für das individuelle Schicksal eines Menschen, eines weiblichen Menschen, dem es bestimmt war, jeden seiner Schritte zu zergliedern, zu analysieren, zu bedenken, bevor er den nächsten tut. Anaïs' innere Not, nicht zu den hochbegabten, den genialen Künstlern zu gehören, die, den eigenen Kosmos in sich tragend, leicht über den Erdkreis hinwegschreiten, bildete das tragische Zentrum ihres Lebens – und nicht, daß sie hier zu viel gelogen, dort zu viel betrogen hat. Bereits während ihrer ersten literarischen Versuche muß sie erkannt haben, daß ihr die Feder nicht so »unbewußt« davonlief, wie sie es als junges Mädchen bei sich beobachtet hatte und wie sie es bei Arthur Rimbaud und Henry Miller später bewunderte. Sie begeisterte sich für etwas, das ihr selber versagt blieb, und immer wieder mußte sie sich auf ihr Tagebuch zurückziehen, ihre »Galeere«, wie sie es einmal nannte. Denn bei aller Begeisterung, bei allen Versuchen, im Dschungel der Lust ihre Einsiedelei zu finden, blieb sie entweder im Detail oder in der Fülle stecken.

Einer ihrer besten Texte ist das Vorwort zu Henry Millers 1934 mit ihrer Druckkostenbeteiligung in Paris veröffentlichtem *Wendekreis des Krebses*, in dem man ihre ungewöhnliche Intuition, aber auch ihr leises Zittern vor einer Tat verspürt, zu der sie befähigt war, ohne sie, aus innerster Furcht vor Aggression und Zerstörung – nicht vor Kraft –, geschehen lassen zu können. Dieses Vorwort beginnt mit den Sätzen: »Hier haben wir ein Buch, das, wenn es dergleichen gäbe, unser Verlangen nach den ursprünglichen Wirklichkeiten wieder wecken kann.

Sein vorherrschender Ton wird ein Ton der Bitterkeit scheinen, und wirklich ist darin Bitterkeit die Fülle. Doch auch eine wilde Ausgelassenheit ist darin, eine irre Fröhlichkeit, eine Verve, ein lustvolles Behagen, zuweilen fast ein Delirium. Ein ständiges Schwanken zwischen den Extremen mit öden Zwischenstrecken, die wie Messing schmecken und den ganzen Geschmack der Leere hinterlassen. Es steht jenseits von Optimismus oder Pessimismus. Der Verfasser hat uns den letzten ›frisson‹ gegeben. Geheimere Schlupfwinkel kennt der Schmerz nicht.«[86]

In ihrem ersten veröffentlichten literarischen Text, *Haus des Inzests*, dessen Druck sie ebenfalls bezahlte und 1936 unter dem Verlagsnamen *Siana Editions* (Siana ergibt rückwärts gelesen den Namen Anaïs) erscheinen ließ, verknappte der surrealistische Stil nicht nur das Handlungsgefüge und die Charaktere der eingeführten Personen, er verschleierte auch Nins Schaffensmotiv. Sie wollte nicht darstellen und objektivieren, sie wollte mit Hilfe psychoanalytischer Kenntnisse ihre Qual herausschreien, in sich gefangen zu sein, ohne sich durch extrovertierende Gestaltung befreien zu können. Um sich und der Außenwelt gegenüber wahrhaftig zu bleiben, mußte sie die Freiheit in sich selbst finden. »Ich möchte die ganze Wahrheit sagen«, heißt es an einer Stelle, »aber ich kann die ganze Wahrheit nicht sagen, denn dazu müßte ich vier Seiten gleichzeitig schreiben wie vier gleichlaufende lange Spalten, vier Seiten neben der einen, die ich jetzt schreibe. Und so schreibe ich überhaupt nicht. Ich müßte rückwärts schreiben, unablässig meine Schritte zurückverfolgen, um Echos und Obertöne einzufangen.«[87] Und unverschnörkelt und in aller Kürze formulierte sie ihre Not, Liebende sein zu wollen und doch nicht von sich absehen zu können: »Könnten wir doch alle dem Haus des Inzests entfliehen, in dem wir im anderen nur uns selbst lieben.«[88]

Während Henry Miller ihr in seinen Briefen über den Makrokosmos schrieb, begann Anaïs sich ihren Mikrokosmos zu entwerfen. Der »Riß in der Realität«, den sie bereits als Siebenjährige in Brüssel erlebte, als sie, hochfiebrig im Krankenhaus liegend, Märchenphantasien um sich spann, wurde ihr bei der Niederschrift des *Haus des Inzests* zur Erkenntnis. Nur dieser allein folgte sie von nun an, und sie zog alles, was ihre Umwelt ausmachte – nicht die Welt überhaupt –, in ihren Mikrokosmos hinein. Den fünf Romantexten, die sie seit 1946 veröffentlichte – *Leitern ins Feuer, Kinder des Albatros, Djuna oder Das Herz mit den vier Kammern, Ein Spion im Haus der Liebe* und *Labyrinth des Minotaurus* –, gab sie den gemeinsamen Titel *Städte des Innenlebens,* somit auch die stilistische Gemeinsamkeit, den »roman fleuve«, betonend.

Den »Riß in der Realität« im Blickwinkel, griff sie auch wieder ihr altes Leitmotiv des Doppelgängers auf. Sie sah sich und andere, die ihr transparent genug schienen, hier und jetzt und gleichzeitig auch jenseits der Bewußtseinsebene in einem Fluß der Zeiten und der sich wechselseitig auflösenden moralischen Werte. Sich loslösen, um sich aufzulösen – diese Lebensphilosophie verschaffte ihr bei den industriezivilisationsmüden »Blumenkindern« der sechziger Jahre besondere Sympathie.

Im *Haus des Inzests,* einem in lyrischer Prosa geschriebenen verschlüsselten Text – hinter *Sabina* verbirgt sich June, hinter dem *neuen Jesus* Antonin Artaud –, erscheint das Doppelwesen: »In mir sehe ich zwei Frauen, die wie groteske Zirkuszwillinge miteinander verwachsen sind. Ich sehe, wie sie versuchen, sich voneinander loszureißen. Ich kann das Reißen hören, den Zorn und die Liebe, die Leidenschaft und das Mitleid. Wenn dieser Akt der Entfremdung plötzlich endet – oder wenn ich dieses Geräusch nicht länger höre –, ist die Stille noch schrecklicher, denn dann umgibt mich nichts als Wahnsinn, der Wahnsinn von Dingen, die an mir zerren, in mir zerren, wie Wurzeln, die sich losreißen, um getrennt zu wachsen, im zähen Bemühen, Einheit zu erreichen.«[89]

Daß diese subjektiv verschlossene Prosa mit ihrer surrealistischen und der Traumanalyse entlehnten Bilderflut, der nur wenige Konturen entgegenstehen, in den achtziger Jahren, als *Haus des Inzests* in deutscher Übertragung erschien, weder bei den Literaturkritikern noch bei den Kennern der Ninschen

Tagebücher auf Enthusiasmus stieß, lag zum Teil daran, daß Nin im Grunde keine Literatur im Sinn von formaler Gestaltung – Poesie, Prosa, Drama – schreiben wollte. Ihr Bruder Joaquin äußerte einmal nach ihrem Tod dazu, daß ihr Tagebuch ihr bester Roman und ihre Romane ihre besten Tagebücher seien.

Aus einer gewissen Enttäuschung heraus schrieb 1985 eine Rezensentin über *Haus des Inzests* und die Autorin: »Die Gefahr des hemmungslosen Phantasierens zeichnet sich bei Anaïs Nin schon in ihren ersten Schreibversuchen als junges Mädchen ab und muß in engem Zusammenhang mit ihrem stets mangelnden Realitätsbewußtsein und ihrer unbezwingbaren Lust zur Selbstbespiegelung, sich zu erfahren und darzustellen, gesehen werden. Bei allem, was sie schrieb (das gilt nicht nur für ihre Tagebücher, sondern auch für ihre Romane und Erzählungen), war sie selbst Dreh- und Angelpunkt ihres Denkens – sie, das heißt ihr mitunter künstlich herbeigeredetes chaotisches Innenleben und das, was sie dachte, daß sie wäre: ein fragiles, sensibles, phantasiebegabtes, edles Wesen, das zumeist unverstanden in der Welt umherirrte und an der rauhen, häßlichen Wirklichkeit zu zerbrechen drohte. Von daher versteht es sich fast von selbst, daß das ›Haus des Inzests‹ auch kein Gedicht etwa über ›verbotene Liebe‹ sein kann (obwohl es vom Titel her ja nicht abwegig wäre), sondern ein ›mythischer Abgesang‹ auf Leben, Liebe und Leidenschaft.«[90]

Weniger enttäuscht und daher wohl auch weniger hart urteilte ein Kollege: »Das Gefühl existentieller Bedrohung angesichts einer Welt der Maschinen, die Problematik individueller Wahrnehmung, Sexualität in jeder Form, das surrealistische Wechselspiel von Traum und Wirklichkeit und – natürlich – im Zentrum all dessen die Meditation über das eigene Ich und seine Tiefensphären; dies sind die Fixpunkte ihrer Bücher und wohl auch die ihres Lebens.«[91]

Die ersten dreißig Seiten von *Haus des Inzests* schrieb Anaïs Nin zwischen April und Juni 1933. Einen Monat zuvor, im März, hatte sie den 1896 in Marseille geborenen und 1920 nach

Paris gezogenen Schauspieler, Regisseur und Theatertheoretiker Antonin Artaud durch Vermittlung von René Allendy, zu dessen Patienten er gehörte, kennengelernt. Seine Einstellung zum Leben und zur Kunst im allgemeinen mußte Anaïs in Artaud eine verwandte Seele erkennen lassen. Angeregt durch die Surrealisten, schrieb er ab 1925 originelle Texte wie *Die Nervenwaage* und, aus Protest gegen das konventionelle abendländische Theater, das vom Orient beeinflußte Manifest *Theater der Grausamkeit*. Nach seinem Tod 1948, dem neun Jahre in einer Heilanstalt für Nervenkranke vorausgingen, wurden seine theoretischen Texte unter dem Titel *Das Theater und sein Double* herausgegeben. Er zählte nicht eigentlich zu den Surrealisten, aber ähnlich wie sie war er von dem Willen gelenkt, sein Leben einer bedingungslosen Kulturrevolte zu widmen, ohne diese durch ein festgestaltetes Werk abschwächen oder verraten zu wollen. Wichtiger als zu schreiben war für ihn, seine »Wahrheit« zu leben und zu manifestieren, denn jede literarische Kreation schien ihm unpassend und störend für die Ausprägung seines geistig-moralischen Konzepts. Seine schriftlichen Zeugnisse entsprachen einem Tagebuch, das seine Empfindungen der Einengung, der Lebensentfremdung und des Nichtexistierens bis kurz vor dem Ausbruch wirklichen Wahnsinns spiegelte.

Anaïs war fasziniert von diesem bizarren Mann, der wie sie zwischen Leben und Kunst zerrieben zu werden drohte. Aber sie hatte sich bereits für ihren eigenen Mikrokosmos entschieden, und daher hütete sie sich davor, aus der Nähe zu Artaud eine Gemeinsamkeit werden zu lassen. Nach einer ersten längeren Begegnung mit ihm in Louveciennes zeichnete sie ein eindrucksvolles Porträt: »Wir wanderten durch den von Mondlicht überfluteten Garten, und Antonin war sehr bewegt und in einer romantischen Stimmung: ›Die Schönheit der Welt, die wir verloren glauben, hier ist sie. Das Haus ist verzaubert, der Garten ist verzaubert. Ein einziges Märchen.‹

Artaud. Hager, straff. Ein hungriges Gesicht, visionärer Blick. Sardonisches Gehaben. Jäh ermüdend, dann wieder fiebrig und gehässig. Das Theater ist für ihn ein Ort, um Schmerz, Zorn und Haß hinauszuschreien, die Empörung in uns freizusetzen. Schrecken und Tod sind es, die in uns die größten Leidenschaften erregen. Er sprach über die alten blutigen Rituale [Artaud reiste 1936 wie vor ihm D. H. Lawrence und nach ihm, 1947, Nin in das Land der Azteken, nach Mexiko]. Über Kräfte, die sich übertragen. Wie wir die Fähigkeit zur magischen Übertragung verloren haben. Während er sprach, fragte ich mich, ob es wirklich das Ritual ist, das wir verloren haben; ob nicht vielmehr die Kraft des Gefühls versiegt, die uns kein Ritual mehr zurückgibt.

Artaud ist der Surrealist, den die Surrealisten ausgeschlossen haben, das hagere Gespenst, das die Cafés heimsucht, aber niemals mit an der Bar, mit an den Tischen sitzt, niemals mit jemandem lacht. Er ist der süchtige, verschlossene Einzelgänger, der Stücke zu schreiben versucht, die wie Folterszenen sind. Seine Augen sind vor Ermattung blau, vor Schmerzen schwarz. Er besteht nur aus Nerven. Aber er war schön, als er in dem Film von Carl Dreyer den Mönch spielte, der die Jeanne d'Arc liebt. Die tiefliegenden Augen des Mystikers, Licht, das aus Höhlen scheint. Von weither, durch Schatten, geheimnisvoll.

Für Artaud ist auch das Schreiben ein schmerzvoller Prozeß. Es kommt stoßartig und unter großen Mühen. Er ist arm. Er liegt im Kampf mit einer Welt, von der er glaubt, daß sie ihm höhnend und drohend gegenübersteht. Seine Intensität ist bedrückend und schrecklich. Im Garten hatte er die Halluzinationen verflucht. Ich sagte: ›Ich bin in meiner Welt der Halluzinationen glücklich.‹ Er sagte: ›Ich bin es nicht. Für mich sind sie eine Qual. Ich mache übermenschliche Anstrengungen, um zu erwachen.‹«[92]

Anaïs, deren Tagebuchaufzeichnungen allmählich an Konzentration, Anschaulichkeit und Geschmeidigkeit gewannen – erst während der letzten zehn bis fünfzehn Jahre fiel der Spannungsbogen wieder ab –, traf sich öfter mit Artaud in Louveciennes oder in den Cafés der Pariser Innenstadt. Ein wenig spielte sie auch mit ihm wieder Katz und Maus, aber der Wahnsinn, den sie in ihm zu entdecken glaubte und der tatsächlich sechs Jahre später ausbrach, flößte ihr zu viel Unbehagen ein, um einen Flirt ausufern zu lassen. Nach einem Vortrag Artauds in der Sorbonne über das Theater und die Pest im Mittelalter empfand sie Mitleid mit ihm, denn fast alle Zuhörer hatten den Saal empört oder lachend verlassen, als er mit verdrehten Augen und Schweißausbrüchen einen an der Pest sterbenden Mann allzu realistisch darstellte.

Trotz Allendys eifersüchtigen Einflüsterungen, Artaud sei opiumsüchtig und homosexuell, setzte sie die Beziehung zu ihm fort und folgte auch einer Einladung in seine Wohnung. Anaïs hatte sich ganz in Schwarz, Rot und Stahlblau gekleidet, »wie ein Krieger, um mich gegen Überwältigung zu schützen«. Als ihr Gastgeber, der sich in Vorbereitung auf seine nächste Arbeit mit dem wahnsinnigen römischen Kaiser Heliogabal identifizierte, die kriegerische Erscheinung in sein von Manuskripten übersätes Zimmer treten sah, verglich er sie mit dem Kriegsgott Mars, dem Brandopfer dargeboten werden müßten. Anaïs zog es daraufhin vor, ihren Besuch nicht allzusehr auszudehnen. »Was wollte Artaud für mich verbrennen? Ich habe nicht gefragt. Und ich wußte: wenn Allendys Magie zu weiß ist, dann ist die von Artaud schwarz, giftig, gefährlich.«[93]

Für Anaïs stand endgültig fest, daß sie in Artaud den Dichter, aber nicht den Mann liebte. Einen vorsichtigen Kuß von ihm, seine Hand auf ihrem Knie wehrte sie behutsam ab. Ihrer Vorstellung nach brauchte er jemanden, der seinen Wahnsinn mit ihm teilte. Als sie eines Tages mit ihm an den Bücherständen an der Seine entlangspazierte, erschrak sie darüber, wie weit er sie bereits in seine Phantasien einbezog. »Was für ein göttliches Vergnügen müßte es sein, einen Menschen wie Sie zu kreuzigen, etwas so Verschwebendes, Ungreifbares«, verkündete er, umwogt von Passanten. Und bei seinem ekstatischen Ausruf: »Zwischen uns könnte ein Mord geschehen«, entglitten ihr die Bücher, die sie gerade gekauft hatte.[94]

Nach einer Eifersuchtsszene, die sie als am Rand der Lächerlichkeit empfand, zog sie sich energisch in ihre eigene Welt, ihre eigene Wahnwelt, zurück. Dennoch hatte sie das Gefühl, vor diesem Mann und vor diesem Genie kapituliert zu haben. Aus verletzter Eitelkeit konstruierte sie eine Abschlußszene, die sie und Artaud in ihrer totalen Ichbefangenheit entlarvte, aber auch den Zusammenprall eines an kreativer Fülle und eines an kreativem Mangel leidenden Menschen nachklingen ließ:

»Ein giftiger, verbitterter Artaud, ganz Zorn und Groll. Ich hatte ihn mit ruhiger Zärtlichkeit empfangen, aber es rührte ihn nicht. ›Sie erwecken in jedem die Illusion der großen Liebe. Ich glaube übrigens nicht, daß ich der einzige bin, den Sie enttäuschen. Ich glaube, daß Sie viele Männer lieben, daß Sie Allendy verletzt haben und auch andere.‹ Ich schwieg. Ich stellte nichts in Abrede. Aber er hatte unrecht, als er von Absicht sprach. Er sieht überall Unreinheit. ›Sie sind durch und durch unrein.‹

Wie ein Mönch mit seinen Göttern, Reinheiten und Unreinheiten. Solche Anschuldigungen erreichen mich nicht. Sie erinnern mich an einen eifernden Priester auf seiner Kanzel. Er benahm sich nicht wie ein Poet, sondern wie eine Dirne mit dem Revolver in der Handtasche. Es war nichts Schönes an seinem Zorn. Seine Mißverständnisse hätten mich beinahe zum Lachen gebracht. Denn als ich zu sagen versuchte: ›Ich möchte nicht, daß Sie mein Liebhaber werden‹, glaubte er mir nicht, und jetzt beschuldigt er mich der Treulosigkeit. Ich wehre mich nicht. Wenn er mich und sich selbst nicht versteht, kann ich es nicht ändern. Er beschreibt mich als eine ›schwankende Finsternis‹. Ich lasse ihn seine Verfluchungen hinausschreien. Ich bin ein böses, verbrecherisches Geschöpf, treibe schwarze Magie. Mehr und mehr gleicht er einem wütenden kastrierten Mönch.«[95]

Im Jahr 1940 schrieb sie auf einer Bank auf dem Washington Square in New York die Erzählung *Pierre* (später im Sammelband *Unter einer Glasglocke* mit *Je suis le plus malade des surréalistes* betitelt), in der sie Tagebuchaufzeichnungen und erfundene Gespräche, die sich auf Artaud bezogen, zusammensetzte.

Anaïs, die in jenen dreißiger Jahren in Paris eine anarchische Phase jenseits von Gut und Böse durchlebte – moralische Wertebezeichnungen wie rein und unrein waren für sie zu Züchtigungsmitteln einer puritanisch-bürgerlichen Gesellschaft geworden –, verschmerzte die erotisch unergiebige Beziehung zu Artaud leicht. Denn neben Henry, dem sie die Treue hielt, indem sie ihn moralisch und finanziell in seinem Kampf um literarische Anerkennung unterstützte – er warb später in Amerika für ihre Tagebücher –, und neben Allendy, dessen Einfluß auf sie in jeder Weise im Schwinden war, gewannen in ihrem Szenario der Selbstbefreiung zwei weitere Männer reiferen Jahrgangs an Bedeutung, ihr Vater und Otto Rank, ein 1884 in Wien geborener angesehener Psychoanalytiker und ehemaliger Schüler Sigmund Freuds. Beide wurden seit dem Frühjahr 1933 zu Hauptfiguren ihres Innenlebens, wobei die Rolle, die ihr Vater spielte, ungleich schwieriger angelegt war.

Während Anaïs immer neue Menschen kennenlernte, das Haus in Louveciennes besorgte – die Mutter und Joaquin zogen erst 1936 bei der Auflösung des Hauses in eine eigene Wohnung um, nur Thorvald war bereits früher mit Unterstützung Hugos nach Kuba gegangen, um einen Bankposten zu übernehmen –, Tagebuch führte und die 1939 veröffentlichte dreiteilige Erzählung *Eiszeit* zu schreiben begann, wechselte sie aus erwachtem Interesse an der Psychoanalyse und aus gesteigertem Bedürfnis nach Eroberungen und Siegen auf geistigem, künstlerischem und erotischem Gebiet zu Otto Rank über, dem sie im Dezember 1934 für ein Jahr nach New York folgte, und zu ihrem Vater, den sie erst wieder zu Beginn des Zweiten Weltkriegs und endgültig aus den Augen verlor.

Nach den endlos sich wiederholenden kindlich-frühreifen Liebeserklärungen an ihren Vater, die ihre ersten Tagebücher bis etwa 1920 durchzogen, folgte eine Periode von mehreren Jahren, während der Anaïs, abgelenkt durch den sinnlichen Erfahrungsschub ihres Alters, den Vater neutralisierte und ihn als »das Problem« konservierte – trotz der räumlichen Nähe seit Dezember 1923 in Paris. Erst die stufenweise über John Erskine,

Henry Miller und René Allendy errungene Position einer erotisch versierten Frau und einer zur Selbstverteidigung fähigen geistigen Partnerin mit künstlerischem Gesamtkonzept – dem Mikrokosmos der *Städte des Innenlebens*, zu dem das *Haus des Inzests* den komprimierten Urnebel bildete: »Alles, was ich weiß, ist in diesem Buch enthalten. Niemand sah es mich schreiben, es ist ein Gebilde ohne Dimensionen, eine Stadt, die am Himmel hängt«[96] – ermöglichte es Anaïs, das Verhältnis zu ihrem Vater wieder zu beleben.

Noch immer fasziniert von diesem egozentrischen Künstler und eitlen Selbstdarsteller, der wie vor zwanzig Jahren Erfolg als Konzertpianist und, trotz seiner zweiten Ehe mit Maruça, als Liebhaber hatte, hoffte sie, auch das stärkste Band, das sie noch an ihrer Kindheit und Jugend hielt, in einem letzten Akt der Selbstbefreiung zu lösen. Die gleichzeitig angeknüpfte und bis 1935 fortgesetzte Beziehung zu Otto Rank wirkte dabei wie eine absichtsvolle Rückversicherung für den Fall, daß dieser letzte Akt nicht den erwarteten Schluß bringen würde. Vor dem ersten verabredeten Treffen seit vielen Jahren – die Begegnungen 1924 dienten vor allem Gesprächen über die damals erfolgte Scheidung von Rosa Culmell – fand zwischen Vater und Tochter ein kurzer Briefwechsel statt. Fast wäre Anaïs dem zärtlichen Ton, nach dem sie sich früher in New York gesehnt hatte, wieder erlegen, aber sie ermahnte sich rechtzeitig, indem sie sich ihre veränderte Situation bewußt machte, ja, sie geradezu beschwor.

»Nun, da ich meinen Vater wiedertreffe, bin ich eine Frau. Wenn er, der meine Kindheit so tief beeinflußt hat, zu mir kommt, bin ich eine erwachsene Frau. Ich erkenne meinen Vater als ein menschliches Wesen. Er ist der Mann und auch das Kind. Derselbe Vater, den ich mir grausam, stark, heroisch vorgestellt habe, der berühmte Musiker, Liebhaber der Frauen, Triumphator, ist sanft, feminin, verletzbar, unvollkommen. Ich verliere meine Angst und meine Qual. Da ich ihn wiedertreffe, weiß ich, daß es keine Möglichkeit zu einer Vereinigung zwischen Vater und Tochter gibt, nur eine zwischen Mann und

Frau. Mein Vater kommt jetzt, da ich ihn überwunden habe; er wird mir gegeben, da ich ihn nicht mehr brauche.«[97]

Bereits das erste Wiedersehen warf alle Selbstermahnungen und Beschwörungen über den Haufen. Narziß traf auf Narziß, und beide sahen sich an und erkannten sich selbst. »Ich hatte den Mann erwartet, den ich von den Fotos kannte – ein mehr vergeistigtes Gesicht vielleicht, ein weniger faltiges, weniger gefurchtes, weniger maskenhaftes Gesicht; und doch liebte ich dann das neue Gesicht, die Schärfe der Linien, die Festigkeit des Kinns, das weiblich-verführerische Lächeln, das um so mehr überrascht, als es im Kontrast steht zu einer gebräunten, fast pergamentfarbenen Haut. Ein Lächeln mit einem starken Grübchen, das aber kein Grübchen ist, sondern eine Narbe. Die Gepflegtheit und Geschlossenheit der Erscheinung, Anmut, lebhafte Gesten, jugendlich und leicht. Die Spur eines nicht näher zu beschreibenden Charmes.«[98]

Anaïs, die noch ein Jahr zuvor ihrem Liebhaber René Allendy Skrupel und »große Zärtlichkeit« vorwarf, vermißte jetzt eben diese ehrlichen und wahren Empfindungen bei ihrem Vater, der durch öffentliche Erfolge und ein Leben in Luxus und sinnlicher Befriedigung gegen tieferes Leid immun zu sein schien. Eifersucht und Neid drangen durch den Panzer, den Anaïs sich für dieses Duell mit ihrem Double geschaffen hatte. »Ist die Quelle des Gefühls unter falschem Schein, Theatralik, Egoismus ausgetrocknet? Wird mein Double ein böses Double sein? In ihm verkörpern sich alle Gefahren meines Lebens, in Illusionen, in Situationen, die ich erfinde, in Verfehlungen und Betrug. In gewisser Weise sind sie eine Karikatur von mir, denn die meinen sind in tiefen Gefühlen begründet und die seinen in oberflächlichen und weltlichen Zielen. In seinem Leben spielt das Publikum eine überragende Rolle, die Konzertbühne, die Kritiken, vornehme und hochgestellte Freunde, Salons und Manieren. Etwas sehr Menschliches und Warmes in mir (meine Mutter?) mißt die Welt mit größerer Wahrhaftigkeit. Er achtet auf Aufmachung, Kleidung, Geld. Andere übersieht er, fast zynisch.«[99]

Sie lachten zusammen, sie lächelten sich an, sie entdeckten erneut ihre gemeinsame Liebe für Musik und das Meer, und wo Joaquin Nin Ähnlichkeiten bemerkte, fürchtete Anaïs die totale Ähnlichkeit. Kein Mißtrauen, keine Beschuldigungen, nur Staunen und Entzücken über Verwandtschaften durch Blut und Neigungen. »Noch immer versucht er, Gleichheiten zu entdecken«, schrieb sie nach einem nächsten Treffen, diesmal in Louveciennes, wo außer dem Hausmädchen niemand zugegen war. »Wir schaffen Harmonie, Sicherheit, eine Schutzhülle, ein Heim, und dann brechen wir daraus hervor wie ruhelose Tiger. Ruhelos und vital, ängstlich, andere zu verletzen, andere zu zerstören, aber hungrig nach Leben, Erneuerung, Entwicklung. Vor der Güte und Freundlichkeit der anderen werden wir feige. Die Menschen halten uns für tyrannisch, aber mein Vater und ich, wir wissen, wie versklavbar wir durch Zärtlichkeit, Verehrung, Mitgefühl und Güte der anderen sind. Gefesselt. Erneuerung, sagte mein Vater, kann von irgendwoher kommen, von einem niemand.«[100]

Die Ausgeglichenheit, nach der Anaïs sich seit den ersten Tanzpartys auf Long Island gesehnt hatte und der sie weder in dem leidenschaftslosen Hugo noch in dem »mythischen Tier« Henry noch in den abgeklärten Ehemännern John und René begegnet war, sie fand sie auf höchster Spannungsebene im Zusammensein mit ihrem Vater. Der Flirt konnte beginnen. Er sagte: »Du bist schön geworden. Wie hübsch dieses schwarze Haar, diese grünen Augen und der rote Mund sind. Man sieht, daß du gelitten hast, aber das Gesicht ist faltenlos und sanft. Es ist durch das Leiden schön geworden.« Sie sagte: »Es ist skandalös, einen so jung aussehenden Vater zu haben. Mit fünfzig siehst du aus wie ein Mann von neununddreißig oder vierzig.«[101]

Im Juni 1933 gab es schließlich eine günstige Gelegenheit, fernab von Paris einige Tage gemeinsam zu verbringen. Joaquin Nin, erschöpft von seinen zahlreichen Konzerten, mußte sich einer Kur unterziehen, denn sein Rücken schmerzte und seine Nerven waren überstrapaziert. Er entschied sich für den kleinen Badeort Valescure an der französischen Riviera, und er lud seine Tochter ein, ihn dort zu besuchen. Maruça, wie ihre Vorgängerin Rosa bereits gewohnt, die nächsten Tourneen vorzubereiten, während ihr Mann sich mit jungen Verehrerinnen traf, blieb gehorsam zu Hause – sie rebellierte erst drei Jahre später, dann aber gründlich und ein für allemal.

Anaïs war überglücklich über die Einladung und fuhr einige Tage im voraus nach Valescure, um ihren Vater vom Bahnhof abholen zu können. Während sie im Hotel, in dem Joaquin Nin seit Jahren Stammgast war, auf ihn wartete, vervollständigte sie sein Porträt im Tagebuch: »Der Hotelier sagt: ›Er ist ein heiterer Mensch.‹ Der Friseur: ›Er ist sehr eitel. Er läßt sich das Haar färben, um zu verbergen, daß es ergraut ist.‹ Die Maniküre: ›Er liebt schöne Frauen.‹«[102] Als er schließlich eintraf, stellte er seine Tochter dem Maître d'Hôtel als seine Verlobte vor und verfügte über das Haus wie über seinen eigenen Palast. In den neun Tagen, die Anaïs ihm Gesellschaft leistete, machten sie Spaziergänge – soweit dies sein steifer Rücken, den ein zusätzlicher Hexenschuß plagte, zuließ –, tafelten fürstlich und unternahmen Ausflüge in seiner amerikanischen Limousine, die er aus Paris bestellt hatte.

»Als wir abends im Mondlicht über die Hotelterrasse gingen, sah er wie ein Fünfundzwanzigjähriger aus, wie Joaquin [ihr Bruder]. Er erzählte mir wüste Geschichten. Spanische Erdhaftigkeit mischt sich in ihm mit romantischer Illusion. Er zeigte mir tausend Gesichter, tausend Aspekte. Habe ich diese rauhe weltliche Sprache von ihm nicht schon als Kind gehört und war daher weniger überrascht, als ich sie bei Henry wiederfand, einigermaßen vertraut mit ihr, wie ich war? Als Samba, das dunkelhäutige Hausmädchen, auf einem silbernen Tablett die Post brachte, sagte er: ›Weg damit! Wir brauchen niemanden auf der ganzen Welt.‹«[103]

Aus Furcht, daß die Harmonie zwischen ihnen durch plötzlich entdeckte Ungleichheiten oder Widersprüche zerstört werden könnte, brach Anaïs in dem Bewußtsein nach Paris auf, mit ihrem Vater die Vergangenheit und die alten Erinnerungen verbannt und einen Neuanfang gemacht zu haben. Während sie mit dem Zug zurückfuhr, erinnerte sie sich an eines ihrer Gespräche, das das Wesen ihrer zukünftigen Beziehung kennzeichnete. »Beide sind wir mit dem Wunsch aufgebrochen, liebevoll zu sein, vollkommen, menschlich, nobel, treu; aber unsere Leidenschaften durchbrechen die Dämme und reißen uns in die Lüge. Nie werden wir uns mit Betrug abfinden, mit dem Ungestüm unserer Natur, mit unseren Entwicklungen und Verwicklungen, die uns menschlich so unzuverlässig machen. Wie D. H. Lawrence sagte: ›Jeder Mensch betrügt die anderen Menschen, weil er sich selbst treu bleiben muß.‹«[104]

Sie hatten sich als zwei fast identische Planeten erkannt, deren Bahnen jedoch unterschiedlich verliefen. Sie trafen sich bis 1939 in unregelmäßigen Abständen in Paris, einmal auch, anläßlich der Scheidung von Maruça, in dem Schweizer Kurort Caux, und sie schrieben sich immer wieder Briefe, zärtlich, distanziert, neugierig und eifersüchtig auf den anderen, egoistisch und liebebedürftig.

Dem Gerücht, daß es in Valescure zu einer inzestuösen Verbindung zwischen Vater und Tochter gekommen sei, gab Anaïs selber reichlich Nahrung durch ihre 1939 veröffentlichte Erzählung *Eiszeit*. Ihr Bruder Joaquin bestritt noch Anfang der neunziger Jahre eine solche Verbindung, die nicht zuletzt durch den Hexenschuß des Vaters grotesk, wenn nicht unmöglich erscheinen muß. Entscheidender für die Widerlegung dieser spekulativen Annahme sind die Tagebücher Nins, die einen solchen Schluß nicht zulassen, zumindest mit keinem Wort nahelegen.

Der exaltierte Ton in *Eiszeit*, der manche klare und realistische Zeichnung der Hauptfiguren – Nin Vater und Nin Tochter – wieder verwischte, entsprach ganz dem überhitzten und chaotischen Lebensgefühl, aus dem sich Anaïs erst allmählich durch die Analysen bei Otto Rank und durch die Beziehung zu dem weniger poetisch veranlagten Peruaner Gonzalo More, ihrer letzten Pariser Liebschaft, befreite. Die literarischen Spielereien mit dem Inzest konnten den frühen Texten Nins jedenfalls kaum noch zusätzliche erotische oder exotische Würze geben, allerdings auch nicht den späteren Texten.

Als Kostprobe die Szene im Pariser Arbeitszimmer des Vaters: »Seine rigoros einseitigen Betrachtungen glichen einem starken Scheinwerfer, der alles im Dunkeln ließ, was sie umgab: die Farben des Zimmers, der Duft von Tabac Blond, die Wärme des Kaminfeuers, die Frühlingssonne, die ihr blasses Gesicht im Fenster zeigte, das Aufblitzen seines goldenen Siegelrings und die Makellosigkeit seiner Manschetten. Ihre Umgebung versank, die Wände, der Teppich unter den Füßen, das Schimmern ihres Satinkleides, der orangene Saum ihrer Ärmel, die orangenen Reflexionen der Wände, die Bücher, die sich aneinander lehnten (die weichen Rücken der französischen Bücher gaben unter den harten Rücken der englischen nach), die Leichtigkeit und das schnelle Dahinfließen seiner spanischen Stimme, seiner spanischen Worte, die sich verbeugten und zu französischen Komplimenten lächelten.«[105]

Die Szene suggeriert Verführung, Hingabe, Vereinigung mit dem Geliebten, aber an dieser wie an anderen Stellen von *Eiszeit* bleiben die Situationen und Charaktere vage, fließend, impressionistisch, denn letztlich beschreiben sie immer wieder nur Innenansichten der Autorin. Größere Präzision bieten die meist aus den Tagebüchern herausgelösten allgemeineren Betrachtungen wie die folgende, mit der Nin eine ihrer Vorstellungen von Frauenexistenz formulierte. »Sie war eine Frau. Sie mußte in einer Welt leben, die von dem Mann erschaffen worden war, den sie liebte. Sie mußte nach seiner Ordnung leben, denn in der Welt, die sie schuf, blieb sie einsam. Als Frau mußte sie in einer Welt leben, die vom Mann geschaffen worden war. Sie konnte nicht ihre eigene Welt behaupten, aber jetzt umgab sie die Welt ihres Vaters, und sie konnte darin leben. Mit ihm zusammen konnte sie die Welt in Siebenmeilenstiefeln durcheilen. Er dachte und fühlte dasselbe zur selben Zeit.«[106]

Vieles, was Nin über Frauenwesen und Frauenleben schrieb, betraf ebenso Eigenschaften und Verhaltensweisen eines jeden Individuums, gleich welchen Geschlechts. Da sie finanziell immer abgesichert war – bis in die späten sechziger Jahre meist durch die sie ehelich oder unehelich begleitenden Männer – und sich nur selten mit den Problemen der beruflichen und gesellschaftlichen Gleichstellung der weniger als sie bevorzugten Frauen beschäftigte, verloren ihre Texte, mit denen sie frauliche Eigenarten positiv hervorheben und frauliches Selbstbewußtsein stärken wollte, durch ihren mangelnden Realitätsbezug zusätzlich zur geschlechtsspezifischen Einengung an Überzeugungskraft.

In ihren *Städten des Innenlebens* gab es weder eine reale Arbeitswelt oder eine politisch organisierte Gesellschaft noch sich individuell entwickelnde Menschen oder sich konfrontierende gegensätzliche Charaktere. Ihre Frauen und Männer waren in verschiedenen Graden männlich und weiblich, stark oder schwach, sinnlich leidenschaftlich oder geistig elegisch. Alle und alles zusammengenommen, entstand, rückverwandelt, Anaïs Nin. Und daher war sie trotz extremer Einseitigkeit und forciertem Subjektivismus groß in ihren Tagebüchern. Es gelang ihr, sich als ein äußerst gefährdetes Wesen darzustellen, wie es dem modernen Menschen weitgehend entsprach – in seiner geistigen und moralischen Orientierungslosigkeit, in seinem Kampf gegen die ihn brutalisierende materialistische Massengesellschaft und in seiner Sehnsucht nach einem kaum noch definierbaren Glück.

Im Jahr 1933, als ihre unterschiedlichen und gleichzeitigen Beziehungen zu Henry und June Miller, René Allendy, Antonin Artaud, ihrem Vater und schließlich auch noch zu Otto Rank sie fast in einen Strudel der Verwahrlosung oder Banalität hineinzureißen und zu verschlingen drohten, machte Nin zwei persönliche Entdeckungen, die ihr halfen, wieder zu sich zu kommen und ihrem Leben so etwas wie Richtlinien zu geben: Bereits im März 1933 begann sie sich innerlich von der Psychoanalyse wieder abzuwenden, die sie mehr und mehr als hinderlich für ihre eigenen Visionen empfand. »Die klare, starke Vision, die ich von mir hatte, geht wieder verloren.«[107] Und sie erkannte, daß sie einen Weg finden mußte zwischen ihrer Ausprägung als Künstlerin, wobei ihr bewußt geworden war, eher einem Typus wie Artaud mit sehr weitgestreuter Kreativität zuzugehören, und als Begleiterin, eine Funktion, die sie erstmals bei ihrem Bruder Joaquin übernommen und die sie, angezogen durch egomanische Männer, auch im Rausch ihrer sexuellen Befreiung akzeptiert hatte.

Im Juni 1933 schrieb sie in seltener Nüchternheit über sich und ihre zukünftigen Aufgaben: »Aber ich fühle mich nur lebendig, wenn ich mit anderen und für andere lebe. Und ich werde trotz alledem eine große Künstlerin sein. Wenn ich es nicht werde, macht es auch nichts. Ich werde eine Freundin der Künstler sein, Mutter und Muse, und Dienerin und Inspiration. Eine Frau sollte vor allem Mensch sein. Ich bin vor allem eine Frau. Der Kern meines Werks war ein Tagebuch, das ich für meinen verlorenen Vater geschrieben habe, den ich liebte und den ich halten wollte. Etwas sehr Privates. Ich bin ganz menschlich, nicht intellektuell. Abstrakte Kunst verstehe ich nicht. Ich verstehe nur Kunst aus Liebe, Leidenschaft und Leiden.«[108]

Nins Verhältnis zu Otto Rank wurde erst Ende des Jahres 1933 privater und intimer. Rank, ein literarisch gebildeter Mann, ähnelte ihrem Vater in der äußeren Statur und selbst noch in den Gesichtszügen, sein Wesen aber war ausgeglichener und seine Lebensführung weniger exzentrisch. Aufgrund seines wissenschaftlichen Rufs und seiner auch in gebildeten Kreisen bekannten Veröffentlichungen wie *Das Inzest-Motiv in Dichtung und Sage* (1912), *Die Bedeutung der Psychoanalyse für die Geisteswissenschaft* (1913) und *Der Doppelgänger* (1914) florierte seine Privatpraxis, die er 1924, nach dem Bruch mit Sigmund Freud, in Paris eröffnet hatte. Nin besuchte seine Vorträge, die er an der Sorbonne hielt, und sie notierte sich bereits im Frühjahr 1933 einige Sätze aus Ranks Ausführungen zu dem Thema »Kunst und Künstler«, die verständlich machen, daß sie sich von diesem österreichischen Psychoanalytiker nicht nur menschlich, sondern auch geistig angezogen fühlte.

»Der Neurotiker, ob nun produktiv oder gehemmt, leidet zutiefst unter der Tatsache, daß er sich selbst, seine eigene Individualität, seine eigene Persönlichkeit nicht akzeptieren kann oder will. Einerseits übt er Selbstkritik bis zum Exzeß, andererseits idealisiert er sich bis zum Exzeß, was bedeutet, daß er an sich selbst und seine Vollkommenheit zu hohe Anforderungen stellt und nur noch selbstkritischer wird, wenn er sie nicht erfüllen kann. Nehmen wir diesen zwiespältigen Typ und vergleichen wir ihn für unsere Zwecke mit dem Künstler, so wird auf der Stelle klar, daß der Künstler in gewissem Sinne die Antithese des selbstkritischen, neurotischen Typs darstellt. Nicht daß der Künstler sich nicht selber kritisieren würde, aber indem er seine Persönlichkeit annimmt, erfüllt er nicht nur, worum sich der Neurotiker vergeblich bemüht, sondern geht weiter darüber hinaus. Die Vorbedingung der schöpferischen Persönlichkeit ist also nicht nur, sich selbst zu analysieren, sondern sich in der Tat zu glorifizieren.«[109]

Nin erkannte in solchen Betrachtungen Ansätze zu konstruktiven Analysen, die ihr wohltaten, denn die erotisch und geistig diffuse Welt, in die sie durch den kreativen Typ eines Henry Miller und durch den sezierenden Typ eines René Allendy geführt worden war, konnte sie nur noch weiter von sich entfernen. Sie brauchte in der Lebensfülle, nach der sie sich gesehnt und die sie sich, ihre künstlerische Disziplin gefährdend, erobert hatte, eindeutige Wegweiser, um sich ihre komplexe Persönlichkeit auch ohne eine originäre Kunstleistung bewahren zu können.

Ebenso wie Allendy sah sich auch Rank schon bald nach den ersten Sitzungen mit einer Patientin konfrontiert, die nicht gekommen war, sich heilen zu lassen, sondern um eine für sie wichtige und wünschenswerte Beziehung anzuknüpfen. Das Sprechzimmer wurde abermals zum Boudoir, Anaïs verleitete wiederholt ein väterliches Idol, sich als Mensch und Mann zu offenbaren, und da auf beiden Seiten viel Charme, Witz und Sinnlichkeit vorhanden waren, kam es im Herbst 1934 zu einer ersten intimen Begegnung, der ein bis zum Sommer 1935 anhaltendes leidenschaftliches Verhältnis folgte. An Rank konnte sie endgültig ihr Verhältnis zu sich und zu ihrer Umwelt klären oder zumindest ihr inneres Haus errichten, das sie zerstört hatte, da es aus kindlichen Illusionen bestand, und das sie wiederherstellen wollte, seit sie von der Kraft ihrer Visionen überzeugt war.

Im dritten Teil der Erzählung *Eiszeit*, den sie unter dem Titel *Die Stimme* ihrer Beziehung zu Otto Rank widmete, schrieb sie: »Gelegentlich revoltierte er gegen ihre Unnahbarkeit, aber sie verstand es sehr geschickt, die Situation subtil zu erklären: sie lehne die Realität ab, sie fürchte die Realität. In Wahrheit sei sie eine Flamme, und niemand könne eine Flamme besitzen. Sie überschritt alle Grenzen, verwirrte alle Probleme, verschmolz alle klaren Entscheidungen, Konturen, Realitäten zu einer traumhaften Substanz. Sie bezauberte und hypnotisierte ihn mit Erfindungen und Kreationen, damit er seine Umklammerung wieder lockerte und kosmisch blieb. Sie ließ ihn die Realität ihrer Gegenwart vergessen. Er wußte nicht, daß sie gleichzeitig ihr Vertrauen in alle Analysen verlor, weil sie erkannte, wie leicht sie manipuliert werden konnten, um die Wahrheit zu verschleiern. Sie begann das Illusionäre aller männlichen Analysen zu durchschauen und verließ sich nur noch auf ihre Gefühle.«[110] Etwa gleichzeitig notierte sie aus einem Gespräch, das sie mit Eduardo über Rank geführt hatte: »Da ich Gott nicht haben kann, sagt Eduardo, will ich den Analytiker haben, den die Welt als gottähnlich einschätzt. Als Sieg. Wie ich meinen Vater nahm. Aber ich gebe mich ihnen nicht. Ich halte mich selbst heraus.«

Sich selbst heraushalten konnte und wollte sie nun schon gar nicht, denn wenn sie es gewollt und gekonnt hätte, wäre sie zu einer Romanautorin ersten Ranges aufgestiegen – Begabung, Phantasie, Zähigkeit und jede Menge Stoff besaß sie genug dazu. Aber nicht einmal ihre Schwangerschaft, die mißlungene Abtreibung und die Fehlgeburt schärften ihren Realitätssinn und ließen sie aus ihrer ewigen Maskerade heraustreten. Alles wurde ihr vor ihrem Tagebuch Stoff zu Visionen und Halluzinationen, und fast nichts blieb für die doch so leidenschaftlich mit Haß und Liebe verfolgte Kunst, der sie nur aufpolierte

Brocken ihrer Notizen zuwarf und die sie ansonsten zwischen Psychocouch und Stundenhotel, zwischen Bankiershaushalt und Literatencafés verdorren ließ.

Daß sie schwanger war, stellte Anaïs im April 1934 fest. Sie reagierte erst ruhig, gelassen und mit starken Glücksempfindungen auf diesen Zustand, und sie fing an, mit dem werdenden Kind zu sprechen. Da sie jedoch vermutete, nicht Hugo oder Otto Rank, sondern Henry Miller sei der Vater, konstruierte sie sich eine Notsituation, die sie in die Hände einer Abtreibungspfuscherin trieb. Sie glaubte, Henry nicht in seiner gegenwärtigen künstlerischen Phase mit einem Kind belasten zu dürfen – im Sommer 1934 fuhr sie nach London, um für seinen *Wendekreis des Krebses* zu werben –, und sie fürchtete, bei Bekanntgabe des Vaters ihren Mann und Rank verlassen zu müssen. Hugo brauchte sie noch aus wirtschaftlichen Gründen und als allerletztes Auffangnetz, wenn Mut und Kraft ihr zeitweilig fehlten. An Rank und dessen starken analytischen Intellekt hatte sie sich stärker gebunden, als sie sich eingestehen wollte. Sie war entschlossen, ihm nach New York zu folgen, um ihm in seiner neuen Praxis – durch die Auswirkungen der Weltwirtschaftskrise finanziell ruiniert, setzte er auf den sich allmählich wieder erholenden amerikanischen Markt – zu assistieren, aber auch, um als Analytikerin selbständig zu arbeiten und dadurch vielleicht sogar finanziell unabhängig zu werden.

Ebenso, wie sie eine weibliche Kunst schaffen wollte, die nicht intellektualistisch Leben zerstört, sondern emotional fließend Leben bewahrt – Rank sagte zu ihr, daß große Künstler destruktiv seien, woraus er schließe, daß Frauen nur selten diesen Status erreichen könnten –, strebte sie auch eine weibliche Psychoanalyse an. »Rank untergräbt die konventionelle Psychoanalyse. Ich glaube, daß er den Grundirrtum aller Philosophen und Ideensysteme begeht. Die Wahrheit erschreckt ihn. Sie hilft ihm nicht zu leben, zu heilen, zu lehren. Der Analytiker, sagt Marguerite [die Freundin aus Louveciennes], ist gekommen, um die Rolle Gottes zu spielen. Er soll allwissend sein und allverzeihend. Aber diese Rolle empfindet ein Mann als zu destruktiv für sich.«[111]

Als Anaïs merkte, daß die Abtreibung nicht wirklich vollzogen war, konsultierte sie einen Arzt, der ihr mitteilte, daß die Geburt ihres Kindes nicht ohne operative Maßnahmen erfolgen könne. Bereits das Schlimmste annehmend, verinnerlichte sie jetzt ihre fiktive Notsituation, indem sie zu dem Kind in ihrem Leib aus eigenen Erfahrungen sprach: »Besser wäre es zu sterben, als verlassen zu werden, denn du verbringst dein Leben auf der Suche nach dem verlorenen Vater, diesem Teil deines Körpers und deiner Seele, diesem verlorenen Fragment deines Ichs. Es gibt keinen Vater auf Erden. Der Schatten, den Gottvater auf die Welt wirft, ein Schatten, größer als der Mensch, täuscht uns. Diesen Schatten wirst du verehren und berühren wollen, Tag und Nacht wirst du von seiner Wärme träumen, seiner Größe träumen, wie er dich einhüllt und einlullt, gewaltiger als ein Dach, so gewaltig wie der Himmel, groß genug, deine Seele und alle ihre Ängste zu umspannen, größer als Mann und Weib, als Kirche oder Haus, der Schatten eines Zaubervaters, den man nirgends finden kann. Es ist der Schatten Gottes, des Vaters. Es wäre besser, wenn du ruhig in mir sterben könntest, in Wärme und Dunkelheit.«[112]

Nach einer endlosen und traumatisch wirkenden Nacht im Operationssaal einer Pariser Klinik ließ sich Anaïs gegen den Widerstand des Arztes und der Schwestern das sechs Monate alte tote Kind zeigen. »Es sieht dunkel aus und klein, ein Zwergmensch. Aber es ist ein kleines Mädchen. Es sieht aus wie eine Puppe, wie ein kleiner Indianer, einen Fuß lang, nur Haut und Knochen, kein Fleisch. Aber es ist vollständig ausgebildet. Als ich das tote Kind ansah, haßte ich es für alle Schmerzen, die es mir bereitet hatte; erst später wandelte sich dieser Zorn in eine große Trauer.«[113]

Anfang September 1934 war Anaïs wieder in Louveciennes, wo sie das Leben einer verwöhnten Dame und Gattin aus begüterten Kreisen führte; wieder in der kleinen Pariser Straße, Villa Seurat, wo Henry Miller ein Wohnstudio bezogen hatte und wo ihre neue Freundin, die russische Bildhauerin Chana Orloff, ein Atelier besaß; wieder bei Otto Rank, dem sie zu einem neuen Leben verhelfen wollte, indem sie ihm zusicherte, ihm nach New York zu folgen.

Von Dezember 1934 bis Juni 1935 hielt sich Nin erstmals wieder seit 1923 für längere Zeit in New York auf. Sie stellte fest, daß die Stadt, die im Jazzfieber lag, vitaler geworden sei, von »animalischem Schwung« und von »nervöser Energie«. Die Analysen, die sie unter Anleitung Otto Ranks durchführte, verschafften ihr Einblicke in das Milieu politischer Intrigen, in die Welt der Millionäre, der Bühnen- und Filmstars. Aber die Dramen, die hinter den Fassaden ihrer berühmten Patienten sichtbar wurden, faszinierten sie vor allem als Schriftstellerin. Wissenschaftliches Arbeiten lag ihr weniger, denn sie glaubte vor allem an die Macht der Sprache. »Rank wußte zuerst nicht recht, was er mit dieser hohen Bewertung der Sprache anfangen sollte. Ich vermeide die Algebra des Gefühls, die mathematische Formel für den Menschen, führe alles wieder in das Drama des Lebens zurück.«[114]

Als Rank sie darum bat, eine Rohübersetzung seiner *Studie über den Inzest in der Literatur*, die sechshundert Seiten umfaßte, anzufertigen, fürchtete sie, ihre Schriftstellerei bald ganz aufgeben zu müssen.

Bereits nach sechs Monaten flüchtete sie zurück nach Paris, das sie diesmal aus anderen Gründen als im Dezember 1923 enttäuschte: »Die Rückkehr war wie das Hineintappen in eine Falle. Ich kämpfte gegen Monotonie und Wiederholung.«[115] Aber hätte sie in New York bleiben können? Aus der Liebelei mit Otto Rank war ein freundschaftliches Verhältnis geworden, die Analysen hatten alle ihre Energien abgelenkt und ihr außerdem bewußt gemacht, daß sie ohne wissenschaftliche Ausbildung auf diesem Gebiet niemals selbständig tätig sein könnte. Also mußte sie wieder zurück in diese Stadt, um ihre mühsam errungene innere Freiheit nicht im Kampf um Jobs und als Geliebte eines vielbeschäftigten und sie ständig analysierenden Mannes zu verlieren.

Die Begegnungen mit Henry Miller belebten sie wieder etwas, aber sie sehnte sich unablässig nach dem »neuen« New York, das ihr mehr Anregungen versprach. »Was ich liebe, ist eine neue, eine noch ungeschaffene Welt, mit starken Farben und weiten Ausdehnungen, groß und voll des Überflusses, eine synthetische Großstadt der Zukunft.«[116] Während eines erneuten fast dreimonatigen Aufenthalts Anfang 1936 am Hudson River traf sie ihren Bruder Thorvald, aber die Gespräche mit ihm irritierten sie, denn sie wollte weg von der Vergangenheit, weg von Richmond Hill, weg aus Louveciennes. »Zu zahm, das Leben in Paris. Die nette Wohnung. Freundschaften in Pastell. Zu wenig Geld, zu wenig Publikationen. Öffnen wir das Fenster! Lassen wir New York herein. Größe, Magnetismus und Kraft. Jazz, Lachen, Tempo.«[117]

Auf ihrer Rückreise mit dem Schiff machte sie im April 1936 von Cádiz aus, wo sie sich mit Hugo traf – er hielt sich seit Herbst 1935 immer häufiger in London auf und leitete dort ab 1938 die Filiale der National City Bank –, einen Abstecher in die alte marokkanische Königstadt Fez. Durch die Empfehlungsbriefe ihres Mannes mit besten Adressen ausgestattet, lernte sie nicht nur jeden Winkel der labyrinthisch angelegten Altstadt, sondern auch die ihr bisher unbekannte islamische Mentalität kennen. Trotz der Kürze der Zeit notierte sie ausführlich ihre Beobachtungen. Endlich, nach einem Jahr der Kräftevergeudung und der künstlerischen Unproduktivität, fand sie wieder zu ihrer Sprache und zu ihren Themen zurück.

Nach einem Besuch im Quartier réservé, wo ihr Begleiter und Dolmetscher sie auf eigenen Wunsch mit Fatima, einer der begehrtesten Frauen dieses Vergnügungsviertels, bekanntmachte, schrieb sie: »Ich verbrachte, da es hier als unhöflich gilt, sich zu beeilen, zwei Stunden mit Fatima. Bald wieder aufzubrechen, Eile zu zeigen, gilt als tödliche Beleidigung. Sie sind zutiefst gekränkt. Eine Beziehung wird nicht so sehr durch das charakterisiert, was man tut und sagt, als vielmehr durch das Entstehen einer günstigen, träumerischen, meditativen, kontemplativen Atmosphäre, einer Stimmung.«[118] Fez prägte sich ihr so stark ein, daß sie diese Stadt später noch oft als poetische Metapher benutzte. »Früher oder später findet man immer eine Stadt, die das Abbild der Stadt ist, die man in sich trägt. Fez ist ein Abbild meines inneren Selbst. Das mag erklären, warum ich fasziniert bin. Auch ich liebte es, mich zu verschleiern, und hinter dem Schleier, reich und unerschöpflich, labyrinthisch, in immer neuen Varianten, verlor ich mich selbst. Eine Leidenschaft für das Geheimnis, das Unbekannte, das Unendliche, das Gesetzlose.«[119]

Da Hugo als zukünftiger Bankfilialleiter nur noch unregelmäßig und selten aus London nach Paris kam, hatte er gemeinsam mit Anaïs beschlossen, das Haus in Louveciennes aufzugeben. Anaïs war glücklich über diese Veränderung, denn seit ihrer neu erwachten Liebe zu New York fühlte sie sich in dem ruhigen Vorort isoliert und gelangweilt. Auch in Paris selbst schien sie sich bereits von Frankreich trennen zu wollen. Das Appartement, das sie erst am Quai de la Bourdonnais und dann am Quai de Passy für sich und Hugo gemietet hatte – Rosa bezog mit Joaquin wieder eine eigene Wohnung in der Avenue de Versailles –, tauschte sie schon bald gegen ein Hausboot ein.

Dieser alte bewohnbare Kahn mit dem Namen *Belle Aurore*, der dem Schauspieler Michel Simon und seinen Affen gehörte, lag am Ufer der Seine, nicht weit entfernt von den großen Brücken der Innenstadt. Einen passenden Mann für diese ungewöhnliche Behausung hatte Anaïs auch schon an der Hand. Er hieß Gonzalo More, stammte aus Peru und hatte wie Hugo einen schottischen Vater. Er spielte Gitarre und sang dazu, zeichnete gelegentlich, trank gern Alkohol und war mit Helba, einer hypochondrischen Tänzerin, verheiratet. Vor allem aber verfolgte er als Mitglied der kommunistischen Partei mit engagiertem Interesse den spanischen Bürgerkrieg, der am 18. Juni 1936 ausgebrochen war. Anaïs erkannte in Gonzalo wieder einen »Tiger, sehr schlank, sehr dunkel, mit langem schwarzen Haar, feurig und lebhaft«. Anders jedoch als der »Tiger« Henry war er ein Träumer ohne Entscheidungskraft, begeisterungsfähig und leidenschaftlich zwar, aber ohne Durchsetzungsvermögen, ohne Beruf, ohne Geld.

Anaïs hatte ihren ersten Schützling, dem schon bald im New Yorker Künstlerviertel Greenwich Village viele weitere folgen sollten. Sie mied jetzt, seit sie von ihrer Mutter und von Hugo getrennt lebte, das bürgerliche Milieu, und sie beschränkte sich in der Künstlerbohème auf Henry Miller und dessen überwiegend amerikanischen Freunde, zu denen ab 1938 auch der englische Schriftsteller Lawrence Durrell – Henry, Lawrence und Anaïs nannten sich scherzhaft die drei Musketiere – gehörte. Durch Gonzalos politischen Kreis lernte sie einige Berühmtheiten der lateinamerikanischen Literatur wie Alejo Carpentier und Pablo Neruda kennen, aber auch ihnen gegenüber blieb sie distanziert.

Sie wollte sich weder durch Oberflächlichkeit und Heuchelei noch durch geistig oder künstlerisch starke Männer ihre eigene Innenwelt verwirren oder zerstören lassen. Sie wollte Mutter und Muse für poetisch begabte oder moralisch desorientierte junge Männer sein, und sie wollte endlich ihre literarische Begabung einer strengeren Prüfung unterziehen. Sie beendete die Erzählung *Eiszeit*, schrieb Kurzgeschichten wie *Geburt*, in der sie die Totgeburt ihres Kindes behandelte, oder *Hausboot*, eine reizvolle Schilderung ihres Lebens auf der *Belle Aurore*[120], und sie blieb ihrem Tagebuch treu, das im Lauf der Jahre zu einem Sammelbecken gekonnter Kurzprosa wurde.

Trotz des spanischen Bürgerkriegs, der in einer Diktatur endete, und des Europa bedrohenden Faschismus in Italien und Deutschland interessierte sich Anaïs nur wenig für die Politik. Sie hatte sich ein für allemal in ihre Welt zurückgezogen. Nach einer Streikversammlung kommunistischer Arbeiter, zu der sie Gonzalo begleitet hatte, notierte sie in unbekümmertem Durcheinander: »Politik erschien mir bisher korrupt und häßlich. Ich wollte nichts damit zu tun haben. Von welchem Nutzen sollte ich sein? Nach einer Besichtigung der Notre Dame gingen wir in die Rue de la Gaîté, und ich kaufte ein graues Zehndollarkostüm, entfernte den Lack von meinen Nägeln und begleitete

Gonzalo zu einer politischen Versammlung, auf der Pablo Neruda sprach. Neruda war dick und sehr bleich, und er rezitierte Gedichte in einer eher farblosen Weise. Die Reden, die darauf folgten, waren jedoch voller Temperament. Ich verstand nicht, um was es ging. Gonzalo ist mit den Arbeitern familiär, heiter, brüderlich. Sie mögen ihn, obwohl sie sein schlechtes Französisch nicht verstehen. Er trinkt mit ihnen. Sie vertrauen ihm. Seine großen Hände sind rauh, sein Körper ist grob, und er kleidet sich wie sie.«[121]

Etwas dezidierter, wenn auch in ihren eigenen Kategorien, nahm sie die Nachricht vom Ausbruch des Zweiten Weltkriegs auf: »Gestern las ich auf der Straße die Schlagzeile: ›Warschau bombardiert.‹ Das bedeutet endgültig Krieg. Wir dürfen nicht länger auf eine Revolution in Deutschland hoffen, die den Krieg verhindern würde. Das große Gericht. Die Selbstsucht ist zu groß geworden. Die persönlichen und historischen Probleme sind der Selbstsucht wegen unlösbar. Dualität und Schizophrenie, wohin man blickt. Der Todestrieb ist stärker als der Lebenstrieb. Panik. Eine Million Menschen [die Nationalsozialisten] sind zu Verbrechern geworden, ihrer Schwäche wegen, weil sie nur noch hassen können.«[122]

Als letzte Zeile schrieb Anaïs in ihr Pariser Tagebuch: »Dies ist das Ende unseres romantischen Lebens.« Henry Miller fuhr zu Lawrence Durrell nach Griechenland, Joaquin Nin, der sich von Maruça hatte scheiden lassen und Anfang 1939 während seines tausendsten Konzerts zusammengebrochen war, ging nach Kuba, wo er, ohne seine Tochter noch einmal wiedergesehen zu haben, 1949 starb, und Rosa Nin-Culmell, die sich im September 1939 mit ihrem Sohn Joaquin auf Mallorca zur Erholung befand, blieb gleich unterwegs und reiste über Italien nach New York. Anaïs, die ihr Hausboot bereits verlassen hatte und in die Rue Cassini umgezogen war, kümmerte sich, während sie auf Hugo wartete – seine Bank hatte ihn in die Zentrale zurückbeordert –, um Gonzalo und dessen Frau Helba. Sie besorgte ihnen Tickets für die Überfahrt nach Amerika und Winterkleidung. Sie erreichte zusammen mit Hugo Ende September New York in einem Wasserflugzeug, das sie in Portugal bestiegen. Kurz vorher konnte sie ihrem Tagebuch mitteilen: »›Eiszeit‹ ist erschienen, ganz in Blau.«[123]

4.
Selbstbehauptung in New York und Aufbruch in den Westen Amerikas
(1939 – 1955)

Wie schon einmal 1914 kam Anaïs Ende des Jahres 1939 als Fremde, als »Ausländerin« nach New York. Die Stadt ihrer Kindheit und Jugend hatte sich fast bis zur Unkenntlichkeit verwandelt, der Kreis ihrer Analysepatienten aus den Jahren 1934 und 1935 war in alle Winde verstreut, und sie brachte aus Paris ein Flair mit, das auf viele Amerikaner »dekadent« und realitätsfern wirkte. Dem Alptraum des Krieges, dem sie in Europa entwichen war, folgte der Alptraum der Einsamkeit, der zahlreiche Emigranten aus Deutschland, Spanien und Frankreich erwartete. Anaïs kämpfte mit allen Kräften gegen den Sog der Vergangenheit an, der die meisten Flüchtlinge leicht erfaßte und lähmte und dem sie bereits auf dem Hausboot auf der Seine aus eigener Überzeugung zu entrinnen versucht hatte.

Da jedoch der Weg, der sie aus der Isolation führen konnte, nur durch die Weigerung blockiert war, sich ihre in Europa erschlossenen Innenräume zerstören zu lassen, dauerte es nur wenige Wochen, bis sie wieder genügend Mut und Selbstvertrauen besaß, ihre Individualität, ihre Lebensweise und ihr Kunstverständnis durchzusetzen. Mit der Überwindung dieses inneren Hemmnisses wurde sie auch der persönlichen Vorteile gewahr, die sie in New York hatte. Als hilfreich erwies sich schließlich nicht so sehr ihre Vertrautheit mit der Stadt aus vergangenen Jahren, sondern das Kennenlernen zahlreicher Außenseiter, die sich wie sie der radikal verwandelten Stadt verweigerten.

Das an der Westseite von Manhattan liegende Viertel Greenwich Village gewann in jenen dreißiger und vierziger Jahren seinen legendären Ruf als Zufluchtsort für alle diejenigen, die sich dem Konformismus der nach Nutzen und Leistung ausgerichteten amerikanischen Gesellschaft entziehen wollten. Anaïs, die als junges Mädchen von ihrer Mutter und ihren Tanten vor dieser Gegend gewarnt worden war, wohnte jetzt selber dort, wo sich mehr denn je eine Gegengesellschaft manifestierte, der aus Rebellen jeglicher Couleur gebildete Underground.

Nach mehreren in Hotels verbrachten Monaten fand sie endlich im Mai 1940 eine Wohnung am Washington Square, einem zentralen Platz des europäisch anmutenden »Dorfes«. »Das Village hat Atmosphäre, Charakter. Die Häuser sind alt, die Läden klein. Auf dem Platz spielen alte Indianer an steinernen Tischen Schach. Es gibt dort Bäume, Innenhöfe, Gärten hinter den Häusern. Das Village hat eine Geschichte. Die Universität wurde von den Holländern erbaut. Ich liebe die Gingkobäume, die Atelierfenster, die kleinen Theater, die Bleeker Street mit ihren Gemüsewagen, Fischhandlungen, Käsehandlungen. Eine menschliche Gegend. Die Leute schlendern umher, sitzen im Park.«[124]

Als Anaïs im Dezember 1939 Weihnachtseinkäufe für ihre Mutter und Joaquin gemacht hatte, konnte sie sich trotz der Feststellung, daß sie für Riesenmaßstäbe unempfänglich sei, nicht ganz der Wirkung des glanzvollen New York entziehen. »Die Geschäfte sind eine Augenweide, die Dekorationen phantastisch. Bei Jaeckels (wo ich früher als Mannequin gearbeitet habe) besteht einer der Weihnachtsbäume aus lauter Weißfuchsfellen. Hinter jedem Fenster der millionenäugigen Radio City brennen Kerzen. An den Gebäudefronten hängen in verschwenderischer Fülle grüne Stechpalmenzweige. Abends läuft man im Freien Schlittschuh. Das Ganze ein königliches Schauspiel.«[125]

Zu den neuen Bekannten, die ihr den Anfang in New York erleichterten – Henry Miller, der erst 1942 nach Kalifornien zog, und Gonzalo und Helba More bildeten den alten Freundesstamm –, gehörten die Buchhändlerin Frances Steloff, die in ihrem Laden »Gotham Book Mart« im Village Autorenlesungen veranstaltete und später für Nins erste Bücher warb; die Schriftstellerin und Redakteurin Dorothy Norman, die Nins Erzählung *Geburt* in der Zeitschrift *Twice a Year* veröffentlichte; die durch ihre verschiedenen Heiraten wohlhabend gewordene Verlegerin der *Black Sun Press*, Caresse Crosby, die in ihrem Haus stadtbekannte Partys gab und gern von ihren Liebschaften in Paris erzählte; und schließlich Robert Duncan, ein junger Schriftsteller, der ebenfalls Tagebuch führte und sich wie einst Eduardo Sanchez mit seinen Männer- und Schreibproblemen an die erfahrene Frau und Künstlerin klammerte.

»Robert steht mir zur Zeit am nächsten«, schrieb Anaïs Ende 1940, »und er ist mir am deutlichsten erkennbar. In seinem Tagebuch äußert sich eine menschliche Wärme, die er im Leben nicht zeigt. Wir hatten unsere Tagebücher ausgetauscht und dadurch Einlaß in das private Leben des anderen gefunden, einen Zugang, der ohne den Tausch nicht möglich gewesen wäre, denn von mir geht Robert zu jungen Männern, und unsere Liebe ist rein geschwisterlich. Er hat großen Charme, ist verführerisch. Seine Züge sind fein, er hat einen ägyptisch schlanken Körper, sehr gerade Schultern, eine schmale Taille, stilisierte Hände.«[126]

Otto Rank, an den sie erst wieder dachte, nachdem sie sich innerlich gefangen hatte – sie notierte erleichtert: »Das Telefon fängt an, häufig zu läuten. Einladungen und Verabredungen« –, war, wie sie durch einen Anruf in seiner alten Wohnung am Central Park erfuhr, bereits am 31. März 1939 an einer Kehlkopfentzündung gestorben. Sie schrieb in ihr Tagebuch einen unsentimentalen, seine dynamische Persönlichkeit würdigenden Nachruf, fügte dann aber hinzu: »Gern hätte ich erfahren, ob er leicht, schmerzlos starb, ob er wußte, daß er im Sterben lag. Ich hatte niemanden, den ich fragen konnte. Keine Blumen, keine Mitteilungen, keine trostspendenden Briefe. Eine Lücke.«[127]

Die melancholische Stimmung, die sie überwunden glaubte, kehrte wieder zurück und verstärkte sich noch, als ihr Vater aus

Havanna schrieb, daß er wegen Rheumatismus in den Händen keine Konzerte mehr geben könne. Auch bei ihrer Mutter, die ein eigenes Apartment bewohnte, stellte sie erste Hinfälligkeiten fest: »Mutter wird alt und bedarf sorgfältiger Pflege. Ihre prächtige Energie schwindet dahin.«[128] Nur Joaquin wartete mit einer erfreulichen Nachricht auf. Er hatte an einem College eine Lehrstelle für Musik bekommen.

Um nicht völlig in Apathie oder Gewohnheiten zu versinken – letzteres warf sie insgeheim und nicht ohne Neid dem unablässig produktiven Henry Miller vor –, flüchtete sie sich in die Künstlerpartys von Greenwich Village, obwohl deren oberflächliche Rituale sie noch immer zutiefst irritierten: »Abends bin ich dennoch müde, nicht, wie früher, von meinen eigenen Vortäuschungen und Rollen müde gemacht, sondern vor Verlassenheit müde, vor Unfähigkeit, an der Oberfläche zu bleiben. Dieses Bedürfnis nach einem tieferen Leben zerrt mich aus jeder noch so duftigen, dekorativen, anziehenden und ästhetischen Atmosphäre, läßt mich jeden Tag auf irgendein Vergnügen, eine Leckerei, eine Nichtigkeit, ein glitzerndes Ding verzichten. Ich hätte gern für ein paar Tage in den Seiten von ›Vogue‹ und ›Harper's Bazaar‹ gelebt. Aber ich gebe meinen unterseeischen Gebieten den Vorzug.«[129]

Eine nicht unerhebliche Rolle bei ihrer Allergie gegen die spezifisch amerikanischen Partys, auf denen im Gegensatz zu den Pariser äußere Geselligkeit mehr zählte als innere Übereinstimmung, spielte die Erfahrung, nicht mehr Mittelpunkt zu sein. Da ihr jedoch nichts anderes übrigblieb, als sich dieser gesellschaftlichen Einrichtung zu fügen, drehte sie den Spieß einfach um und begann, selber Partys zu geben. Partys im Pariser Stil, mit ausgewählten Gästen, die gemeinsame Interessen hatten. Als fatal stellte sich jedoch dabei heraus, daß sie in kürzester Zeit nur noch von Menschen, meist jüngeren, umgeben war, die nicht nur geistige und moralische Unterstützung, sondern auch materielle Hilfe von ihr erwarteten oder sogar unverblümt verlangten.

Seit sie aus finanziellen Gründen ihre möblierte Dreizimmerwohnung aufgegeben und in einer Seitenstraße des Washington Square ein Studio bezogen hatte, das sie nach eigenem Geschmack einrichten konnte, fühlten sich ihre Schützlinge mehr denn je veranlaßt, sie in ihrer reizvollen Behausung nach Lust und Laune zu besuchen. Der attraktivste Teil des Studios war ein glasüberdachtes Atelier. »Es hat die Form eines A und ist lichtdurchflutet. Auf der einen Seite neben meinem Bett steht ein Bücherregal, auf der anderen ein Tisch, den ich in einem Antiquitätengeschäft gekauft habe. Er ist mit Szenen aus der spanischen Geschichte bemalt, seine Platte sieht aus wie ein Tablett mit schmiedeeisernen Griffen. An jedem Ende trägt er zwei Laternen. Gonzalo sagt, daß es ein Festtisch sei. An Feiertagen würden solche Tische vor die Kirchentüren getragen und für den Verkauf von Erfrischungen hergerichtet. In den kleinen Laternen würden Kerzen angezündet. In dem asketischen Arbeitszimmer nimmt sich der Tisch wie ein kostbares Schmuckstück in einfachster Fassung aus.«[130]

An diesem von europäischer Kultur geprägten Tisch rang Anaïs um Inspiration und Ideen, aber es fehlte ihr an Konzentration und an innerer Ruhe. Sie schrieb kleine Geschichten über die Bewohner ihres Viertels, »einige Seiten über das Pariser Leben« und, herausgelockt durch die Straßenatmosphäre, auf einer Bank des Washington Square die Artaud gewidmete Erzählung *Je suis le plus malade des surréalistes*.

Eine große Enttäuschung bereitete ihr die bizarre, aber herzensgute Caresse Crosby, die mit dem Plan, eine Druckerei für ihre literarischen Freunde kaufen zu wollen, an den hohen Anschaffungskosten gescheitert war. Immerhin hätte Anaïs durch die Veröffentlichung der Nachdrucke von *Haus des Inzests* und *Eiszeit* eine Chance gehabt, das amerikanische Publikum für sich zu gewinnen. Für die meisten ihrer neuen Bekannten war sie eine der Künstlerinnen, die sich im legendären Paris der Vorkriegszeit amüsiert und europäisiert hatten und denen der einheimische Geschmack verlorengegangen war. Man liebte diese »Exoten«, vor allem auf Partys, doch wer wollte sich schon ihrer Ware annehmen, die kaum Abnehmer finden würde? Besonders litt Anaïs unter diesem Mißtrauen, wenn es von einer literarisch gebildeten Frau wie Dorothy Norman kam, die ihr durchaus gewogen war: »Sie ist eine intellektuelle, aber menschlich kalte Frau. Sie lebt nach einem strengen Plan. Durch eine Bemerkung verletzte sie mich tief. Sie sagte: ›Europa ist dekadent. Sie sind gewiß glücklich, sich in einem gesunden Land zu befinden.‹ ›Was Sie dekadent nennen‹, antwortete ich, ›ist der Mut, sich auf die Erfahrung des Lebens in seiner Totalität einzulassen.‹«[131]

Um den zunehmenden Verkrampfungen und Depressionen, die aus ihrer menschlich und künstlerisch unbefriedigten Situation resultierten und sich in leichteren Krankheiten bemerkbar machten, zu entgehen, überließ sich Anaïs noch bereitwilliger ihren Mitleid erheischenden und despotischen jungen Verehrern oder umsorgte exzentrische junge Frauen, die sie an die animalische Selbstsucht einer June Miller oder einer Helba erinnerten. Eine dieser Frauen, von denen sich Anaïs wie von einem magischen Lebenszentrum, das es zu erforschen galt, angezogen fühlte, war die Theaterschauspielerin Luise Rainer:

»Luise lebt in irgendeiner Weise selbstzerstörerisch, sie ist schutzlos, zerbrechlich, allein. Der beherrschende Ausdruck ihres Gesichts ist ein Flehen. Flehen. Gefühl. Gefühl. Das Spiel der Schauspielerin eine einzige Aufforderung: fühle, fühle. Weil sie verletzlich sind, wird sie immer von neuem verletzt. ›Immer geht mein Leben in Trümmer.‹

Tagsüber, wenn sie Shorts trägt, wenn ihr Haar gerade herunterhängt, ist sie ein halbwüchsiges Mädchen. Sie hat den zartesten Hals, den man sich denken kann, und einen kleinen Kopf. Sie ißt gierig, wie ein Kind, ungeduldig, als könne sie es kaum erwarten, etwas anderes zu tun, als am Tisch zu sitzen. Sie ist, was sie darstellt. Sie ist Frou-Frou, ganz und gar Weiblichkeit, schmiegsam, biegsam, geschmeidig, doch wenn man sich von dieser kindlichen Weichheit bezaubern läßt, stößt man plötzlich, wie bei Kindern, auf einen stählernen Willen.«[132]

Abends, nachdem sich Anaïs von Luise hatte hin- und herscheuchen und schikanieren lassen, suchte sie Entspannung in einem der Jazz-Keller in Greenwich Village, in die sie zum erstenmal im Winter 1934/35 von Otto Rank geführt worden war. Nur begleitete sie jetzt, wo sie besonders bedürftig nach Anlehnung und männlich-erotischer Geborgenheit war, einer ihrer blutsaugerischen Seelenvampire, wie zum Beispiel Paul, ein Mann von »kleiner Gestalt, mit eleganten Manieren, stets rosig, munter und mutwillig und rasch zu begeistern«. Wie der Nachmittag bei Luise, so endete auch der Abend für sie in Isolation. »Zwei Negermusiker, einer am Klavier, der andere spielte Baß. Das Klavier war leichtfertig wie ein schäumender Wasserfall, die Baßgeige dagegen erregte ein tiefes Pochen. Das Klavier hing tönende Festgirlanden auf. Der Baß war ein gewaltiger Herzschlag.

Paul wartete auf ein homosexuelles Abenteuer. Die für mich genußreichen Rhythmen der Musik ängstigten ihn, denn sie schienen eine Freude anzukündigen, und jedesmal, wenn die Tür aufging, sah ich, daß er den Eintritt einer hinreißenden Person erwartete. Da niemand in der Tür erschien, keiner, den er begehren konnte, würde der Abend nur ein weiterer Abend ohne Liebe sein. Pauls Augen hefteten sich an die Tür. Sein Blut wird unvergessen zurückströmen, seine Liebe wird zurückfluten, und alles, was zurückfließt, ist vergiftet. Für Paul ist jede sexuelle Begegnung eintönig, da ausschließlich sexuell. ›Es ist immer das gleiche‹, sagte er.«[133]

Unglücklich darüber, daß ihr kurzer literarischer Aufschwung in Paris keine Fortsetzung in New York fand, vergrub sich Anaïs, wie zur Zeit ihres Wartens auf den Vater, in ihr Tagebuch und schrieb alles nieder, was Gespräche oder Kunsttexte ihr nicht entlockten. Noch vergingen viele Jahre, bis sie feststellte, daß vor ihr eine Prosalandschaft, eine Art Roman lag, dem sie bereits 1942 in Anlehnung an das von ihr unendlich bewunderte Werk Marcel Prousts den Titel *A la recherche des jeux perdus* (Auf der Suche nach den verlorenen Spielen)[134] gab. Nur war das Hauptthema ihrer Aufzeichnungen seit

Anfang der vierziger Jahre nicht mehr der Vater, sondern das Wesen der Frau mit allen ihren Verschlossenheiten und allen ihren kreativen Äußerungen.

Weiblichkeit in jeder Spielart interessierte sie in zunehmendem Maße und immer in Verbindung mit Kreativität, deren Geheimnis sie für sich und andere Frauen auf die Spur kommen wollte, denn sie war überzeugt davon, daß nur durch Schaffung eines Kunstwerks oder durch ein aktives Leben Selbstbefreiung und innere Harmonie erreicht werden könnten. Robert Duncan, einer ihrer bevorzugten Lieblinge, bot ihr unwissentlich reiches Anschauungsmaterial über Varianten des Weiblichen. Sie schätzte seine physische und geistige Lebhaftigkeit und die Diskussionen mit ihm über Lust und Qual des Schreibens. Die kleine Skizze über seine changierende Persönlichkeit verrät auch etwas von Anaïs Nins eigener Weiblichkeit:

»Robert, das perverse intelligente enfant terrible. Manchmal hat er die Weichheit eines knochenlosen Kindes und scheint klein zu sein, zu anderen Zeiten steht er starr und groß da. Seine Augen sind zu weit geöffnet, wie die eines Mediums im Trancezustand. Seine Lider fallen wie die einer Frau, schwer und mit einem verführerischen Zucken der Wimpern herab, es ist die weibliche Art, sich zu verschleiern; die Lider eines Mannes schließen sich niemals auf diese Weise über die verräterische Landschaft der Augen. Wenn ihre Augen zu viel zu verraten drohen, zieht die Frau den Schleier, läßt sie die Lider über die Räume der Enthüllung herab. Wie oft habe ich beobachtet, daß Frauen die Flamme des Mißtrauens, den Schimmer der Eifersucht vor allem, das Blitzen des Neides, die Glut des Zorns hinter dieser Jalousie verbergen.«

Die Schlußfolgerung über Männerliebe, die sie am Beispiel von Robert und dessen Liebhaber Paul – derselbe, mit dem Anaïs den Jazz-Keller besuchte – zog, enthielt dagegen eine subtile Verurteilung gleichgeschlechtlicher Liebe, was seltsam bei einer Frau anmutet, die Liebe, Sexualität und Zeugungsakt gut zu unterscheiden wußte. Da sie jedoch den Frauenschoß als

Hort letzter Geheimnisse verstand, mußte sie zwangsläufig jede Art von Sinnlichkeit und Sexualität auf den Zeugungsakt beschränken – ein Überbleibsel vielleicht ihrer katholischen Erziehung oder das Überlegenheitsgefühl einer Frau, die Kopfgeburten als Betrug am Frauenschoß empfand.

»Doch als Robert über Paul redete, trat derselbe Ausdruck obszöner Lüsternheit, eitler Zufriedenheit und Siegesgewißheit, geheimen unbeherrschbaren Triumphs über seine Macht, andere zu verwunden, weiblicher List und Tücke und Koketterie in sein Gesicht, durch den er Paul betört hatte. Der arge weibliche Plan zu bezaubern, zu verführen und zu quälen. Er benahm sich wie die Karikatur einer Frau. Die schlechte Nachahmung einer Frau. Einer Frau ohne Schoß, in dem die großen Geheimnisse stattfinden. Es war, gleich der Einladung der Prostituierten, nur die Travestie der Aufforderung, eine Verlockung, die nie zu einer herrlichen Verschmelzung führen wird. Warum lieben Männer diese Travestie der Frau und nicht die wirkliche Frau? In dieser Weiblichkeit, die des Schoßes entbehrt, konnte keine große Liebe gedeihen.«[135]

Die kräftigen finanziellen Zuschüsse, die Anaïs ihren Schützlingen und immer wieder auch Henry Miller (bis zu dessen Übersiedlung nach Kalifornien) und Gonzalo und Helba (diese benötigte ständige medizinische Versorgung für ihre hypochondrische Taubheit und andere eingebildete Leiden) gewährte, ließen allmählich ihr monatliches Budget dahinschwinden, das ihr Hugo von seinem Bankgehalt weiterhin korrekt zahlte. Da es ihr unmöglich war, ihre hilfreiche Hand von heute auf morgen zurückzuziehen, mußte sie Schulden machen, was vor allem ihre jungen Herren, die davon wußten, nicht von neuen Forderungen abhielt. »Tatsächlich kamen alle zu mir ins Atelier, um bei mir zu essen, als ob mein Studio eine Imbißstube wäre. Ich tat nichts anderes mehr, als Kaffee und belegte Brote zu servieren. Meine Arbeit stockte.«[136] Und einen Monat später klagte sie: »Die Telefonrechnung nicht bezahlt. Das Netz der ökonomischen Schwierigkeiten schließt sich über mir. Alle in meiner Umgebung verantwortungslos, bemerken den Schiffbruch nicht. «[137]

In dieser prekären Lage griff sie ohne zu zögern nach einem Angebot, das ihr Henry Miller vermittelte. Ein wohlhabender Geschäftsmann und Liebhaber erotischer Texte hatte sich über einen Buchhändler an Miller gewandt, dessen von der amerikanischen Zensur wegen Obszönität verbotene Bücher *Wendekreis des Krebses*, *Schwarzer Frühling* und *Wendekreis des Steinbocks* er kannte – in Amerika kursierten einige von der *Obelisk Press* in Paris gedruckte Exemplare. Er zahle, so der anonym bleibende Auftraggeber, einen Dollar für eine Seite Erotik – womit er sexuell Eindeutiges, Pornographie meinte. Miller, ebenfalls ständig in Geldnöten, ging anfangs auf den Vorschlag ein, aber da er eine Reise durch die Staaten, zu der er eingeladen war, plante und außerdem, wie Anaïs schrieb, »keinen der Stoffe verwenden wollte, über die er in seinem eigentlichen Werk zu schreiben plante und deshalb gezwungen war, seinen Einfällen und Stimmungen Gewalt anzutun«[138], schob er das lukrative Angebot seiner ehemaligen Bettgefährtin und alten Freundin aus Paris zu, der er erotische Texte durchaus zutraute.

Anaïs, begeistert, eine Einnahmequelle gefunden zu haben, sah dennoch ein Problem, das weniger in der Anfertigung dieser speziellen Literatur als vielmehr in ihrem Mangel an Zeit lag. Pro Seite einen Dollar, nicht schlecht, aber wie viele Seiten würde sie in ihrem »Taubenschlag« täglich schaffen? Das Geld, das ebenso wie ausgefallene Wünsche des Auftraggebers durch den Buchhändler übermittelt wurde – wahrscheinlich war er selbst der lüsterne Kunde –, reichte nicht hin und nicht her, so sehr sie sich auch abmühte. »Jeden Morgen nach dem Frühstück setze ich mich hin und schreibe mein Tagessoll Erotika.«[139] Schließlich kam ihr die Idee, ihre »Kinder«, durch die sie letztlich in Kalamitäten geraten war, in die erotische Fron mit einzuspannen. »Ich glaube«, schrieb sie in spielerischer Strenge, »das Mütterliche ist in mir bis zum letzten Bissen aufgezehrt worden, und nun ist die Mutter eben tot.«

Die »Kinder«, ob aus Einsicht in die Notwendigkeit oder aus reinem Vergnügen, übernahmen diesmal ohne aufzumucken ihren Teil Verantwortung und überboten sich in der Darstellung sexueller Wunschphantasien. Sogar Caresse Crosby, die wie Anaïs einiges an Erfahrungsmaterial noch unbenutzt in Erinnerung hatte, schloß sich der für sie extravaganten Freizeitbeschäftigung an. Das Geld fing an, in die Gemeinschaftskasse zu sprudeln, und zufrieden notierte Anaïs im Oktober 1941: »Harvey Breit, Robert Duncan, George Baker, Caresse Crosby, alle konzentrieren wir unsere Kräfte zu einer tour de force und versorgen den alten Herrn mit einem solchen Reichtum an perversen Glückseligkeiten, daß er neuerdings um mehr bettelt.«[140] Anaïs achtete jedoch peinlich darauf, daß selbst noch das nackteste Detail einen Hauch von träumerischem Ereignis behielt.

Als einige dieser Texte mit Genehmigung Nins – sie lag bereits schwer krebskrank in ihrem Haus in Los Angeles und wurde von Rupert Pole gepflegt – 1977 in Amerika und 1978 in der Bundesrepublik und anderen Ländern in Übersetzungen erschienen, rätselten die meisten Kritiker darüber, wie es möglich sei, daß eine Frau, noch dazu eine so ätherische und hochgestimmte Frau wie Anaïs Nin, eine bisher nur von Männern produzierte unterleibslastige Literatur hatte schreiben können. Feministisch versierte Rezensentinnen jubelten auf, daß sich endlich auch eine Frau in Pornographie – sie umschrieben sie als sinnlich sensible oder erotisch poetische Prosa – bewiesen habe, während ihre konservativeren Kollegen die Köpfe schüttelten über den Fauxpas einer Dame von Welt und einer begabten Schriftstellerin. Auf jeden Fall wurde der Erotikband unter dem Titel *Das Delta der Venus* ein großer Publikumserfolg, leider gut dreißig Jahre zu spät für das fleißige Team aus Greenwich Village. 1979 wurde von den Verlagen noch schnell ein zweiter Band mit dem Titel *Die verborgenen Früchte* hinterhergeschickt. Ein Jahr vor seinem Tod schrieb Henry Miller mit gewohnter Bissigkeit: »Anaïs' ›Delta der Venus‹ stand mehrere Wochen auf der Bestsellerliste. Welche Ironie, daß ausgerechnet sie, die ›Vulgarität‹ verachtete, posthum durch ein hocherotisches Buch berühmt wurde.«[141]

Beschwingt und ermutigt durch den Geldsegen, verbrachte Anaïs mit ihren Freunden – Robert war diesmal in Gesellschaft von Tennessee Williams – einige Tage in Provincetown am Meer, Tage, an die sie sich später besonders gern erinnerte. Für ihre Zukunft wichtiger jedoch war die Anschaffung einer Druckerpresse. Eingedenk des mißglückten Versuchs von Caresse Crosby, beschränkte sie sich auf das Notwendigste und Billigste. Zusammen mit dem patenten Gonzalo, der sich auch auf diesem Gebiet auskannte, erwarb sie eine alte Presse für fünfundsiebzig Dollar, Drucktypen und Setzkästen für hundert Dollar, und als Werkstätte mietete sie einen Dachboden in der Macdougal Street, nicht weit von ihrem Studio entfernt. Das fehlende Geld lieh sie sich unter anderem von Frances Steloff, die auch die selbstgedruckten Bücher in ihrem Laden ausstellen wollte.

Ende Januar 1942 berichtete Anaïs stolz ihrem Tagebuch: »Der erste Probeabzug von ›Eiszeit‹, ich habe die Setzarbeit, Gonzalo hat die Druckerarbeit geleistet. Die Bedienung des Fußpedals erfordert seine Körperkraft. Wir haben unter schweren Bedingungen, ohne Lehrmeister, nur aus der Erfahrung gelernt. Tastend, erfinderisch, versuchend, kämpfend. Auch Robert gab uns Hinweise. Er brachte seine Gedichte mit, blieb aber nicht, um den Setzkasten wieder aufzuräumen. Wir arbeiten täglich sieben oder acht Stunden. Wir träumten von der Presse, sprachen, aßen, schliefen mit ihr. Wir aßen Sandwiches, die nach Druckfarbe schmeckten, hatten Druckfarbe im Haar und unter den Fingernägeln.«[142]

Am 5. Mai 1942 war das Buch *Eiszeit*, ein bibliophiler Sonderdruck in übergroßem Format, fertig. Hugo, der sich neuerdings neben seiner Banktätigkeit mit der Zeichnung und Herstellung von Kupferstichen beschäftigte, hatte unter dem Künstlernamen Ian Hugo die Illustrationen beigesteuert, und ein Buchbinder hatte letzte Hand angelegt. Der Erfolg in der kleinen Village-Gemeinde war überwältigend, und die dreihundert gedruckten Exemplare wurden in wenigen Tagen im »Gotham Book Mart« von Frances Steloff verkauft. Nur die Verleger interessierten sich nicht »für einen Roman, der in Europa spielt«. Enttäuscht bis verärgert reagierte Anaïs auch auf die einzige Kritik, die in der Zeitschrift *New Directions* erschien, denn Carlos Williams hatte seinen Artikel mit dem, wie Anaïs meinte, irreführenden Zitat aus *Eiszeit* überschrieben: »Männer haben kein Zartgefühl«.

Als nächstes Projekt für ihren Kleinverlag *Gemor Press* nahm sich Anaïs einen Band mit Erzählungen vor, die sie teils in Paris, teils in New York geschrieben hatte. Als Titel wählte sie *Unter einer Glasglocke*. Die Arbeit ging jedoch nur schleppend voran, denn nicht nur Gonzalo, der nach dem ersten Erfolg in seine alte Trägheit zurückzufallen drohte, auch Anaïs fühlte sich der Anstrengung in der Druckwerkstatt nicht mehr gewachsen. Ihr Freundeskreis nagte unentwegt an ihrem Geld, ihren Nerven, ihrer Gutmütigkeit.

Der Ausbruch ihrer Krise, der sich bereits durch Lustlosigkeit und Gereiztheit ankündigte, wurde durch zwei Frauen abgefangen, die Anaïs kurz nach der Veröffentlichung von *Eiszeit* kennenlernte. Die eine, Frances Brown, war eine ehemalige Tänzerin, die wegen einer Tuberkulose das Fach gewechselt hatte und sich seitdem der Malerei, Bildhauerei und Literatur widmete. »Sie hat riesenhafte Märchenaugen«, schrieb Anaïs nach ihrer ersten Begegnung, »zwei aquamarinfarbene Lichter, die das Dunkel erhellen, Augen von solcher Tiefe, daß man zuerst das Gefühl hat, in ihnen wie in einem Meer, einem Meer des Gefühls zu versinken. Doch dann hören sie auf, eine verschlingende See zu sein, und werden zu Leuchtfeuern, die vor Wachsamkeit, vor starkem Sehvermögen strahlen.«[143]

Frances bildete eine Mischung aus June und Anaïs, sinnlich und intelligent, gefühlvoll und realistisch. Das Entscheidende, was Anaïs von dieser durch ihre Lungenkrankheit geschwächten Frau lernte und was ihr fortan zur Richtlinie ihres eigenen Lebens wurde, war, daß durch Konzentration auf die eigenen Kräfte die Außen- und Innenwelt, also Alltag und kreative Arbeit, gleichermaßen und ohne Verlust der eigenen Identität zu bewältigen seien. »Ich bewundere die Frau, die durch eigene

Kraft hochkam. Ohne die Hilfe günstiger Umstände erhebt sich Frances, dieses Kind der Armut, zur Klarheit und Einsicht. Sie macht die Krankheit zu einem Mittel der geistigen Expansion. Wenn ihr Körper sich nicht bewegen kann, schwingt ihr Geist sich auf. Während man Frances im Zustand der Ruhe wähnt, wandert das Leuchtfeuer ihrer Augen über Menschen und Orte.«[144]

Und sie sprachen viel über das Leben der Frauen, das meist darin bestünde, Männern zur Ausbildung und zur Karriere zu verhelfen, ohne daß sie selbst von Männern in gleicher Weise gefördert würden. Nach einem dieser Gespräche schrieb Anaïs selbstkritisch: »Die Entwicklung der Frau ist ein qualvolles Drama, denn in jedem Fall scheint der Mann ihr Wachstum zu bestrafen. Die Frau, die sich Entfaltung wünscht, wählt deshalb einen nachgiebigen, passiven Mann, der in ihr Wachstum, ihre Evolution nicht störend eingreifen wird. Am Ende jedoch wird sie von seiner Schwäche zerstört.«[145]

Aufatmend machte sich Anaïs die Erkenntnisse von Frances Brown zu eigen: über die Erde hinwegwandern, ohne Wurzeln zu schlagen, die Menschen lieben, ohne ihr geistiger Sklave zu werden. Jetzt hatte sie ihre Ariadnefäden, jetzt konnte der Zusammenbruch erfolgen. »Ich weiß nicht, an welchem Tag ich spürte: No puedo más (ich kann nicht mehr). Aber es überfiel mich mit solcher Heftigkeit, daß ich zusammenbrach. Zuerst überkam mich äußerste Schwäche, die so groß war, daß ich die Treppen zu meiner Wohnung nicht mehr hinaufsteigen konnte. Ich mußte sie wie bei einer Bergbesteigung überwinden, mich nach jeder Stufe ausruhen. Dann folgten Tränen. Unbeherrschbares Weinen. Mir schien, daß ich körperlich und geistig endgültig zusammengebrochen war. Ängste, Zweifel, Verstörung. Die Arbeit an der Presse zu schwer. Anstrengung. Unerträgliche Spannung. Derart qualvolle Spannung. Ich hatte mich überfordert.«[146]

In diesem Augenblick des Zusammenbruchs half ihr neben Frances eine zweits Frau, Martha Jaeger, Frances' Psychotherapeutin. Martha empfing sie, »ein schönes, mitleidvolles

Gesicht«, und während sie wie bei einem freundschaftlichen Gespräch strickend im Sessel saß, lieferte sich Anaïs ihr aus »wie ein Kind, weinend, beichtend.« Nach mehreren Zusammenkünften erklärte Martha ihrer neuen Patientin klipp und klar und allumfassend, was diese zu ihrer »übermenschlichen Anstrengung« getrieben habe: »Die Frau kommuniziert mit dem Kosmos, dem Kosmischen, durch die Erde, durch ihr mütterliches Sein. So sind Sie zur Allmutter geworden, haben sich unaufhörlich ausgegeben. Sie versuchten, für alle zu sorgen. Sie versuchten das Unendliche mit einem endlichen Körper.«

Anaïs begriff nun ihre Situation, die ihr früher weder Henry Miller noch René Allendy noch Otto Rank hatten erklären können. »Es ist seltsam, daß ich mich um Verständnis diesmal an die Frau und Mutter wandte. Ich habe bisher nur Beziehungen zu Männern, Männern der verschiedensten Art unterhalten. Doch mein jetziges Drama ist das der Frau in bezug auf sie selbst – ihr Konflikt zwischen Selbstsucht und Individualität und die Frage, sie sie ihrem kosmischen Bewußtsein Ausdruck verleihen soll. Ich war tief verletzt, verstümmelt und unterdrückt worden. Muß ich todkrank werden, um meinen ›Kindern‹ zu beweisen, daß sie mich zu sehr belastet haben?« Die Therapie hatte gewirkt: »Dies war die erste Befreiung von den gefährlichen, bedrückenden Überschwenglichkeiten. Ich fühlte mich wie eine Genesende. Schwach, doch friedvoll. Das Schreckgespenst war verflogen.«[147]

Anaïs fühlte sich befreit von der Mutterfürsorglichkeit, und sie hatte seit ihren Gesprächen mit Martha Jaeger wieder Zutrauen zur Psychoanalyse gewonnen, in der sie einen Weg zur Weisheit erkannte. Mit wiedergewonnenem Selbstvertrauen und der neuen Devise: Geben, ohne sich aufzugeben, nahm sie ihren alten Rhythmus auf. Plötzlich schien alles wie nach Wunsch zu laufen. Sie brillierte auf Partys, sie wehrte sanft, aber bestimmt übertriebene Forderungen ihrer Freunde ab, und sie brachte Gonzalo dazu, mit Schwung und Ausdauer *Haus des Inzests* und den Erzählband *Unter einer Glasglocke* als weitere bibliophile Kostbarkeiten der *Gemor Press* zu drucken.

Wie eine geheimnisvolle Bestätigung ihres neuen Kurses wirkte auf sie die Bild- und Fotocollage mit dem Titel *Frauen im Wiederaufbau der Welt*, die ihr Jean (Janko) Varda, ein aus Griechenland stammender Maler, im April 1944 präsentierte.

Das öffentliche Echo auf den Erzählband war für Anaïs wie »das Aufspringen einer Schale (wie vieler Schalen?), eine Wiedergeburt (wie viele Geburten?), ein Sichtbar- und Faßbarwerden«.[148] Sie erhielt Anrufe von Zeitungsredaktionen und erste Briefe von Leserinnen, die sich besonders als Frauen in den Texten angesprochen und bestätigt fühlten. Die folgende Briefpassage nahm Anaïs in ihr Tagebuch auf: »Jedes deiner Worte ist reine Poesie. Ich wollte, ich hätte das Buch geschrieben. Wenn ich lese, was du schreibst, fühle ich mich mit den Regungen der eigenen Seele in Verbindung. Du bist meine Verwandte, obwohl wir so verschieden, ja gegensätzlich zu sein scheinen. Ich fühle jedes deiner Worte tief mit. Du führst mich zu meiner eigenen Seele.«[149]

Hilfreich für ihren Start in die Literaturszene – wenn auch noch immer nicht in die Verlage – war vor allem das Interesse des damaligen Starkritikers Edmund Wilson, der wohlwollend, wenn auch im Hinblick auf die in Amerika vorherrschende realistische Prosa mit wesentlichen Vorbehalten am 1. April 1944 in *The New Yorker* über den Erzählband schrieb. Als Nin eineinhalb Jahre später den Text *Dieser Hunger* veröffentlichte – wieder im Selbstverlag mit Gonzalo als Drucker und Ian Hugo als Illustrator –, wiederholte Wilson seine Einwände, daß es der Autorin noch an Erfahrung in realistischer Darstellung und knapper Ausdrucksweiße fehle, präzisierte dann aber das, was auf ihn originell wirkte:

»Obwohl sie sowohl Freud wie Lawrence einiges verdankt, hat sie ihr eigenes System der Dynamik entwickelt, und sie zeichnet ein Bild, das sich von dem aller anderen Schriftsteller deutlich unterscheidet, ein Bild der Gefühlsverwirrungen, die aus unserer Schwäche resultieren, die Liebe nicht anzuerkennen, bei der wir dazu neigen, sie uns als unsere sexuellen Kontakte vorzustellen, und ein Bild der ambivalenten Neigungen und Abneigungen, die so sehr die Nerven der Menschen unserer Zeit belasten.«[150]

Auf den Vorwurf, ihren Texten fehle es an Realismus, reagierte Nin mit der kurzen theoretischen Abhandlung über *Realismus und Realität*, in der sie unter anderem schrieb: »Die ergiebigste Quelle der Kreativität sind das Gefühl und die sich aus ihm bildenden Visionen.«[151] Die amerikanische Kritikerin Diana Trilling, die für *The Nation* schrieb, sah aber gerade in der durch Emotionen vielfach gebrochenen Realität Ninscher Darstellungen weniger eine besondere literarische Qualität als vielmehr die literarische Verbrämung psychoanalytischer Fallstudien. Ihre Rezension von *Dieser Hunger* schloß sie mit der sarkastischen Bemerkung: »Ich frage mich, weshalb ein Buch wie ›Dieser Hunger‹ nicht in einem größeren Verlag erschienen ist, wo doch heutzutage sich nichts besser verkaufen läßt als kranke Psyche.«[152]

Bis auf den 1954 veröffentlichten Prosatext *Ein Spion im Haus der Liebe*, in dem sie Erinnerungen an Greenwich Village verarbeitete, erlebte keiner der literarischen Texte von Nin einen nennbaren Erfolg. Fast immer waren diese Texte lockere Collagen ihrer Tagebuchaufzeichnungen, in denen sich gegensätzliche Frauentypen, gruppiert um ebenso allgemein stilisierte Männerfiguren, in expressionistisch oder surrealistisch gezeichnetem Ambiente begegneten, selten in erkennbare Handlungen eingebunden und nur flüchtig einer bestimmten Gesellschaft, einem bestimmten Ort (fast immer schimmerte Paris durch, einmal, in *Labyrinth des Minotaurus*, Mexiko) zugeordnet. Eine Identifizierung des Lesers, der Leserin wurde niemals durch eine Konfliktsituation, durch ein Handlungsschema, durch einen dynamisch sich entwickelnden Charakter möglich, sondern nur durch die gefühlsmäßige Übereinstimmung mit Bruchstücken weiblicher Psyche, weiblichen Verhaltens.

Den Weg, den Nin mit *Haus des Inzests* als Lyrikerin einschlug, verließ sie nach dem ersten Versuch, obwohl gerade dieser Weg zu einer literarischen Anerkennung hätte führen können, die sie auch nach dem gewaltigen Publikumserfolg ihrer Tagebücher zutiefst vermißte. Bereits in einer heimlichen zweiten Ehe mit Rupert Pole in Kalifornien lebend, schrieb sie mit selbstkritischem Blick auf ihre eingegangenen Kompromisse, die letztlich ihre künstlerische Kraft geschwächt hatten: »Ich habe den Preis dafür bezahlt, mich nicht von der bürgerlichen Welt zu trennen und völlig als Künstlerin zu leben. Warum? Warum brachte ich nicht den Mut auf, jenseits des Zugriffs aller Gesetze und Tabus zu leben, zu sein, was ich bin, wie Genet ist, was er ist, niemandem verpflichtet, keinen Beschränkungen unterworfen, ›Le poète maudit‹, und mit denen zusammenzuleben, die keine Tabus anerkennen, statt, wie ich es jetzt tue, der Sicherheit zuliebe in der falschen Welt zu leben, wie mein Vater es tat. Ein Schutz, den man mit seinem Leben bezahlt.«[153]

Die bürgerliche Welt, von der sich Nin während der frühen vierziger Jahre im Künstlerviertel Greenwich Village fast getrennt zu haben schien, holte sie mit Hugo, der ihr durch die gemeinsame Arbeit bei der Herstellung ihrer Bücher wieder nähergekommen war, erneut zu sich. Das Risiko scheuend, sich von Hugos Geld unabhängig zu machen – mit Gonzalo hätte sie die Druckerei weiter betreiben und ausbauen oder, zum Beispiel, als Journalistin oder Galeristin arbeiten können –, erlag sie an der Seite ihres Mannes, der 1949 die Bank verließ und ins Filmgeschäft einstieg, den Annehmlichkeiten einer finanziell abgesicherten Ehe. Der Selbständigkeit, die sie bei Frances Brown oder Luise Rainer bewunderte, wich sie zu einem Zeitpunkt aus, als alle äußeren Voraussetzungen für den entscheidenden Sprung gegeben waren. Sie hatte ihren Freundeskreis, kannte einflußreiche Leute aus der arrivierten Kunst- und Kulturszene, und sie war durch Martha Jaeger in ihrem Selbstbewußtsein wieder aufgerichtet worden.

Statt dessen trennte sie sich von Gonzalo, dessen Unzuverlässigkeit ihr seit langem mißfiel – in *Djuna oder Das Herz mit den vier Kammern* fügte sie ihn 1950 in das Beziehungsgeflecht ihrer Pariser Hausbootjahre unter dem Namen Rango ein –, sie hielt weiter an der kostspieligen Rolle einer Mäzenin fest, und sie folgte Hugo abermals in gesellschaftliche Kreise, die ihr aus dem Lebens- und Kunstverständnis, das sie vertrat, zuwider sein mußten. In dieser sehr realen Schutzhülle, in die sie im kritischen Augenblick des Absprungs zurückgeschlüpft war, mußte sie sich auch nicht wirklich mehr um Verträge mit Verlagen kümmern oder sich mit den Kritiken eines Wilson oder einer Trilling ernsthaft auseinandersetzen. Bewunderer fand sie als Mäzenin an jeder Straßenecke des Village.

Im März 1945 begann sie ihr Tagebuch mit den folgenden Eintragungen: »Ich spüre den Frühling. Ich schreibe, liebe und ziehe es vor, mehr den Briefen zu glauben, die ich erhalte, als den säuerlichen Kritikern. Unerwartet klingelt es. Ich öffne die Tür, und vor mir steht ein sehr schöner Mann, siebzehn Jahre alt, groß, schlank, blond, mit tiefblauen Augen, langen Wimpern, transparenter Haut wie eine jeune fille en fleurs, mit großer Ernsthaftigkeit in seinem Wesen, scheu, unschuldig, rein. Das alles strahlt er aus, wie er dasteht und sagt: ›Ich bin Leonhard.‹«

Leonhard und andere »elfenhafte« Jünglinge scharten sich um Nin, die Bankiersgattin, die seit der bescheidenen Akklamation von *Unter einer Glasglocke* und *Dieser Hunger* »anerkannte« Künstlerin, die geheimnisvolle »Pariserin«. Das Tagebuch verzeichnete wie in den frühen zwanziger Jahren in Richmond Hill jeden schmachtenden Verehrer, jedes lobende Wort, das über sie fiel, jede Party und auch wieder zahlreiche Zitate aus vielfältiger Lektüre und aus Briefen, die ihr schmeichelten. Und dann und wann, eingeschoben zwischen einer Ballettaufführung und einer Party, eine Notiz über das Weltgeschehen. »Die deutsche Niederlage offiziell unterzeichnet. Der Krieg in Europa ist vorbei. Ein erinnerungswürdiges Datum: 8. Mai 1945.«

Gleich auf den Hinweis auf die Zerstörung Europas folgte ihr neues Lieblingsthema, das sie mit vielen Künstlern der amerikanischen Ostküste teilte: Mexiko. Alice Paalen, eine Malerin, hatte gerade ihre in Mexiko entstandenen Bilder vorgeführt und von dem Land mit Vergangenheit und den in ihrer Leidenschaft nie erlahmenden Bewohnern erzählt: »Wunderbar, von der Sonne zu hören, vom Dschungel und den Flüssen, von den Farben, den Kostümen, den Gebräuchen, dem Lächeln in dunklen Gesichtern, dem Geruch von Kräutern und dem Stampfen von Mais, über die Geschichte Mexikos, von den Malern, die dort leben und mit solcher Kraft malen. Es ist ein anderes Mexiko als das von D. H. Lawrence. Für ihn war es fremd, für Alice ist es vertraut, sprühend vor Freude und Leben, selbst in seiner Armut.«[154]

Ein anderes aktuelles Thema in Greenwich Village war die Homosexualität, über das Nin sich immer wieder äußerte und bei dem sie immer wieder zu negativen Schlußfolgerungen kam. Greenwich Village war ein Refugium für alle, die in der puritanischen amerikanischen Gesellschaft aus moralischen oder politischen Gründen öffentlich gegeißelt wurden – die McCarthy-Ära, der Künstler wie Charlie Chaplin zum Opfer fielen, war im Anzug –, für Nin dagegen war das Village eine unterhaltende Reminiszenz an Paris und später ein Alptraum des Konkurrenzkampfes. Als sie Gore Vidal, einen aufsteigenden Stern am amerikanischen Literaturhimmel, der kein Hehl aus seiner Homosexualität machte, 1946 kennenlernte und sich von ihm – er arbeitete damals noch als Lektor – in den angesehenen Dutton-Verlag als Autorin vermitteln ließ, sammelten sich in ihr aus Enttäuschung über Vidals sonstige Gleichgültigkeit Vorurteile an, die sie sich bemühte, psychoanalytisch vorzutragen. Die wahrhaft Liebende und die einzig Begehrenswerte war nur sie allein.

»Der Homosexuelle fürchtet das Umfassende, das Absolute in der Liebe«, folgerte sie aus dem spröden Verhalten Vidals und aus der Wankelmütigkeit ihrer männlichen »Kinder«. »Deshalb trennt er das Körperliche von der Liebe. Aber aufgrund meiner Zuneigung, und weil ich mit Homosexuellen dieselbe Feindseligkeit und Auflehnung gegen die eigensinnigen oder besitzergreifenden oder dominierenden Eltern erkenne, sympathisiere ich mit ihrer perversen Art, die Mann-Frau-Beziehung zu umgehen. Wenn ich einen Homosexuellen näher kennenlernte, fand ich bei ihm das kindliche Wesen, häufig auch eine Parodie auf seine Eltern oder Großeltern, eine Liebe zu Vergangenem (Liebe zu Antiquitäten), immer eine Fixierung auf die Voradoleszenz, in der unsere sexuellen Neigungen noch nicht befestigt sind – und immer ein traumatisches Ereignis, das die Furcht vor Frauen hervorbrachte und damit den Haß auf sie.«[155] Spanische und französische Männer, schränkte sie ein, würden bei ähnlichem Verlangen nicht unbedingt dazu neigen, in gleicher Weise Frauen zu hassen.

Die verallgemeinernde und eher negative Bewertung von Homosexualität, die Nin nicht nur aus subjektiven Gründen, sondern auch als bürgerlich-katholisch erzogene und von viktorianischen Moralvorstellungen beeinflußte Frau vornahm, erfuhr 1948 mit dem das öffentliche Amerika schockierenden Kinsey-Report über *Das sexuelle Verhalten des Mannes* wesentliche Korrekturanstöße. Amüsanterweise erwarb das nach Alfred C. Kinsey benannte sexualwissenschaftliche Institut 1962 die von Nin und ihren Mitschreibern verfaßten erotischen Geschichten – auch das Tagebuch hätte man dort gern als Studienobjekt übernommen –, in denen nicht wenige Passagen homoerotische Männerphantasien enthalten.

Die Affäre mit Gore Vidal endete 1948 ziemlich abrupt, nachdem Anaïs in dem von ihm im selben Jahr veröffentlichten Roman *The City and the Pillar* über sich gelesen hatte, daß sie von mütterlichem Wesen sei und Falten im Gesicht habe. Ähnlich reagierte sie auf den Film einer langjährigen Freundin und Künstlerin des Underground, in welchem sie glaubte, absichtsvoll häßlich und alt dargestellt worden zu sein. Sie lehnte jede weitere Beteiligung als Laiendarstellerin ab und trennte sich von Maya Deren.

Durch Gore Vidals Fürsprache kam es im Oktober 1946 endlich dazu, daß ein renommierter Verlag, Dutton, ein Buch von Anaïs Nin veröffentlichte. Es handelte sich um *Leitern ins Feuer*, zwei getrennt voneinander entstandene Texte – *Dieser Hunger* und *Das Brot und die Hostie* –, die aber ineinanderflossen und den ersten von fünf Bänden ihres »roman fleuve« – mit dem

Gesamttitel *Städte des Innenlebens* – bildeten. In sämtlichen Bänden, deren letzter 1961 erschien – die in Mexiko angelegte und wiederum verwirrenderweise als Roman bezeichnete Seelenskizze *Labyrinth des Minotaurus* –, treten in magischen »Innenräumen« immer die gleichen Frauen und Männer auf, behangen mit Thesen über Lust und Leid liebesglühender, aber äußerst empfindsamer Wesen.

Nach der Veröffentlichung der deutschsprachigen Übertragung von *Leitern ins Feuer* im Herbst 1980 schrieb Christa Melchinger: »Ich habe mich dabei entsetzlich gelangweilt. Wenn die Innenansicht von Frauen tatsächlich so beschaffen ist wie hier – ja, geschildert kann man nicht sagen, eher geschaut –, dann gibt es einen Grund mehr, die Tatsache zu beklagen, daß man Frau ist. Eine Topographie der weiblichen Psyche, hier am Beispiel von drei Frauen und ihren überaus komplizierten Beziehungen untereinander und zu ihren jeweiligen Partnern – eine Geschichte der Gefühle in Bildern, eine Reise ins Unterbewußte, in den Traum, in jenen unbestimmbaren Zustand zwischen Wachen und Schlafen. Wie Fangarme legen sich die Arabesken ihrer phantastischen Selbstdeutungen um den Text und ersticken das Vergnügen, das man für einen Moment in freier Luft atmend genoß. Zu vieles bleibt trotz mancher eigenwilliger und reizvoller Beobachtungen in den Romanen der Anaïs Nin vage und ungenau.«[156] Freunde von Anaïs begeisterten sich besonders an einer Party, die auf den letzten Seiten geschildert wird.[157]

Es ist an dieser Stelle nur fair und vielleicht auch notwendig, ein weiteres Beispiel von Nins unbestreitbarer Begabung als Schriftstellerin zu geben. Ihr Tagebuch bietet eine Fülle klar und sicher gezeichneter Porträts, menschlicher Situationen und Landschaften, die sie viel zu selten und auch nur als Versatzstücke ihren Kunsttexten einfügte. Um im Stil des poetischen Realismus, den sie, wie ihr Tagebuch durchweg beweist, perfekt beherrschte, Literatur zu schreiben, hätte sie sich stärker von den französischen Surrealisten trennen und den amerikanischen Realisten zuwenden müssen. Aber an Paris hing sie mit

Leib und Seele, und in Amerika suchte sie nur – wie sie 1947, ein Jahr nach den mäßig erfolgreichen *Leitern ins Feuer* selbst erst erkannte – nach einer schützenden Behausung und Partnerschaft, um in ihrer mit europäischem Sammelgut ausgestatteten Innenwelt um so freier leben zu können.

Das Textbeispiel aus dem Tagebuch vom Oktober 1946 umfaßt eine höchst lebendige und anekdotisch abgerundete Szene: »Eines Tages klingelte es, und wie üblich stand ich am Treppenabsatz, um zu hören, wer kam. Ich hörte ein Schnaufen und Stöhnen wie von einem Tier und etwas, das die Treppen heraufgezerrt wurde, von Stufe zu Stufe, es stieß jedesmal an die Ecken an, wurde abgesetzt und bewegte sich weiter. Der ganze Vorgang wurde von unmenschlichen Lauten begleitet. Endlich tauchte ein Buckliger an der Tür auf, er hatte ein entstelltes Gesicht, das so aussah, als sei es zusammengedrückt worden, damit es kleiner würde und zu seinem Körper paßte. Seine Augen tränten von der Kälte. Er schleppte einen Karton mit Büchern von Dutton, Exemplare von ›Leitern ins Feuer‹.

Ich sagte: ›Kommen Sie herein. Sie können den Karton gleich hierhin stellen. Würden Sie ihn bitte für mich öffnen? Möchten Sie eine Tasse Kaffee?‹

›Ja, gnä' Frau.

Während ich den Kaffee wärmte, fragte er mich: ›Weshalb haben Sie so viele Bücher gekauft?‹

›Um sie meinen Freunden zu schenken. Ich habe Freunde, die sich so teure Bücher nicht leisten können.‹

Als er den Karton geöffnet hatte, nahm ich ein Exemplar heraus. Der Umschlag gefiel mir nicht. Ich hatte Dutton eine schöne Lithographie eines rauchenden Feuers mit einer weißen Feuerleiter dafür gegeben. Sie hatten es in einem Orange gedruckt, das an billige, künstliche Orangenbonbons erinnerte. Aber da war es: ›Leitern ins Feuer von Anaïs Nin‹.

›Haben Sie das Buch geschrieben?‹ fragte der Bucklige, als er den Namen auf der Quittung sah, die ich unterschreiben sollte.

›Ja, ich habe das Buch geschrieben.‹

›Verdienen Sie mit einem solchen Buch viel Geld?‹

›Ich bekomme zehn Prozent vom Verkaufspreis.‹

›Das ist nicht sehr viel. Wird es ein Bestseller werden?‹

›Der Verleger glaubt nicht daran. Er bringt es ohne Werbung heraus, so daß es kaum jemand bemerken wird. Er verlegt es aus Prestigegründen. Prestige bedeutet etwas, worauf er irgendwann einmal stolz sein kann. Vielleicht wird das Buch von einem wichtigen Kritiker erwähnt.‹

›Wenn Sie nicht eine Menge Geld verdienen, und der Verleger verdient nicht viel Geld, dann sehe ich keinen Grund für das Ganze.‹

›Es gibt einen Grund dafür. Ich liebe es zu schreiben. Es gibt Menschen, die gerne lesen. Sie und ich können Freude daran haben. Haben Sie nicht etwas, das Ihnen besondere Freude macht?‹

›Ja‹, sagte er, ›ich angle gern. Ich angle jeden Sonntag.‹

›Das ist das gleiche‹ sagte ich.

Er warf mir noch einen Blick aus seinen sehr kleinen, tränenden Augen zu, als sei ich ein merkwürdiges Wesen, und er ging mit einem Zucken des Mundes, das als Lächeln gemeint war.«[158]

Die mütterlichen Ermahnungen Martha Jaegers, mehr an sich zu denken und sich auf das Wesentliche zu konzentrieren, hatten bei Anaïs nur für kurze Zeit vorgehalten. Die euphorische Stimmung, in die sie durch die vielversprechende Veröffentlichung von *Leitern ins Feuer* bei Dutton geraten war, ließ sie augenblicklich alle guten Vorsätze vergessen. Und als sie abermals mit negativen Kritiken und niedrigen Verkaufszahlen konfrontiert wurde, flüchtete sie sich um so verzagter in ihre alten Gewohnheiten zurück. Das seit ihrer Kindheit extrem ausgeprägte Bedürfnis, im Mittelpunkt zu stehen und akklamiert zu werden – als junge Frau hatte sie in New York als Malermodell und Mannequin gearbeitet, und in Paris war sie öffentlich als Tänzerin aufgetreten –, blieb auch weiterhin bestimmend für ihre Entscheidungen.

Unfähig, negative Kritik zu akzeptieren und konstruktiv zu verarbeiten, mußte der öffentliche Mißerfolg zwangsläufig dazu führen, sie mehr denn je in ihre Innenwelt und zu ihrem Tagebuch zu treiben. Erst eine nächste Therapie, 1951 bei der Psychoanalytikerin Inge Bogner, öffnete ihr den Weg zur vergleichenden und relativierenden Betrachtung ihrer selbst, aber die Kühle, mit der auch ihre nächsten Bücher aufgenommen wurden, verletzten sie weiterhin tief in ihrem Selbstbewußtsein als Künstlerin. Sie fühlte sich verkannt und, wie sie immer häufiger notierte, von den amerikanischen Kritikern und Verlegern gedemütigt. In ihrem »Taubenschlag« in Greenwich Village schrieb sie im Frühsommer 1947 in ihr Tagebuch:

»Drei gewaltige Schranken stehen zwischen mir und amerikanischen Schriftstellern: die eine ist Trinken, das kann ich nur mäßig; die andere ist, ich habe nicht das harte, direkte, robuste, freimütige Auftreten der maskulinen Frau, die ihnen Vertrauen einflößt; die dritte, so glaube ich, besteht darin, daß ich ›Ausländerin‹ bin. Das sind die Gründe dafür, daß ich immer wieder in den Kreis der Jungen zurückgeworfen werde, in den Kreis derer, die nach meiner Gegenwart und nach meiner Arbeit hungern. Wir trinken niemals so viel, wie es die älteren Schriftsteller tun. Wir erfinden, erschaffen, schreiben, malen und reisen.«[159]

Neuling in ihrem Kreis war ein junger exzentrischer Schriftsteller, dem Sie den Namen Kendall gab. Er wohnte zusammen mit seinen wohlhabenden Eltern in einem aus Frankreich in die Staaten transportierten und wiederaufgebauten Schloß, in dem er sich unfähig zur Liebe und unfähig zur schöpferischen Arbeit fühlte. Anaïs, die zur Stärkung ihres Selbstbewußtseins und zur Aufbesserung ihres Budgets Vorträge über Literatur und die Kunst des Schreibens an Universitäten hielt – die ersten Einladungen vermittelte ihr der Dutton-Verlag –, traf sich während dieser lecture-tours häufig mit Kendall und seinen Freunden, oder sie tauschte Briefe mit ihm aus. Als sie sich jedoch in einer seiner Kurzgeschichten als »eine verführerische und gefährliche Hexe, die man vernichten muß« geschildert fand – Kendall fürchtete, daß sie ihm seine Partner abspenstig machen könnte –, brach sie »augenblicklich« die Freundschaft ab.[160]

Während Anaïs den zweiten Band ihres »roman fleuve«, *Kinder des Albatros*, in dem sie wiederholt versucht hatte, das sie einst so belebende geistige und erotische Fluidum der Pariser Bohème einzufangen, zum Abschluß brachte, wurde ihr immer deutlicher bewußt, daß sie »mit den ›Kindern‹ oder trotz der ›Kinder‹ als Frau in eine Art Wüste, in eine Sackgasse«[161] geraten war. Seit der Beendigung ihres Verhältnisses mit Gonzalo, der noch ihre Erzählung *Das Kind, das aus dem Nebel geboren wurde*[162] für die *Gemor Press* fertiggestellt und sich dann mit den Resten der überschuldeten Druckerei selbständig gemacht hatte, war sie nur von miteinander konkurrierenden Partyhyänen und selbstsüchtigen »Elfen« umgeben, von Kindern des Albatros, die ihre sich selbst opfernde Mutter verschlingen. Auch das Verhältnis zu Hugo, mit dem sie sich seit seinen graphischen und filmkünstlerischen Aktivitäten wieder besser verstand, kam über ein kameradschaftliches Miteinander nicht mehr hinaus.

Anaïs fühlte sich als Frau und Künstlerin erschöpft, gereizt und frustriert. »Um fünf Uhr habe ich immer meine Depressionen, denn dann ist der aktive Tag vorbei. Tagsüber unterdrücke und besiege ich meine Desillusionierung und Enttäuschung. Aber um fünf kommt die fatale Stunde, die Arbeit ist zu Ende, das Bewußtsein erwacht, wenn die Busse so überfüllt sind, daß man nicht einsteigen kann, wenn die Taxen nicht halten, wenn die Untergrundbahn brechend voll ist, wenn alle irgendwohin wollen, wenn die Liebenden sich gefunden haben. Dann fühle ich an der Straßenecke, unfähig nach Hause zu kommen, diese Welle erstickender Angst, diese Heimatlosigkeit, Wurzellosigkeit, Einsamkeit.«[163]

Kurz vor Beendigung der *Kinder des Albatros* – Dutton hatte sich noch einmal gnädig gezeigt und das Manuskript zur Veröffentlichung angenommen – feierte Anaïs am 21. Februar 1947 ihren vierundvierzigsten Geburtstag. Pablo, einer ihrer anhänglichsten Schützlinge, ein zweiundzwanzigjähriger ehemaliger Matrose mit »unwiderstehlichem Lächeln, einer geschmeidigen Gestalt, rotbraunen Haaren, lachenden Augen und sehr zarten Händen«, dessen aus Panama stammende Mutter einen irisch-amerikanischen Arzt geheiratet hatte, führte sie auf eine der gerade stattfindenden Karnevalsveranstaltungen der haitischen Einwanderergemeinde. Am nächsten Tag notierte sie wehmütig: »Ich trug mein spanisches Tanzkleid und tanzte die ganze Nacht hindurch. Die Haitianer erlaubten mir nicht, auch nur einen Tanz auszusetzen. Mein Geburtstag war ein Tanz mit Männern, deren Begehren offen ist, stark, stolz, deren Körper leben, blühen, Kraft und Leidenschaft ausstrahlen.«[164]

Anaïs sehnte sich nach einer wesentlichen Veränderung, für die ihr die lecture-tours nur einen ungenügenden Ersatz boten. Wie schon 1923, als sie sich in Richmond Hill und in ihrer Ehe eingeengt fühlte und durch die Initiative ihrer Mutter und Hugos nach Paris kam, brachten auch diesmal wieder äußere Umstände die entscheidende Lösung. Wegen einer bürokratischen Regelung der Einwanderungsbehörde mußte sich Anaïs, deren Aufenthaltserlaubnis während der Kriegsjahre alle sechs Monate verlängert worden war, ins Ausland begeben, um bei der Wiedereinreise die endgültige Staatsbürgerschaft beantragen zu können. Da sie Angst vor dem »Friedhof« Paris hatte, auf dem ihre reichste Lebensphase und die Literatenrepublik der Vorkriegszeit begraben lagen – und, wie sie über viele ihrer Freunde und damals bekannte Künstler wußte, in deutschen Konzentrationslagern und im faschistischen Spanien verschwunden waren –, schienen ihr das nahe Kanada und das schon lange erträumte Mexiko angenehmere Alternativen für den erzwungenen Auslandsaufenthalt zu sein.

Während sie noch unentschlossen schwankte, begegnete sie dem Mann, der ihr bis zum Ende ihres Lebens noch viele Entscheidungen abnahm und sie nicht nur nach Mexiko, sondern auch behutsam und mit unendlicher Geduld zu sich selbst führte. »Auf einer Cocktailparty sprach ich über meine verschiedenen Reisepläne mit einem jungen Amerikaner von der Westküste. Er sagte: ›Wollen Sie damit sagen, Sie hatten vor, nach Frankreich zurückzukehren, ohne etwas anderes als New

York City kennengelernt zu haben? Heißt das, daß das alles ist, was Sie von Amerika kennen? New York ist nicht Amerika. Sie müssen es ganz sehen, besonders den Süden und den Westen.«[165]

Dieser siebzehn Jahre jüngere Amerikaner hieß Rupert Pole. Er befand sich auf dem Sprung nach Kalifornien, um Forstwirtschaft zu studieren und auf gleichem Gebiet praktisch tätig zu sein. Er hatte vor einiger Zeit sein Studium in Mathematik und Musik an der Harvard-Universität abgebrochen – ihm blieben umsichtiges Kalkulieren und die Liebe zur Bratsche, die er recht gut spielte – und war, aus Familientradition und wegen seines attraktiven Aussehens, zur Bühne gegangen, von der er sich jedoch nach einigen Engagements an New Yorker Theatern ebenfalls zurückzog, um seine Suche nach dem Ursprünglichen fortzusetzen. Seine Eltern, beide Schauspieler, hatten sich bereits wenige Jahre nach seiner Geburt scheiden lassen. Als er acht Jahre alt war, heiratete seine Mutter den Architekten Lloyd Wright jun., Sohn des berühmten Erbauers des Guggenheim Museums, Frank Lloyd Wright.

Der Vorname Rupert war ihm auf Wunsch seines Vaters gegeben worden, der als junger Mann 1908 an der Universität Cambridge (England) mit dem stramm patriotischen Lyriker Rupert Brooke die Marlowe-Gesellschaft, eine Vereinigung von Theaterliebhabern und Laiendarstellern, gegründet hatte. Im Gegensatz zu seinem englischen Namensvetter war Rupert Pole ein äußerst friedfertig gesonnener Mann, dessen Temperament ihn eher zur reinen Natur als in komplizierte Seelenlandschaften drängte. Anaïs liebte deswegen ihren angehenden Förster, denn Komplikationen hatte sie genug, um ganze Wälder das Rauschen zu lehren.

Obwohl Anaïs nach der Lektüre von Henry Millers 1945 veröffentlichtem Amerikabuch *Der klimatisierte Alptraum* wenig Lust verspürte, die Staaten mit dem Auto zu durchqueren, ließ sie sich von Rupert zu einer solchen Reise von Ost nach West überreden und stieg im Juli 1947 in sein uraltes Ford-Kabriolett. Das Manuskript *Kinder des Albatros* hatte sie kurz vorher noch zu Dutton getragen, wo sie dem ewig über den schlechten Verkauf ihrer Bücher jammernden Geschäftsführer, der sie bis ins Treppenhaus und zum Fahrstuhl verfolgte, das Wort abschnitt, indem sie energisch auf den untersten Liftknopf drückte: Erdgeschoß.

Die Fahrt mit Rupert, die eine lange Hochzeitsreise vorbei am Standesamt wurde und erst 1977 mit dem Tod von Anaïs endete, begann mit Bildern, wie sie Miller geprägt hatte. Nach den ersten Tagesstrecken in Richtung Süden schrieb Anaïs: »Die Städte, die Motels sind sich täuschend ähnlich. Wo sind wir? Washington. Das Motel, die Café-Bar, der Drugstore. Wenn wir in der Morgendämmerung aufstehen, frühstücken wir mit den Arbeitern in Café-Bars, die an der Straße liegen; sie sind für die Fahrer der Lastwagen da. Die Leute essen schweigend an der Theke. Sie sprechen über das Wetter. Es ist heute kalt, es ist heute dunstig, es ist heute heiß. Manchmal sind wir allein auf der Straße, manchmal umringt von höllisch lauten Lastwagen. Stellenweise verschandeln Reklametafeln die Landschaft. Es ist die Landschaft von Handelsreisenden.«[166]

Und dann erwachte Anaïs, und sie fand wieder zu sich selbst, zu ihrer eigenen Betrachtungsweise, zu ihrem eigenen Stil. Nach der Fahrt durch die Bundesstaaten North Carolina, South Carolina, Georgia, Alabama und Mississippi atmete sie die erregende Luft der karibischen See und der »lebendigen, kraftvollen, duftenden, verführerischen« Stadt New Orleans, und sie erinnerte sich an die leidenschaftlichen Tage mit Gonzalo am Strand von Saint-Tropez in den dreißiger Jahren. In Texas faszinierten sie das flache Land und das einfache Leben auf den Ranches, »ein totaler Bruch mit allem, was ich gekannt habe«. In Taos, nördlich von Santa Fé im Staat New Mexico – »jetzt befinden wir uns im Indianerland« – besuchte sie die Witwe von David Herbert Lawrence, eine geborene von Richthofen, die nach dem Tod ihres Mannes 1930 in Frankreich wieder in das gemeinsame Haus zurückgekehrt war.

»Wir unterhielten uns über Musik. Mrs. Lawrence zeigte uns Klavierpartituren. Sie singt deutsche Lieder. Wenn wir länger geblieben wären, hätte sie etwas für uns gesungen. Sie war fröhlich und sprach gern über Lawrence, aber sie gab zu, sie sei der Besucher und ihrer eintönigen Fragen müde. Wir hätten in der Hütte oben auf dem Berg bleiben können, wo D. H. Lawrence nach seiner Ankunft lebte. Aber ich zögerte ebenso, in die Vergangenheit meiner literarischen Lieben zurückzugehen wie in die meiner menschlichen. Ich war neugierig auf morgen, auf die neuen Plätze, die wir entdecken würden.«[167]

Die Reise ging weiter durch die Staaten Colorado, Utah und Arizona bis nach Los Angeles, wo Rupert Anaïs seiner Mutter Helen und seinem Stiefvater Lloyd Wright vorstellte. Nach einem Abstecher an die Pazifikküste bei Monterey südlich von San Francisco, der dem griechischen Maler Jean (Janko) Varda galt, fuhren sie schließlich nach Mexiko, das Land, nach dem sich Anaïs seit ihrer ersten Lektüre von D. H. Lawrence' Büchern gesehnt hatte.

Anaïs fühlte sich wie berauscht. Das »mediterrane« Klima, die unkompliziert wirkenden Einheimischen, die starken Farben der handgewebten Stoffe, das einfache Essen – alles in diesem Ferienidyll von Acapulco, wo sie sich den Winter 1947/48 über aufhielt, entzückte und belebte sie. In dem damals noch nicht zur Hochburg des internationalen Tourismus degenerierten Fischerdorf begegnete sie einer zusammengewürfelten Schar amerikanischer Künstler, Intellektueller und Aussteiger – man bezeichnete sie zu dieser Zeit noch als Abenteurer –, die zwar Ähnlichkeit hatten mit den Rebellen von Greenwich Village, die sie aber, fernab von dem gewinnorientierten und atmosphärisch kalten New York, dennoch als ihresgleichen empfand. Nach einem mit Rupert verbrachten Tag schrieb sie euphorisch:

»Wir machten einen Spaziergang am Strand. Die Blüten, die uns ihre samtenen Gesichter zuwandten, waren so ausdrucksvoll; sie schienen zu uns sprechen zu wollen. Der Sand wirkte nicht wie Sand, sondern wie zermahlenes Glas, das das Licht reflektierte. Das Meer legte sich um mich, berührte meine Beine, meine Hüften, meine Brüste wie ein sanfter Bildhauer mit warmen Händen. Als ich aus dem Wasser kam, fühlte ich mich wie neu geboren. Ich sehnte mich nach diesem einfachen Leben, dem Kochen über einem Holzfeuer, dem Schlafen in einer Hängematte im Freien, nur in eine mexikanische Decke gehüllt. Ich sehnte mich nach nackten Füßen in Sandalen, der Freiheit des Körpers in Sommerkleidern, nach Haaren, die vom Meer gewaschen werden.«[168]

Ihre verbale Ekstase entsprach zum großen Teil der damals in fortschrittlichen Künstlerkreisen üblichen Reaktion auf den, trotz zweier Weltkriege, weiterhin gültigen Sittenkodex der Jahrhundertwende. Die Vorbereiter der in den sechziger Jahren über den Rock'n'Roll und die Blumenkinder sich allgemein verbreitenden sexuellen Revolution wie D. H. Lawrence, die Surrealisten, die deutschen Expressionisten, Henry Miller und Alfred C. Kinsey galten in den späten vierziger Jahren in der bürgerlich-konservativ ausgerichteten Gesellschaft durchaus noch als anstößig oder zumindest problematisch. Der »Honeymoon« mit Rupert spielte vielleicht eine nicht geringere Rolle bei Anaïs' Überschwenglichkeit. Sehr viel später, 1958, veröffentlichte sie ihre mexikanischen Erinnerungen in dem Buch *Solar Barque*, das 1961 mit einer Ergänzung als *Labyrinth des Minotaurus* erschien. Unverändert bekannte sie sich darin zu ihrer Innenwelt, die sie während ihres ersten Aufenthalts in Mexiko zurückgewonnen hatte und die sie, geschützt durch Rupert, gegen jede feindselige Kritik verteidigen und für jede Bestätigung offenhalten wollte. In Anlehnung an ihre Tagebuchaufzeichnungen schrieb sie Ende der fünfziger Jahre in altem Groll gegen Intellektualismus und desillusionierenden Realismus:

»In jedem Augenblick der Angst und des Forschens glitt sie ans Meer, um neu geboren zu werden. Ihr Körper wurde ihr wiedergeschenkt. Sie empfand ihr Gesicht als ein Gesicht – fleischlich, von der Sonne gebräunt und warm. Sie empfand es nicht als Maske, die einen Strom von Gedanken verbarg. Ihr Hals wurde ihr als fester, lebender, pulsierender, warmer Hals zurückgegeben und nicht als Stütze eines Kopfes, den Fieber und Fragen beschwerten. Ihr ganzer Körper wurde erneuert; die Brüste waren entspannt und nicht länger von Gefühlen eingeschnürt. Die Beine waren wieder glatt und glänzend. Alles war kühl, glatt und reingewaschen von Gedanken.«[169]

Als sie im Februar 1948 nach New York zurückkam, war sie fest entschlossen, sich von öffentlicher Kritik unabhängig zu machen und nur noch für ihr neues Leben zu kämpfen, das sie sich in Kalifornien mit Rupert aufbauen wollte. Ihre Vorstellung von sich selbst als einem doppelten Ich, das sich in eine aktiv-sinnliche und eine passiv-meditative Hälfte trennte – das zentrale Thema ihrer Prosatexte –, setzte sie jetzt in größere Dimensionen um: an der Ostküste hielt sie Vorträge und Lesungen, trug ihre Manuskripte zu den Verlagen und ließ jeden in dem Glauben, Hugos getreue Ehefrau zu sein; an der Westküste begleitete sie Rupert auf seinen Forstinspektionsreisen und in die Waldarbeitercamps, besuchte erlesene Partys in Los Angeles und San Francisco und genoß ihre Freiheit im Schutz des duldsamen und hingebungsvollen Geliebten.

Für dieses strapaziöse Doppelleben, für dessen Bewältigung ihr die immer schneller werdenden Flugzeuge unschätzbare Dienste erwiesen, mußte sie zwangsläufig als Schriftstellerin, als Künstlerin Opfer bringen. Das Tagebuch reduzierte sie erstmals seit ihrem elften Lebensjahr auf wenige Seiten pro Winter- und Sommersaison. Ihre literarischen Buchveröffentlichungen blieben ebenso spärlich, besonders wenn man berücksichtigt, daß sie sie überwiegend aus alten Tagebuchaufzeichnungen bestritt. Wenn sich das schlechte Gewissen der Künstlerin regte, tröstete sie sich mit dem Vorrecht der Frau, deren Lebenserfüllung mehr zählt als jede künstlerische Ausleuchtung oder Umwandlung.

»Gestern abend war ich Frau, die von schmerzlichen Erinnerungen heimgesucht wurde und dem Eingeständnis immer wiederkehrender Liebe. Heute morgen bin ich Schriftstellerin, und ich muß mich mit der Frau einigen, indem ich sage: ›Es muß ehrlich sein, es ist Fiktion, aber es muß ehrlich bleiben, es muß die Gefühle wahrheitsgemäß wiedergeben, wenn schon die Tatsache nicht stimmt.‹ Literatur ist eine einzige Heuchelei, eine gigantische Täuschung und Verrat. Alle Schriftsteller haben mehr verborgen, als sie enthüllt haben.«[170]

Die Veröffentlichung von *Kinder des Albatros* im Frühjahr 1947 machte wenig Eindruck, dafür wiederholten sich 1948 die zurückhaltenden vernichtenden Kritiken nach dem Erscheinen der erweiterten Neuauflage des Erzählbands *Unter einer Glasglocke*. Eine der Rezensentinnen schrieb: »Für Anaïs Nin ist die Attraktion des Unausdrückbaren fatal, und kein Schriftsteller, den ich kenne, hat sich je leidenschaftlicher im luftleeren Raum bewegt. Trotzdem, sie hat die Unverfrorenheit, ihren Weg mit verbissener Torheit zu verfolgen, und tut das nicht ohne Schönheit, obwohl es zu schade ist, daß ihre Leistung niemals mit ihren Intentionen Schritt halten kann. Sie ist vage, verträumt, hoffnungslos prätentiös, das kränkelnde Kind vornehmer Eltern – der Avantgarde der zwanziger Jahre – und unglücklicherweise furchtbar langweilig.«[171]

Anaïs fügte diese Besprechung ihrem Tagebuch ein und kommentierte sie mit den Worten: »Die häßlichste, voreingenommenste Kritik kam von Elizabeth Hardwick in der ›Partisan Review‹. Wie kann jemand gegen ›Unter einer Glasglocke‹ in eine Flut wütender Beschimpfungen ausbrechen? Was gibt es darin, was man so leidenschaftlich hassen kann?«[172]

Sie weigerte sich, den Mangel an Realismus in ihren Texten, der nicht nur den Aufbau der Erzählungen und »Romane«, sondern auch die unpräzise Sprache betraf, als Schwäche anzuerkennen, gewohnt seit Jahrzehnten, für sich zu schreiben und sich von Freunden nach der intimen Vorlesung von Kostproben bewundern zu lassen. Zu diesen Bewunderern zählten seit den Jahren 1947/48 der Undergroundfilmer Kenneth Anger und der begabte und später erfolgreiche Bühnenautor Jim Herlihy, denen Anaïs lange die Treue hielt.

In San Francisco, wo sie das Gefühl hatte, besser arbeiten zu können, entstand bis zum Frühjahr 1949 der größte Teil ihres Manuskripts *Djuna oder Das Herz mit den vier Kammern*. Es war »die Geschichte Gonzalos«, und die Lage ihres Apartments erleichterte ihr, die Erinnerungen aufzufrischen, denn mitunter klagte sie darüber, daß ihr Tagebuch nicht das enthalte, woran sie sich selber spontan erinnere. »Meine Wohnung in San Francisco hat einen großen Kamin und große Fenster zur Bucht, durch die den ganzen Tag die Sonne scheint. Das erinnert mich sehr an die Zeit, als ich zusammen mit Gonzalo einen Zigeunerwagen suchte, dann ein Hausboot, als hätte ich immer gewünscht, im Freien und über die Möglichkeit des Ortes hinaus zu leben, an dem ich mich befand.«[173]

Da es Dutton wegen des schlechten Verkaufs ablehnte, noch weitere Manuskripte von ihr anzunehmen, ließ sie sich durch eine neue Partybekanntschaft an einen anderen Verlag vermitteln. Ab 1954 übernahm dann der Literaturagent Gunther Stuhlmann regelmäßig diese Art Vermittlung für Nin, eine in Amerika übliche Dienstleistung, die Autoren und anderen Künstlern viel Zeit und Nerven erspart. Stuhlmann schrieb außerdem, abwechselnd mit Joaquin Nin-Culmell, informative Vorworte zu den seit 1966 veröffentlichten Ninschen Tagebüchern.

Im Spätherbst 1949, wenige Monate vor dem Erscheinen von *Djuna,* dem dritten Band des Zyklus *Städte des Innenlebens,* erfuhr Anaïs durch ein Telegramm von Joaquin aus San Francisco, daß ihr Vater am 20. Oktober auf Kuba gestorben sei. Sie war erschüttert und wollte diesen Eingriff in ihre mühsam ausbalancierte Gefühlswelt nicht akzeptieren. In ihrer Tagebucheintragung erklärte sie mit keinem Wort, warum sie nicht ein einziges Mal seit 1939 ihren Vater besucht hatte. Auch das Treffen in Valescure 1933 schien sie verdrängt zu haben. »Ich weinte und fühlte den Verlust körperlich, diese schreckliche unerfüllte Liebe. Ihm nie nahe gekommen zu sein, nie mit ihm vereinigt gewesen zu sein. Ich sah ihn schlafen, so wie ich ihn gesehen hatte, als er nach einem Konzert ohnmächtig geworden war. Ich hätte seinen ungeheuren Egoismus übersehen sollen. Ich hätte ihm mein Leben opfern sollen, wie er es wünschte. Ich kann seinen Tod nicht hinnehmen. Die Wunde wird niemals heilen.«[174]

Djuna wurde Anfang des Jahres 1950 gewohnt freundlich von Freunden und Bekannten aufgenommen, und Anaïs mußte sogar in verschiedenen Buchhandlungen in Greenwich Village Lesungen halten. Aber auch die Kritiker brachten die gewohnten Einwände, die sich bis 1983 hielten, als die deutsche Übersetzung herauskam. Die Figur Rangos alias Gonzalo, die Anaïs diesmal als besonders lebendiges Männerporträt vor weiblichem Hintergrund hervortreten lassen wollte, fand höchstens Erwähnung als »blasse Fata Morgana«. Christina Weiss, bemüht um Verständnis von Frau zu Frau, suchte dennoch vergeblich nach dem Ariadnefaden durch das Ninsche Labyrinth, das abermals von dem etwas vergilbten Kolorit der Pariser dreißiger Jahre verschleiert wurde: »Dieses Projekt der typisierten Frauenfiguren, die alle zusammen die eine Frau Anaïs Nin ergeben, hätte sie nicht in Einzelphasen veröffentlichen dürfen, sondern als einzige große Analyse weiblicher Selbstbehauptung zusammenfassen sollen. So muß der Leser selbst die Einheit im Werk der Anaïs Nin entdecken, die Verbindungslinien ziehen und straffen.

Anaïs Nin lockt den Leser mit beschwörender Sprache. Gefühle werden zum Sprachüberfluß. Die Grenze zum Pathos, zur überladenden Schwülstigkeit, zur preziösen Bildlichkeit wird in diesem Roman oft – zu oft – überschritten. Hätte sie doch ihre verschiedenen Entwürfe der Frau zu einer einzigen Frau-Facettierung zusammengefaßt, dann könnten ihre Mitteilungen über das weibliche Denken und Fühlen als Beitrag zur Frauenbewegung durchaus prägnanter sein.«[175]

Die Gleichgültigkeit gegenüber der Presse, die sich Anaïs zeitweise einzureden versucht hatte, konnte sie angesichts des abermaligen Mißerfolgs von *Djuna* nicht länger wahren. Als sie außerdem feststellte, daß der verantwortliche Verlag so gut wie keine Werbung machte, flüchtete sie mit ihrem erneut auf seinem Tiefpunkt angelangten Selbstvertrauen in die Wälder östlich von Los Angeles, wo Rupert in dem kleinen Ort Sierra Madre sein Quartier als Forstverwalter hatte. Da sich ihre innere Nervosität nicht besänftigen ließ, reiste sie weiter nach

Gonzalo mit Gitarre.

Oben: Henry Miller (links) und Rip Torn während der Dreharbeiten zu »Wendekreis des Krebses« in Paris, 1970.

Unten: Anaïs Nin mit ihrem Hündchen.

Oben: Simone de Beauvoir.
Unten: Marguerite Duras.

Anaïs Nin in New York, 1949.

Acapulco und wieder zurück nach Kalifornien. Als sie im Juni 1951 nach New York zurückkam, war ihr Zustand kaum verändert.

»Ich spürte, daß meine Enttäuschung über die Resonanz auf die Veröffentlichung meiner Bücher mir schadete. Sie entzog mir durch fruchtlosen Ärger zu viel Energie. Ich konnte mich nicht noch einmal zu einer Eigenveröffentlichung meiner Bücher entschließen, da ich wußte, daß dies so viel Zeit in Anspruch nahm, daß es mich vom Schreiben abhalten würde. Ich spürte, wie der Ärger an mir fraß. Ich wendete mich wieder einmal der Psychoanalyse zu.«[176]

Inge Bogner, die während des Krieges nach Amerika gekommen war und von der Anaïs schon öfter sprechen gehört hatte, erkannte bereits während der ersten Sitzung, woran ihre nervöse Patienten litt. Sie brauche Selbstbestätigung als Künstlerin und als Frau, was sie jedoch nur erreichen könne, wenn sie sich bewußt mit ihren Kritikern auseinandersetze und wenn sie sich wirtschaftlich unabhängig mache. Anaïs akzeptierte die direkte Art, mit der die deutsche Psychologin, anders als die mütterliche Martha Jaeger, sie auf ihre schwächsten Punkte hinlenkte, und sie konsultierte sie die nächsten Jahre wie eine gute Freundin.

Wirtschaftliche Unabhängigkeit strebte Anaïs, die hier von Hugo und dort von Rupert finanziell versorgt wurde, ebensowenig an, wie sie sich um eine realistische Einschätzung von Rezensionen bemühte. Negative Kritiken über ihre Bücher mußten einfach auf Irrtümern beruhen. »Doktor Bogner läßt mich die Identität, die Qualität und das Wissen des Kritikers in Frage stellen. Nachdem ich das tue, verstehe ich, weshalb sie mich nicht akzeptieren können.«[177]

Einen Monat später, im Juli 1951, saß Anaïs wieder bei Rupert in Sierra Madre, wo sie an ihrem Text *Ein Spion im Haus der Liebe* herumfeilte, um den nächsten Verleger auf Anhieb von der Qualität ihrer literarischen Arbeit zu überzeugen. Sie wurde aber diesmal auf eine besonders harte Geduldsprobe gestellt, denn sie mußte bis Mai 1954 warten, das Jahr, in dem ihr

Gunther Stuhlmann begegnete und das inzwischen hundertfach überarbeitete *Spy*-Manuskript bei der Herausgebergruppe *The British Book Centre* unterbrachte. In der Einöde bei Rupert vergaß sie diese hartnäckig wiederkehrenden Probleme um das Buhlen nach Gunst in einem Land, das »hart ist und kalt und mich schlecht behandelt hat«.[178] Sie war weit entfernt von New York, und ihr alter Freund, das Tagebuch, kam wieder zu Ehren:

»In Sierra Madre höre ich nachts den Zug pfeifen; ich höre ein Rudel Kojoten, die mit dünnen, klagenden Rufen antworten; sie halten den Zug für ein anderes Tier. In der ersten Nacht dachte ich, es sei eine Frau in den Wehen. Das Pfeifen von Zügen gibt mir wie Nebelhörner und Schiffssirenen das Gefühl der Entfernung zwischen Orten und der Einsamkeit und Leere zwischen ihnen. In Acapulco verband sich die Natur mit den Menschen, sie bildete den Hintergrund für sie: Menschen bei der Arbeit auf den Feldern, Menschen, die ihre Ware verkaufen, fischen, pflanzen, Holz tragen, Kleider waschen, spazierengehen, schwimmen und am Abend tanzen. In Afrika betonen die großen Entfernungen die Distanz zwischen den Menschen. Es sind Wüsten, die sich zwischen den Menschen hinziehen. Es ist eine Leere, die durch das Auto überbrückt werden muß. Eine Stunde dauert es, um in ein Kino zu kommen, zwei Stunden, um einen Freund zu erreichen. Deshalb heulen die Kojoten und klagen über die schreckliche Leere der Berge, Wüsten und Hügel.«[179]

Sobald sie in New York war, fraßen sie Ärger und Unbehagen wieder auf. Sie ging zu Inge Bogner, besuchte eine Party von Jim Herlihy, bewarb sich bei einer Stiftung um einen Zuschuß für den Druck ihres *Spions*, sehnte sich nach einem abstrakt konzipierten »unschuldigen Leben«, aber immer und überall verfolgte sie die Frage: »Angesichts so großer Ablehnung meiner Arbeit, sollte ich da nicht aufgeben?«[180] Ihrer »außergewöhnlich intelligenten und intuitiven« Therapeutin Inge Bogner, einer Spezialistin in Traumdeutung, schilderte sie eine ihre Notsituation beantwortende nächtliche Vision: »Die

Monster, von denen ich in letzter Zeit träume – riesige Schlangen, Blutegel, Taranteln –, sind meine Gefühle, die ich den Kritikern, Rezensenten und den Menschen, die mein Werk verhöhnen, entgegenbringe. Sie verkörpern die Gefahren, in die ich durch meine Entscheidung geriet, meine Arbeit ihrer Kritik auszusetzen.«[181] Doktor Bogner, kühl und energisch durch und durch, riet der von Monsterkritikern verfolgten Autorin, sich lieber an ihr Tagebuch zu halten, denn dieses allein sei die Domäne, auf der sie ihrer Wahrheit und Wirklichkeit am nächsten käme.

Anaïs aber hatte nicht mehr die Zeit und nicht mehr die Kraft, ihr Tagebuch als therapeutisches Mittel anzuwenden. Die Verpflichtungen, die sie an der Ost- wie an der Westküste eingegangen war und die es ihr einzig ermöglichten, das Doppelleben fortzuführen, spannten sie in einen festen Rahmen, dem sie eigentlich hatte entgehen wollen. Die Hauptursache ihres konstanten Unwohlseins, ihrer Verkrampfungen und in Nebensächlichkeiten sich verlierenden Aktivitäten war ihre Erfolglosigkeit oder, richtiger vielleicht, das extreme Bedürfnis nach Erfolg.

Eines ihrer frühen Vorbilder für das regelmäßige und minutiöse Registrieren der Umwelt, die durch ihre Briefe berühmt gewordene Madame de Sévigné, mußte Anaïs, die in der Mitte des 20. Jahrhunderts in einer stetig sich verändernden und umherwandernden Massengesellschaft lebte, den Verlust einer in sich geordneten und sich selbst genügenden Welt, wie sie am Beispiel des Versailler Hofstaats Ludwigs XIV. in den Briefen der Sévigné dargestellt wird, schmerzlich zum Bewußtsein bringen. Anaïs war durch ihre multinationale Herkunft, durch ihre Familiengeschichte und durch die moralische und geistige Orientierungslosigkeit ihrer Zeit einem inneren und äußeren Chaos ausgeliefert, gegen das sich zu behaupten oder sich auch nur zu schützen ihr der geistige Panzer und das nötige Maß an Gleichgültigkeit und an materiellem Egoismus fehlten. Ihre bis hin zu peinigenden und schwächenden Neurosen entwickelte Sensibilität und Empfindsamkeit ließen sie das Chaos der modernen Welt hellsichtig und mit allen Sinnen aufnehmen, wodurch sich zwingenderweise ausschloß, etwas Einheitliches zu schaffen, das während des Auseinanderfalls traditioneller Werte und Maßstäbe keinen Sinn mehr ergab.

Da das Tagebuch von Anaïs Nin nicht nur eine persönliche, sondern gleichzeitig auch eine übergreifende Konfliktsituation ausdrückt und spürbar macht, ist es trotz oder gerade wegen seiner Ungereimtheiten, Widersprüchlichkeiten, Wiederholungen, Banalitäten und emotionalen wie sinnlichen Ausbrüche ein echtes Zeitdokument, das beunruhigt und langweilt, in Bewunderung und Abwehr versetzt. Daß Anaïs Künstlerin im alten Stil sein wollte, die abgeschlossene Werke präsentiert, belastete ihr Leben auf fast tragische Weise, denn um das zu erreichen, was sie sich so sehnlichst wünschte, mangelte es ihr an Befähigung zur konservativen Schriftstellerei, und das, was sie mit ihren Tagebuchaufzeichnungen leistete, genügte ihr nicht, obwohl sie zeitweise, wenn der Zufall ihr eine ruhige Phase wie in Louveciennes Mitte der zwanziger Jahre oder in Sierra Madre gewährte, dichte und zugleich transparente Prosa schuf.

Diese Diskrepanz aus Streben nach öffentlicher Anerkennung und Beharren auf eigener Weltsicht mußte sie in ständiger Anspannung halten und sie zu Ausbruchsversuchen in die Banalität verleiten. In *Spion im Haus der Liebe*, dem literarischen Text, in dem sie sich, in der Gestalt der Sabina, am ausführlichsten darstellte, schrieb sie über die sie konstant beherrschende Überwachheit: »Ehe Sabina erwachte, hatten ihre Augen den Glanz edler Steine: dunkelgrüner Smaragd leuchtete zwischen den Lidern, noch nicht belebt von Erregung. Dann war sie unvermittelt wach, auf der Hut. Sie kam nicht allmählich zu sich, in Vertrauen und Hingabe an den neuen Tag. Sobald ihr Bewußtsein Licht oder Geräusch registrierte, witterte sie Gefahr, und sie setzte sich auf, um gewappnet zu sein.

Ihr Gesicht wirkte angespannt, nicht schön. Und wie Angst den Körper schwächte, so gab sie auch dem Gesicht die vibrierende Verschwommenheit eines unscharf eingestellten Bildes.

Langsam stellte Sabina ihren inneren Blick auf den neuen Tag ein, damit Körper und Geist einander deckten. Dies geschah mit einer Anstrengung, als ließen sich alle Zersplitterungen ihres Ichs vom vorigen Abend schwer wieder sammeln. Sie war wie eine Schauspielerin, die sich eine Maske, eine Haltung zulegen mußte, um dem Tag zu begegnen.«[182]

Zwischen New York, Sierra Madre, Los Angeles, Mexiko, San Francisco und den verschiedenen Universitätsstädten, wo sie Vorträge hielt, pendelnd, kam Anaïs kaum noch zur Besinnung auf sich selbst, ihr Tagebuch, ihre Literatur. Selten gab es Momente, in denen sie, wie früher, ihre Gedanken schweifen ließ. Im Winter 1952 hörte sie eines Tages in ihrer New Yorker Wohnung, die sie seit 1950 wieder mit Hugo teilte, die Schallplattenaufnahme einer Sonate für Klavier und Violine von Claude Debussy, ihrem Lieblingskomponisten, und unwillkürlich griff sie zum Tagebuch, dem fast vergessenen, um zu notieren:

»In der Debussy-Sonate höre ich eine Verwandtschaft. Ich höre die Violine als einen Vogel, der verzweifelte Anstrengungen unternimmt emporzusteigen; jedoch das Piano erlaubt durch seine Schwere den Flug nicht. Das Piano steht für den schwerfälligen Körper, über den sich die Violine zu erheben sucht. So sehe ich meine Beziehungen zu Henry, zu Rank. Und auf der anderen Seite gibt es Dichter – Djuna Barnes, Joyce, die Surrealisten –, die ihre Vorstellungskraft benutzen, um Höhenflug und Freiheit zu erreichen. Ich empfinde, daß ich an beiden dieser geteilten Welten teilhabe; wenn ich sie jemals miteinander in Einklang bringen könnte... «[183]

Der gute alte Henry. Er polterte überall herein, wenn es ihm paßte, oder er saß, abgründig verschmitzt lächelnd, in seinem Haus in Big Sur an der kalifornischen Küste, wo Anaïs ihn zweimal besucht hatte, ihm plötzlich, in trauriger Selbsterkenntnis ihrer eigenen Position, den höchsten Rang unter den lebenden amerikanischen Schriftstellern zubilligend, was sie ihm noch in New York, wo er sie längst nicht mehr auf den Küchentisch schmiß, verweigert hatte. Dieses in die Jahre gekommene »mythische Tier« schrieb ihr dreist und unverfroren einen lieben Brief aus Paris, der Stadt, in der sie sich einst allmächtig gefühlt hatte und für die sie ihre Prosatexte jetzt unter Tränen erstickte. Alles ausplaudernd, raffte er alles an sich, aber im Postskriptum brachte er wieder seine Fürsorglichkeit, seine diabolische Güte unter. Anaïs las es, und ein sanfter Hoffnungsschimmer drang in ihre düster verhangene Seelenlandschaft: »P.S. Mein bester und zuverlässigster (auch intelligenter) Verleger ist Edmond Buchet von Correa, Paris. Er ist Schweizer. Wenn du dich nur selbst dazu durchringen könntest, das Tagebuch zu veröffentlichen! Oder unveränderte Teilstücke daraus. Übrigens – ich sprach mit Michel Simon über dich – das Hausboot, die Affen in Paris usw. Ein herrlicher warmherziger Mensch, er!«[184]

Bevor sie jedoch diesem Fingerzeig auf Publizierung ihres Tagebuchs mehr als einige Gedanken widmen konnte, wurde sie im Februar 1953 völlig aus ihren Überlegungen und Grübeleien herausgerissen. Die Schmerzen, die sie seit Jahren in der Hüfte verspürte und die ihr von verschiedenen Ärzten als belanglos ausgeredet worden waren, quälten sie während eines Nachtflugs von Los Angeles nach New York dermaßen, daß es ihr nicht gelang einzuschlafen. Am nächsten Tag erfuhr sie nach einer Untersuchung im Krankenhaus, daß sie einen Tumor im Unterleib habe, der operiert werden müsse. Anaïs erinnerte sich an die traumatische Nacht, als man sie in einem Pariser Hospital von ihrem bereits toten Kind befreite, und sie legte den Weg zum Operationstisch »halb schlafend, halb in fatalistischer Unterwerfung« zurück.

Alles verlief ohne Komplikationen, der Tumor war gutartig, nur eine Narbe blieb, zu ihrem Leidwesen. Während der Nachbehandlung empfing sie den Besuch von Jim Herlihy und anderen Freunden, und sie hatte eine eindrucksvolle Begegnung, die sie – wie auch die Szene mit dem Buckligen – so beschrieb, wie sie es leider niemals bei ihren literarischen Versuchen tat: »Heutzutage muß man schon am dritten Tag umhergehen, ganz langsam; und als ich langsam die abgenutzten, mayonnaisefarbenen Flure entlangging, sah ich die Patienten, deren Zimmertüren offenstanden. Unter ihnen war ein sehr gelehrt aussehender alter Mann, auf dessen Nachttisch sich Kunstbände türmten. Sein schönes Profil, sein langes weißes Haar und die Kunstbücher erweckten meine Neugierde. Die Schwester schlug vor, wir sollten ihn besuchen.

Er ist deutscher Jude. Nachdem wir uns eine Weile unterhalten hatten, bat er die Schwester, uns allein zu lassen. Dann sagte er zu mir: ›Ich vertraue Ihnen. Ich weiß nicht, was ich hier soll. Ich war in einem Konzentrationslager. Glauben Sie, sie versuchen mir etwas anzutun? Was bedeuten diese Apparate um mich herum?‹ Glücklicherweise hatte die Schwester gesagt, daß er eine Prostataoperation hinter sich hatte, und ich konnte ihm erklären, wozu der Tropf und die intravenöse Ernährung dienten. Ich konnte ihm versichern, daß er in einer Klinik lag, daß die Chirurgie hier heilen sollte, daß es ihm bald wieder gutgehen würde.

Aber ich konnte in seinen blassen blauen Augen sehen, daß Spuren von Zweifeln und Ängsten zurückblieben. Seine Erfahrungen im Konzentrationslager hatten tiefe Narben hinterlassen. Als wir über Kunst sprachen, war sein Geist klar. Er war Kunstkritiker und -historiker. Aber ich mußte jeden Abend alleine kommen und ihn besuchen, um ihm zu versichern, daß ihm nichts geschehen würde.«[185]

Bevor Anaïs als Rekonvaleszentin – »ich fühle mich schwach, und ich bin langsamer geworden« – in den Frühling nach Mexiko fuhr, wo die »Frauen wie Blumen« sind, entdeckte sie die seit langem gesuchte preiswert arbeitende Druckerei für ihren *Spion*, den sie in handelsfertiger Form vielleicht mit etwas mehr Glück bei einem Herausgeber unterbringen würde.

Von Mexiko aus machte sie vor dem Rückflug nach New York noch einen ihrer regelmäßigen Besuche bei ihrer Mutter, die seit der Ernennung Joaquins zum Leiter des Musikwissenschaftlichen Instituts der Berkeley-Universität in Oakland, dicht bei San Francisco, lebte. »Meine Mutter sitzt im Haus hinter geschlossenen Fensterläden, die die Sonne nicht hereinlassen (eine kubanische Gewohnheit); sie stürzt hinaus, um Hunde und Kinder auszuschimpfen, weil sie Lärm machen; sie klöppelt Spitzen, liest Kriminalromane, betrachtet ihre geschwollenen Beine und Füße und wartet. Der Schrecken, alt zu werden, die Taubheit, die falschen Zähne, der mehr und mehr eingeschränkte Lebensbereich. Mein Vater verschönerte die Realität durch Selbsttäuschung, Lügen, Erfindungen und die Fähigkeit, Illusionen zu schaffen. Es war die Hinnahme und die Unterwerfung meiner Mutter in die menschliche Ordnung, die ich fürchtete anzunehmen.«[186]

Erfrischt durch ihren längeren Aufenthalt in Mexiko und seit dem letzten Besuch bei ihrer Mutter nachdenklicher geworden über das, was Kunst dem einzelnen im Alltag bringen mochte, nahm Anaïs im Herbst 1953 ihr gewohntes New Yorker Leben wieder auf. Sie verfaßte Artikel für literarische Zeitschriften, telefonierte mit Freunden, plante Phantasiereisen in den Fernen Osten – sie konnte sie erst viel später realisieren – und erledigte ihre Hausarbeit. Auch dies sei letztlich alles, schrieb sie als Selbsttrost, Teil der Ordnung eines Kunstwerks.

Sehr lange hielt die Selbstgenügsamkeit jedoch nicht vor. Bereits während der letzten Herbsttage befand sie sich wieder in Kalifornien, wo sie die aus Wien stammende Künstlerin Renate Druks kennenlernte. Was Anaïs an ihr faszinierte, war die Verbindung von Sinnlichkeit, Sensibilität und Kreativität, die sie so noch niemals vorher bei einer Frau erlebt hatte. Renate veranstaltete in ihrem Haus in Malibu, einer Künstlerkolonie dicht bei Los Angeles, Happenings, die damals noch dernier cri waren. Anaïs empfand dieser phantasievollen, selbstsicheren Malerin gegenüber, die ein Konglomerat aller ihrer literarischen Frauengestalten zu sein schien, vom ersten Augenblick an tiefe Sympathie. »An der Tür fielen mir zuerst ihre Augen auf, manchmal blau, manchmal grün, mit großen Augäpfeln, dadurch erscheinen ihre Lider gerundet, wie bei Leonardo da Vincis Heiliger Anna, wenn sie den Blick senkt. Sie lacht, wie sie lebt, offen und frei. Ihre Gefühlsbewegungen sind stark und tief wie Euphoriezustände, und daher hinterlassen sie auch keinen Katzenjammer.

Renate kann in jede Erfahrung oder Rolle eindringen, ohne sich selbst zu verlieren. Sie ist so lebendig wie Quecksilber, das sich in alle Richtungen bewegt und doch nicht geteilt werden kann. Sie malt, sie dekoriert, sie näht, sie baut sich ihr eigenes Haus, sie kümmert sich um andere, sie kocht, sie analysiert und ermuntert andere, schöpferisch zu sein. Sie ist ein schöpferischer Mensch.«[187]

Freundschaft, Liebe und Vertrauen nahmen noch zu, als Anaïs bei Renate, der Verkörperung ihrer Idealvorstellung einer modernen Frau und Künstlerin, entdeckte, daß auch sie durch eine starke Bindung an ihren Vater geprägt war. Ähnlich wie Joaquin Nin hatte er zu seiner Tochter in Wien gesagt: »Kein Mann wird dich so lieben wie ich. Traue keinem Mann, aber vor allen Dingen begebe dich in keine Abhängigkeit. Wir haben eine gemeinsame Seele.«[188] Anaïs gab daraufhin ihrer Seelenverwandten, deren älterer und mütterlicher Variante sie später in der Schriftstellerin Marguerite Young begegnete, ihr Tagebuch mit den Aufzeichnungen über ihre eigene Vaterbeziehung zu lesen. Renate revanchierte sich, indem sie sie an ihren Happenings, die sie auch »Maskeraden« nannte, aktiv teilnehmen ließ. Daß sie sich ebenfalls mit homosexuellen Männern wie dem »blassen Träumer« Paul, unter dessen Promiskuität sie litt, herumschlug, vermehrte nur noch die Gemeinsamkeiten zwischen den beiden in Europa verwurzelten Frauen. Ihre Freundschaft hielt bis in die letzten Lebensjahre Nins an.

Nach dem schon gewohnheitsmäßig in Sierra Madre und Acapulco verbrachten Winter folgte im Mai 1954 erneut die Konfrontation mit der Öffentlichkeit in New York. Das Buch *Ein Spion im Haus der Liebe*, das Anaïs über Jahre hin geschrieben, umgeschrieben, immer wieder korrigiert und mit sich selbst – Sabina – und ihren Erfahrungen in Greenwich Village angefüllt hatte, wurde vom *British Book Centre*, dem Herausgeberkollektiv, auf einer Party vorgestellt. Der erste Schock war, das keiner der geladenen Kritiker kam, der zweite die wiederholte Ablehnung durch die »puritanischen, verkniffenen« Rezensionen. Verbittert schrieb Anaïs: »Ich wußte, was mich erwartete: der große, schwere, grausame Mißerfolg. Amerika versuchte, mich als Schriftstellerin zu vernichten, durch Gleichgültigkeit und Beleidigungen. Ich kann die Namen der Übeltäter nennen. Aber sie können das Leben und die Schönheit meines Schreibens, meines Lebens nicht vernichten; sie können nur meine Bücher unterdrücken.«[189]

Dennoch wurde der *Spion im Haus der Liebe* im Lauf der Jahre noch mehrmals in Amerika nachgedruckt und gehörte, nach dem erotischen Bestseller *Delta der Venus*, zu den am meisten verkauften Büchern Nins. Dieser relative Erfolg hatte jedoch wenig mit literarischer Einschätzung zu tun. Die amerikanischen Leser fühlten sich durch die New Yorker Szenerie, in der sich Sabina alias Anaïs in wechselnder Verkleidung ihren Liebhabern und Schuldgefühlen als verheiratete Frau hingibt, unmittelbarer angesprochen und beteiligt, und die Beschreibung intimer Begegnungen war so pathetisch und gefühlsverhangen, daß man sich über das Erkennen von Details nicht schämen mußte.

Als kleine Kostprobe: »Sie betrachteten seine lebhaft modellierten Züge, den Kontrast zwischen dem mächtigen Kopf und den schlanken Händen. Sie streichelten nicht nur die Haut ihres Armes, sondern schienen den leichten Druck eines Musikers auf die verborgenen Nerven eines Instruments auszuüben, das er vollkommen beherrschte. Das Verlangen war eine vulkanische Insel, auf der sie lagen und den Aufruhr spürten, der unter ihnen, unter der Tanzfläche, unter dem Tisch und dem hypnotischen Blues schwelte. Unter der Haut, den Ranken des Schamhaars, den Kerben und Tälern des Fleisches floß die Lava, und wo sie brannte, wurde aus den Stimmen des Blues ein Wildnis-Schrei, der unbändige tierische Schrei der Lust, auch Schrei der Gefahr, der Angst, der Geburt und Schrei des Schmerzes aus den Urgründen der Natur.«

Und ohne auf den Eigenwert der in Serien verwendeten ausdrucksstarken Begriffe zu achten oder die Flut der urigen Metaphern einzudämmen, beendete Nin die Episode mit dem Satz:

»Sie flohen vor den Augen der Welt in die Dunkelheit der Nacht, die dem ersten Mann und der ersten Frau am Anfang der Welt geneigt war, als es keine Worte gab, keine Musik, keine Geschenke, mit denen man warb, sondern nur ein Ritual, ein jauchzendes Pfählen der Frau auf des Mannes Mast.«[190]

Das Unbehagen, das solche Texte von Nin bereiten, liegt vor allem an dieser fast durchgehend überladenen Sprache, die den physischen Akt unversehens in die Nähe verkappter Pornographie rückt, wie sie in den fünfziger Jahren unter den Ladentischen kursierte. Henry Miller, der zur gleichen Zeit seine »obszönen« Bücher veröffentlichte, beschrieb sexuelle Vorgänge knapp und direkt und schwärmte dann wieder aus zu Gott und der Welt, sprachlich und inhaltlich das eine aus dem anderen entwickelnd und wieder zusammenführend. Nin versuchte immer alles gleichzeitig auszudrücken, was zum Ergebnis hatte, daß ihre Literatur in der Monotonie fortwährender Ekstase versank. Wieviel nuancierter, präziser und durchsichtiger sind dagegen manche ihrer Tagebuchaufzeichnungen, wie zum Beispiel über die Begegnungen mit dem Bücher schleppenden Buckligen und dem jüdischen Kunsthistoriker oder über die bei Kojotengeheul verbrachten Nächte in Sierra Madre.

Einer der deutschen Kritiker, die 1978 die Übersetzung von *Spion im Haus der Liebe* besprachen, versuchte mit aller Hochachtung, die er für Nins Tagebücher empfand, die Spreu von dem Weizen zu trennen, aber auch er mußte schließlich nach der Lektüre des »Roman-Versuchs« die magere Ernte bestätigen: »Wie da eine einzige kleine Geste der Zärtlichkeit das Verhältnis zweier Menschen prägt: ›Hätte er sie nicht zugedeckt, würde sie ihn vielleicht gehaßt haben‹; oder wie die Heldin in einer spiegelnden Schaufensterscheibe sich selbst begegnet, ohne sich zu erkennen, weil das Mißverhältnis zwischen dem Gefühl der Zerbrechlichkeit, das sie beherrscht, und der stolzen, selbstsicheren Erscheinung in der Spiegelscheibe eine Identifikation nicht zuläßt – das sind einige jener unvergleichlichen Zartheiten, die dieser Autorin beinahe zwanghaft gelingen, um nicht zu sagen: zustoßen. Denn mehr als die Ausbeuterin ihrer übergroßen Sensibilität erscheint sie zuweilen als deren Opfer; und der Leser ist geneigt, mit dem Freund Lawrence Durrell zu fragen: ›Wie ertragen Sie das?‹«[191]

Dem kaum verborgenen Spott der amerikanischen Zeitungskritiker folgte diesmal, nach der Veröffentlichung des *Spion*, noch die freche Arroganz eines Rundfunkinterviewers, der das Gespräch mit den Sätzen einleitete: »Sie haben einen Roman geschrieben. Ich bin nach der ersten Seite eingeschlafen. Erzählen Sie mir also, worum es überhaupt geht.«[192]

Sobald sie die Werbeauftritte für die Herausgeber ihres Buchs hinter sich hatte, floh sie nach Kalifornien, wo sie bei Rupert und Renate Trost suchte. Während einer Party in Los Angeles, die in dem japanischen Haus eines reichen amerikanischen Geschäftsmannes stattfand – »drei junge Japaner in weißen Kimonos begrüßten uns am Eingang« –, quälten sie aber doch wieder die bösen Geister der New Yorker Kritiker. Mit den anderen Gästen fernöstlicher Musik lauschend, meditierte sie über den Tod im allgemeinen und den Tod ihrer selbst als Schriftstellerin im besonderen, den man an der Ostküste beschlossen zu haben schien. Doch sie wollte und konnte sich nicht mit dem Mißerfolg abfinden.

Ohne an die klugen Worte von Inge Bogner zu denken, die ihr eine rationale Auseinandersetzung mit den Aufgaben und der Funktion öffentlicher Kritik empfohlen hatte, schrieb sie am Tag nach der Party trotzig und selbstbewußt: »Ich erkannte, daß ich mein Werk vollenden muß, denn ich bin ein Instrument des menschlichen Bewußtseins, ein Instrument, das ständig dazu benutzt wird, zu erschaffen und nicht zu imitieren. Und sollte ich auch sterben, würden Musik, Malerei und Literatur immer weiter bestehen, aber nicht mein besonderes Wissen von dem Unterschied zwischen Schöpfung und Imitation. Ich trank den Champagner, und durch die Illusion von Schönheit, die von der Kopie ausging (eine Illusion, die von den drei jungen Männern in ihren weißen Kimonos unterstrichen wurde) und durch die Sommernacht und meine Fähigkeit, triviale Gespräche nicht zu hören, ging ich auf einen Flug in den Raum und empfand Genuß.«[193]

Im August 1954 wurde Anaïs in New York von Joaquin angerufen, der ihr mitteilte, daß ihre Mutter nach einem Herzanfall ins Krankenhaus gebracht werden mußte. Sie liege unter einem Sauerstoffzelt und habe bereits nach einem Priester verlangt. Einen Tag später erhielt sie die Nachricht, daß ihre Mutter »bewußtlos und schmerzlos« gestorben sei. Ihr Bruder erzählte ihr schluchzend am Telefon von den letzten Stunden im Krankenhaus und von »allen Einzelheiten, die den Tod begleiten«.[194] Anaïs, die sich vor dem Versinken in banale Alltagsgewohnheiten fürchtete, empfand das Erlöschen dieses unrebellischen Frauenlebens wie eine fatale Schuldzuweisung. »Ich weinte still. Hin und wieder durchzuckte mich der Schmerz, auf der Straße, in einem Film, in der Dämmerung, jederzeit. Die Schuldgefühle kamen aus meiner Auflehnung gegen die Mutter. Das quälende Mitleid mit ihrem Leben.«[195]

Die durch Henry Millers Brief aus Paris erweckte Sehnsucht, die Stadt ihres Lebensmittelpunkts wiederzusehen, verstärkte sich nach dem Tod ihrer Mutter so sehr, daß sie ihr schließlich nachgab und im Oktober 1954 für einen kurzen Erinnerungsaufenthalt nach Frankreich reiste. Seit sie 1939 nach Amerika gekommen war, hatte sie unentwegt aus diesen Erinnerungen geschöpft und vier Bücher aus ihnen geschaffen – die Erzählungen *Unter einer Glasglocke* und die Romantexte *Leitern ins Feuer, Kinder des Albatros, Djuna oder Das Herz mit den vier Kammern.* Jetzt, nachdem ihr New Yorker Buch *Ein Spion im Haus der Liebe* abgeschlossen war – es verkaufte sich notorisch schlecht – und seit sie sich ihren mexikanischen Erlebnissen und Erfahrungen mit dem Manuskript *Solar Barque* (*Sonnenbarke*) zuzuwenden begann, fühlte sie sich erst wirklich frei für einen Spaziergang durch ihre Vergangenheit, der gleichzeitig dem Angedenken ihres Vaters und ihrer Mutter gewidmet sein sollte.

Anaïs fand das alte Paris, ihr Paris – nur das Hausboot *Belle Aurore* war verschwunden –, und sie fand ein neues Paris, das der Schnellstraßen, der modernen Buchläden und der unpersönlichen Kongreßhotels. Sie spürte jedoch, daß es in dieser »Hauptstadt der Intelligenz und der Kreativität« keinen Platz mehr für sie gab. Die von Sartre, Camus und Aragon beherrschte Literatur war ihr fremd, und die Verlage brachten die Surrealisten, die ihren eigenen Stil seit *Haus des Inzests* noch immer prägten, als Zeugen einer vergangenen Epoche heraus. Als Bewohnerin ihrer selbstgeschaffenen »Städte des Innenlebens« verstand sie sich inzwischen als Internationalistin, die sich in jedem Land zu Hause fühlte. Dennoch verglich sie in einer kleinen Gedenkrede, die sie in ihr Tagebuch schrieb, Paris mit New York und Frankreich mit Amerika. Es war eine von leiser Melancholie durchzogene Rede, denn sie konnte nicht wissen, daß ihre Tagebücher etwa zehn Jahre später in Frankreich zu den meistgekauften Büchern ausländischer Autoren zählen würden und sie 1971 den Prix Sévigné verliehen bekäme. Für sie war es ein Abschied für immer, ein Abschied von ihrer Vergangenheit:

»Ich verließ Europa 1939 in einem Wasserflugzeug und kam in einem Jet zurück. Ich fuhr eine Schnellstraße entlang, aber im Vorbeifahren sah ich ein Café, ein Café an der Straße mit geöffneter Tür und einem kleinen runden Tisch davor, der gerade groß genug für zwei Personen war, zwei Gläser Wein, zwei kleine Eisenstühle, ein winziges Café wie die Cafés in den von Utrillo gemalten Straßen, schäbig, mit einem verblaßten Schild, einem trüben Fenster, schiefen Wänden, einem buckligen Dach. Seine Winzigkeit, seine Intimität, das Menschliche seiner Proportionen, das Fehlen von amerikanischer Arroganz, von Glanz und Glitter berührten mich, und wieder einmal erfaßte mich eine Zärtlichkeit, die Paris immer in mir hervorgerufen hatte. Ein Mensch hat das Gefühl, dort sitzen zu können, selbst wenn die Haare nicht ordentlich frisiert, die Schuhe nicht geputzt sind, selbst mit einer Laufmasche im Strumpf. Man kann dort sitzen und sich einmalig fühlen, im Einklang mit der Welt oder nicht im Einklang mit ihr, sich als Mensch fühlen, menschlichen Gefühlen zugänglich sein und mit dem Gefühl, weinen zu wollen. Man kann dort sitzen, wenn die Welt für einen zu groß und zu barbarisch ist, und sich einmal mehr in einer menschlichen Umgebung wohlfühlen, die richtige Umgebung für einen Menschen, der nicht arrogant, prahlerisch, mächtig ist. Das kleine Café und die Zärtlichkeit waren nicht vergangen, die Patina, die vom vielen Leben sprach, das Abgenutzte, Ermüdete und das Wehmütige, mein Café, mein Paris, wo eine Seele schon ein bißchen abgenutzt sein kann und nicht ladenneu und glänzend sein muß, hart und spröde.«[196]

Ob selbsternannte Internationalisten, ob Tochter eines Katalanen und einer französich-dänischen Kubanerin, ob Französin in der Erinnerung und Mexikanerin in der Gegenwart, Anaïs wehte bei der Rückkehr nach New York wieder der kalte Wind amerikanischen Lebens entgegen. Das Pariser Kapitel war nun endgültig abgeschlossen, sie lebte an der Ost- und an der Westküste in zweimal festen Händen, hier aus Pflicht, dort aus Neigung, ihre herausgepreßten Bücher hatten sich als unverkäuflich erwiesen, und der Stoff für weitere Romanvorlagen ging mit der mexikanischen »Sonnenbarke« zur Neige. Sie fühlte sich ausgebrannt und schutzlos ihren studentischen Zuhörern ausgeliefert, zu denen sie plötzlich den Kontakt verlor. An Fliehen und Aufgeben war nicht zu denken, denn Rupert liebte sie und Hugo vertraute ihr, und sie hatte ihre Mission als Künstlerin, die wie Renate Druks Leben und Werk zu einer surrealistischen Ganzheit verschmolz, auf ihrem Gebiet der Schriftstellerei noch nicht erfüllt. Sie würde geduldig warten müssen, nicht wie ihre Mutter im Schaukelstuhl in Oakland auf den Tod, sondern in Regsamkeit und in aktiver Anteilnahme am Leben auf die Erlösung ihrer Tagebücher aus langem Schlaf, langem Reifen.

Tief in ihr verbarg sich diese Hoffnung, denn kannte sie nicht mittlerweile an die hundert Menschen, denen sie aus ihren Aufzeichnungen, selbst den intimen, vorgelesen hatte und von denen nur Anerkennung, Betroffenheit und Bewunderung gekommen war? Sie wappnete sich für eine lange Wartezeit im Dunkel der Anonymität und der Erfolglosigkeit. Ihren Träumen vertrauend, schrieb sie Ende des Jahres 1954 nach einer in schwerem Schlaf verbrachten Nacht:

»Beim Aufwachen dachte ich, diesen Traum darf ich nicht vergessen: Eine riesige baufällige Kirche, die wirkt, als sei sie zerbombt worden. Eine kleine Holzbaracke, wie Handwerker sie beim Bau großer Wohnhäuser benutzen, war aufgestellt worden. Sie ist in viele Zimmer unterteilt. In einem der Zimmer wird ein Theaterstück aufgeführt, auf sehr begrenztem Raum, und durch niedrige Wände, Deckenbalken, Türen, enge Flure ist die Sicht völlig verdeckt. Ich sehe mir das Stück an. Die Stühle rechts und links von mir sind besetzt. Dann merke ich, daß ich als einziger Zuschauer das Stück gut sehen kann, weil ich in der Mitte sitze. Unruhig stehe ich auf, um herauszufinden, was zu tun sei. Ich habe den Eindruck, daß die Arbeit der Schauspieler vergeblich ist. Ich habe das Gefühl, das Stück, das nur ich allein sehen konnte, die Arbeit, die vergeblich ist, sind vielleicht die Tagebücher.«[197]

Anaïs wollte aber nicht vergeblich gelebt und geschrieben haben, und sie wollte so lange leben, bis die Erfüllung kam. Also hieß es, sich einrichten auf den langen Winter und sich den Realitäten stellen, bevor sie einen vor der Zeit zermürbten und zerstörten. Henry hatte fast fünfzig Jahre warten müssen, bis sich der erste Erfolg einstellte, und heute lebte er in der Einsamkeit von Big Sur, umworben von Verlagen aus der ganzen Welt und umworben von Frauen, von denen er eine nach der anderen heiratete, wie zum Beispiel Eva, mit der er nach Paris gefahren war, das Paris von June, seiner zweiten Frau, die, wie Henry so ganz nebenbei in einem seiner letzten Briefe schrieb, in eine Heilanstalt hatte eingeliefert werden müssen. Henry hatte bereits als kleiner Junge im New Yorker Arbeiterviertel Bronx mit den Realitäten auf vertrautem Fuß gestanden, sie, Anaïs, mußte es eben jetzt, in ihrem einundfünfzigsten Lebensjahr versuchen, und sie würde es schaffen.

Während einer Sitzung bei Inge Bogner, ihrer Freundin an der Ostküste, berichtete Anaïs von den Schwierigkeiten, die sie mit den Studenten habe. »Sie entdeckte schließlich, daß ich bedrückt war, weil die Anspannung, mit der Welt konfrontiert zu werden, meinen natürlichen Kontakt zu den Studenten verhinderte (aus Angst, verletzt, verspottet, abgelehnt zu werden). Ich hielt den Kontakt auf einer intellektuellen Ebene. Die ganze Zeit über bin ich mir wie immer der menschlichen Sympathie bewußt, die durch meine größere Angst, durch Spott, Ironie oder Feindseligkeit verletzt zu werden, gefangengehalten wird. Ein Teil der Sympathie muß bei anderen Gelegenheiten erkennbar werden, oder die Menschen würden mir nicht, wie sie es unverändert tun, ihr persönlichstes Leben offenbaren. Aber in der Öffentlichkeit bin ich gehemmt. Es ist eine Zerreißprobe, ein Wettkampf, kein Vergnügen. Ich fürchte den Angriff.« Anaïs nahm eine heilsame Erkenntnis aus diesem Gespräch mit – jedenfalls für die Zeit ihres Wartens auf den Moment der Erlösung: »Jetzt, nachdem ich gesagt habe, daß in Amerika ein Mangel an Kontakt besteht, erkenne ich, daß ich es bin, die in manchen Fällen den Kontakt mit den rauhen Seiten des amerikanischen Charakters vermeidet.«[198]

Ende des Jahres 1954 schrieb sie einen sehr ernsten und grundsätzlichen Brief an den Kritiker Maxwell Geismar, einen Vertreter marxistischer Literaturinterpretation, den sie bereits seit mehreren Jahren kannte und der, trotz seiner distanzierten Einstellung zu ihren veröffentlichten Texten, zu einem väterlichen Freund und geistigen Berater geworden war. Wie früher Otto Rank lockte er aus ihr klares Denken und objektive Beurteilung hervor. Da er sich ebenfalls über *Ein Spion im Haus der Liebe*, ihr Herzensbuch, negativ geäußert hatte, war sie ihm längere Zeit aus dem Weg gegangen, aber jetzt, nachdem sie ihren Marschweg mit Doktor Bogners Hilfe für unbekannte Dauer festgelegt hatte, wollte sie ihm die neue, die vernünftige, die einsichtige Anaïs vorführen:

»In diesem Jahr habe ich endlich Objektivität erreicht; für eine Romantikerin ist das sehr schwierig. Die Scheidung von Amerika, wie ich es nenne, war schmerzhaft, aber sie hat sich als sehr kreativ und befreiend erwiesen. Es war wie der Bruch mit griesgrämigen, puritanischen, restriktiven und strafenden Eltern. Sobald ich den Schmerz überwunden hatte, begann ich, besser denn je zu schreiben. Für mich persönlich war Amerika bedrückend und zerstörerisch. Aber jetzt habe ich mich völlig davon befreit. Ich muß nicht nach Frankreich gehen oder sonst irgendwohin. Meine Bücher müssen nicht veröffentlicht werden. Ich muß nur mein eigenes Leben weiterleben, das so schön ist und in voller Blüte steht, und ich muß an meinem Hauptwerk, dem Tagebuch, weiterarbeiten.

Man muß mit dem Ich beginnen, der eigenen Person, dem Menschen und dann zur Gemeinschaft fortschreiten. Wir leben in einem Land, das im Namen des sozialen Wachstums versucht, die Entwicklung und das Wachstum des Ichs zu zerstören. Nachdem sich dies in meinem Geist gefestigt hat, finde ich meine Befriedigung darin, das Tagebuch auszufüllen, es abzurunden. Ich kann auf die Veröffentlichung warten.«[199]

5.
Später Ruhm
(1955 – 1977)

Nachdem Anaïs die bittere Enttäuschung überwunden hatte, daß ihre literarischen Texte weder Anerkennung bei Kritikern noch Interesse bei Verlegern fanden, fühlte sie sich wieder frei, ihr Leben aktiver zu gestalten. Wie ernst es ihr damit war, sich von den Berufskritikern und den ihnen aufs Wort der Verurteilung oder des Lobes folgenden Verlagen unabhängig zu machen, damit sie nicht noch einmal ihr Selbstwertgefühl und ihren Glauben an die Notwendigkeit individuellen Lebens öffentlich verhöhnen konnten, bewies sie in den nächsten Jahren mehrfach und überzeugend. Sie übernahm den Vertrieb ihrer bereits gedruckten Bücher, sie arbeitete als freie Redakteurin bei der Frauenzeitschrift *Eve* und als Mitherausgeberin von *Two Cities*, nicht zuletzt, um ihr eigenes Werk und das gleichgesinnter Künstler bekannt zu machen. Als der fünfte und letzte Band des Zyklus *Städte des Innenlebens*, die mexikanische Phantasie *Sonnenbarke* – 1961 leicht erweitert als *Labyrinth des Minotaurus* neu aufgelegt –, 1958 erschien, verschickte sie nicht ein einziges Rezensionsexemplar.

Die durch den anhaltenden Mißerfolg hervorgerufenen Zweifel an ihrer künstlerischen Qualität hatten sie sogar verleitet, an einem Drogenexperiment teilzunehmen, obwohl sie seit ihren Pariser Jahren, in denen Bewußtseinserweiterung zu den Lieblingsthemen surrealistischer Kreise gehörte, ohne das geringste Verlangen nach eigenen Erfahrungen auf diesem Gebiet geblieben war. Über ihre flüchtige Bekanntschaft mit dem englischen

Schriftsteller Aldous Huxley, der sich 1935 in Kalifornien niedergelassen hatte und sich zeitweise intensiv mit Drogen beschäftigte, bekam sie Zugang zu einem Psychiater, der die Wirkung von LSD erforschte und sich über jeden Interessenten aus der Künstlerkolonie Malibu freute.

Unter Aufsicht von Doktor Oscar Janiger schluckte Anaïs während einer einmaligen Sitzung die »blauen Pillen«, aber in ihrem Rauschzustand entdeckte sie nichts, was sie nicht bereits in nüchterner Verfassung gesehen oder empfunden hatte. Als sinnlich sensibles Medium benötigte sie diesen chemisch verursachten Phantasieschub nicht. »Überrascht stellte ich fest, daß diese Welt, die durch LSD erschlossen wird, für den Künstler durch die Kunst zugänglich ist. Die Droge beseitigte nur den Widerstand, sie machte den Körper durchlässig und aufnahmefähig, indem sie die bekannte Umgebung ausschaltete, die verhindert, daß der Traum von uns Besitz ergreift.

Was ist geschehen, das die Menschen die Verbindung mit solchen Bildern, Visionen, Empfindungen verlieren und zu Drogen greifen müssen, die ihnen letztlich schaden? Sie sind eingemauert worden, das Tabu, das über Träumen, Phantasien, Visionen und sinnlicher Aufnahmefähigkeit liegt, beraubt die Menschen des Zugangs zum Unterbewußten. Ich bin für meinen natürlichen Zugang dankbar.«[200] Einige Tage später – dem Rausch war eine »fatigue de fin du monde« (eine Müdigkeit, als sei das Ende der Welt gekommen) gefolgt – schrieb sie etwas besorgt: »Lange fühlte ich mich leer und teilnahmslos. Zum erstenmal war die Suche nach dem Traum nicht ein schönes und natürliches Verweben von Tag und Nacht gewesen, sondern ein Sprung in den Raum, ein unmenschliches Kreisen im Raum. Ich spürte, etwas stimmte nicht. Meine Antriebskraft hatte gelitten. Das Erlebnis erschreckte mich so sehr, daß ich lange Zeit aufhörte zu schreiben (außer im Tagebuch). Ein Kurzschluß. Verbrannte Leitungen und Nerven. Verbrannte Energie.«[201]

Durch eine selbstverschriebene Beschäftigungstherapie, die vor allem aus Arbeit im Haushalt bestand, kehrten ihre Kräfte allmählich zurück, aber für den neuen aktiveren Lebensstil, zu dem sie sich seit der Aufgabe ihrer Karriere als Romanautorin entschlossen hatte, fehlte es ihr doch noch an ausreichender Energie. Die als Demütigung empfundene öffentliche Ablehnung ihrer künstlerischen Arbeiten hatte sie zu tief verletzt, als daß sie sich ein für allemal damit abfinden würde. Eine plötzlich auftretende Bronchitis mit Erstickungsanfällen alarmierte sie über ihren labilen Zustand, und sie holte sich, wie immer in solchen Fällen depressiver Bedrohung – »beim kleinsten Gefälle stoße ich mich selbst in den Abgrund« – Rat und Trost bei Doktor Inge Bogner. Nach mehreren Gesprächen beruhigte diese sie mit der abschließenden Beurteilung, daß sie trotz ihrer Neurose einen außergewöhnlichen Realitätsbezug besäße.[202]

Ungleich aufmunternder, da von kompetenter Seite und in bezug auf ihren Lebensnerv geäußert, wirkte ein kluger Hinweis, den Maxwell Geismar ihr in einem Brief gab: »Weshalb versuchst du nicht«, fragte er sie, »den Roman zu schreiben, der auf den Tagebüchern beruht? Dies würde den endgültigen Wert der Tagebücher noch immer nicht beeinträchtigen, aber es könnte in der Mitte liegen zwischen dem, was du bisher veröffentlicht hast, und dem, was du zurückhältst. Ich bin der Meinung, du solltest diesen Weg gehen; aber unternimm irgend etwas und gib nicht auf.«[203]

Gestärkt durch den Zuspruch von Max, wie sie ihn kurz nannte, und durch den günstigen Urteilsspruch von Doktor Bogner, machte sich Anaïs über ihre Tagebücher her. Sie setzte sich an die Schreibmaschine und übertrug Seite um Seite der handschriftlichen Aufzeichnungen. Und, angeregt durch die Idee einer Romanversion, begann sie das umfangreiche Material zu kürzen und zu straffen, und sie stellte sich selbst stärker als in der ursprünglichen Fassung als Beobachterin, als Erzählerin in den Mittelpunkt. Auf diese Weise schuf sie eine Art Gesellschaftsroman mit langem Personenregister. Mit neu gewonnener Einsicht in das allgemeine Bedürfnis nach realen Bezügen und inhaltlicher Ordnung schrieb sie nach den ersten korrigierten Kopien: »Ich weiß nicht, weshalb es mir nicht gelingt, dem Tagebuch die Kontinuität und Geschlossenheit eines Proustschen Werks zu geben. Ich müßte unvollständige Porträts, einige der zu skizzenhaft geschilderten Szenen weglassen. Ich müßte Einzelheiten über einzelne Figuren außerhalb ihrer Beziehung zu mir einfügen.«[204]

Aber die Seiten, die sie für eine irgendwann erhoffte Veröffentlichung vorbereitete, wuchsen nach und nach zu einem Stapel an. Sie hatte ihre Depression aus eigener Kraft überwunden. Sie konnte endlich auf eigenen Füßen gehen, ohne jeden Schritt durch andere vorgezeichnet zu bekommen. Jetzt war sie fast so selbständig und unabhängig wie ihre Freundin aus Wien, und ebenso wie Renate Druks, die wegen finanzieller Schwierigkeiten einen Job als Empfangsdame in einem Hotel in Malibu angenommen hatte, wollte auch sie beweisen, daß sie eine moderne berufstätige Frau sein konnte, selbst wenn sie es als eine von zwei Männern, Rupert und Hugo, versorgte Frau nicht aus wirtschaftlicher Not heraus tun mußte.

Aufgrund ihrer zahlreichen Beziehungen, die durch Ruperts Verwandtschaft mit Lloyd Wright bis in höchste Kreise reichten, gelang es ihr ohne viel Mühe, als freie Redakteurin und Berichterstatterin für Frauen- und Kulturzeitschriften akzeptiert zu werden. Sie schrieb Artikel über den New Yorker Underground, der in den fünfziger Jahren in einer Flut von Jazz-Kellern und Off-Theatern explodierte, Rezensionen über aktuelle Literaturerscheinungen – über Simone de Beauvoir und Mary McCarthy lehnte sie es ab, sich zu äußern, »ich interessiere mich für beide nicht sonderlich, und ich weiß, man erwartete einen politischen Essay von mir« –, und sie brachte auszugsweise einen Vorabdruck ihres Manuskripts *Sonnenbarke* unter.

Mit großem persönlichen Engagement verfolgte sie die Vertreter der *beat generation*, für deren Rebellion gegen das amerikanische Establishment sie voller Sympathie war. Sie wiederholten das, was sie selber zwanzig Jahre früher im Paris der Surrealisten und der amerikanischen Schriftsteller der *lost generation* miterlebt hatte. Im Herbst 1956 nahm sie in Hollywood, wo sie sich eine Wohnung gemietet hatte, um nicht immer nur in Sierra Madre begraben oder auf Gästezimmer in Los Angeles angewiesen zu sein, an einer Lesung teil, die der Lyriker Allen Ginsberg, ein Beatnik der ersten Stunde, gab.

»Die Lesung fand in einem kleinen Holzhaus statt, von denen es in Hollywood tausende gibt. Ginsberg saß an einem Tisch, auf dem eine riesige Flasche Rotwein stand, und las seine Gedichte. Eines hatte den Titel ›Das Geheul‹. Es ist eine große, lange, verzweifelte Klage, der Kampf, aus allem – Dingen, Menschen und Umgebung – Dichtung zu machen. Manchmal gelingt ihm eine Art amerikanischer Surrealismus, eine bittere Ironie. Das Gedicht besitzt eine wilde Kraft, in bestimmten Momenten klang es wie das Heulen eines Tieres. Es erinnerte mich an Artauds Auftritt in der Sorbonne. Einer der Zuschauer griff Ginsberg auf stupide Weise an. Ginsberg geriet in Rage. Er begann sich auszuziehen und warf die Kleidungsstücke einzeln ins Publikum. Meine Freundin Renate wurde von seiner schmutzigen Unterhose getroffen. Er provozierte den Mann und forderte ihn auf, nach vorne zu kommen, seine Gefühle und sein wahres Ich so nackt zu zeigen, wie er es tat. ›Komm und stell dich hier her! Stell dich nackt vor die Leute hin! Komm schon! Der Dichter steht immer nackt vor der Welt.‹«[205]

Anaïs und Renate amüsierten sich köstlich und waren voller Einverständnis mit dem Publikum, das den Störenfried, der sich nicht einmal seiner Kleidung entledigen wollte, aus dem Saal pfiff und buhte.

Wenige Tage darauf wechselte Anaïs den Stil ihrer Garderobe, denn sie war Gast auf einer Party, die der französische Schriftsteller und derzeitige Konsul Romain Gary zusammen mit seiner Frau, der englischen Romanautorin Lesley Blanche, in seiner Diplomatenresidenz in Los Angeles gab. Man trank rosa Champagner, und ein emigrierter Russe spielte Akkordeon und sang französische Lieder. Unter den Anwesenden erkannte Anaïs die Schauspieler Gregory Peck – »das männliche Symbol amerikanischer Schönheit, ohne jede Ausstrahlung und Ausdruck« – und Joseph Cotton und den schon betagten

Komponisten Cole Porter. Als Frau Cotton mit lauter Stimme gestand, daß sie von ihrem Mann zum Geburtstag einen Rolls Royce geschenkt bekommen habe, »wendete sich das Gespräch Autos und Juwelen zu«.

Während sich das berühmte Hollywood schnöde über Besitztümer unterhielt, klagten sich die europäischen Geister Romain Gary und Anaïs gegenseitig ihr Leid. Sie sprachen beide vom Scheitern als Literaten und dem Fluch, der über ihrem Leben als Schriftsteller liege, und als Gary die ihn bedrückende Frage stellte, warum man überhaupt noch schreibe, dachte Anaïs enttäuscht, daß ihr Gegenüber, den sie sich so sehr als Seelenfreund gewünscht hatte, nicht den romantischen Gestalten seiner Romane entsprach, sondern ein Zyniker war.

Als Europaexpertin erhielt Anaïs gelegentlich auch besonders reizvolle Aufträge, die sie nicht nur zu Partys von Exilanten und nach Kalifornien führten, einen Landstrich, über den sie inzwischen nüchterner urteilte: »Es ist ein Stück Erde, das zwischen Natur und Kunst schwebt. Die Natur ist nicht mächtig genug, um einen zu besänftigen, zu überwältigen oder wie in den Tropen zu betäuben, und die Kunst fehlt im kalifornischen Leben völlig.«[206] 1958 wurde sie zur Weltausstellung nach Brüssel geschickt, und 1959 berichtete sie aus Venedig über die neuesten italienischen Modekreationen.

In Brüssel wohnte sie in dem luxuriös eingerichteten und von livrierter Dienerschaft bevölkerten Palais einer belgischen Baronin, das ihr schwärmerische Töne entlockte. Über die Weltausstellung schrieb sie dagegen in ihrem neuen realistischeren Stil, dem sie sich zur besseren Verwendbarkeit im Pressewesen und zum publizistischen Vorteil ihrer Tagebücher verpflichtet hatte. Knapp und nicht ohne Witz charakterisierte sie die einzelnen Pavillons. »Den amerikanischen Pavillon hatte Edward Stone entworfen, eine Kombination aus Vogelkäfig und Geburtstagstorte. In einer Glasvitrine lag wie ein Juwel eine riesige Idaho-Kartoffel. Aber glücklicherweise gab es drei Dinge, die die Europäer anzogen: frühe amerikanische Sklaverei, das Modell der schönen Glaskapelle für die Swedenborgkirche in Los Angeles und die Filmvorführungen. Der russische Pavillon wirkte förmlich. Die Porträts der politischen Führer überstiegen menschliche Proportionen. Der Hauptakzent lag auf Propaganda und Selbstverherrlichung.

Der deutsche Pavillon bot eine faszinierende Demonstration der Wissenschaft, die ihre eigene Ästhetik hervorbringt. Statistische Tabellen so schön wie ein Mondrian oder ein Kandinsky. Der Schweizer Pavillon war langweilig, ernst und zeigte natürlich die vergrößerte Reproduktion eines Uhrwerks. Auf einem großen Transparent stand zu lesen: ›Die Kunst der Schweiz mißt die Zeit.‹ Mir gefiel der österreichische Pavillon. Dort sah man moderne Klaviere und Partituren der berühmten Komponisten. Mit Erstaunen bemerkte ich beim Eintreten Menschen in altmodischen Großvatersesseln, die unter dem Einfluß von Drogen zu stehen schienen. Als ich mich in einem dieser Sessel niederließ, entdeckte ich, daß aus den gepolsterten Kopfstützen Musik klang, und ich saß dort wie alle anderen mit geschlossenen Augen und in einem Zustand der Glückseligkeit.«[207]

Von Brüssel aus unternahm Nin einen Abstecher in die Provence, wo sich Lawrence Durrell mit seiner Frau und seinen zahlreichen Kindern in einem Bauernhaus nahe Nîmes niedergelassen hatte. Sie wollten noch einmal zusammen die alten Erinnerungen an eine Zeit auffrischen, als sie beide mit Henry Miller als die drei »Musketiere« in der Rue Villa Seurat nächtelang über Literatur diskutiert hatten. Während ihres nicht nur bahntechnisch unvermeidlichen Zwischenaufenthalts in Paris nahm sie, zu ihrer Erleichterung, nur noch die Gegenwart wahr. »Mich erfaßte Freude auf meinem ersten Spaziergang an der Seine, da ich entdeckte, daß es kein Weg in die Vergangenheit war. Der Zauber von Paris lag in einer Einheit und Harmonie von Farben, Texturen und Stilen.«

Und wieder zwangen sich ihr Vergleiche zu Amerika auf: »Intelligenz manifestiert sich in den Zeitungen, liegt auf den Gesichtern und beherrscht die Gespräche. Es sind echte Gespräche, keine vorgefertigten Phrasen. Identität. Charakter.

Jeder weiß, wer er ist, was er ist. Jeder kennt den Sinn seines Lebens. Wir sind zwanzigtausend Meilen von Chaos, Konfusion und Robotern entfernt, die nur bereits Bekanntes denken und sagen. Liegt es daran, daß Amerika seine Vergangenheit abgeworfen und seinen Charakter verloren hat?«[208]

Aus ihrem Paris gab es kaum noch jemanden, den sie hätte besuchen können, und die ihr liebsten waren tot, wie ihre Eltern, Otto Rank und Gonzalo. Der »schöne Gonzalo«, der immer sagte: »Ich werde Alter und körperlichen Verfall nicht ertragen«, war im Winter 1957/58 in Paris, wohin er sich, diesmal aus dem geschäftstüchtigen Amerika, geflüchtet hatte, an Kehlkopfkrebs gestorben. Anaïs, die früher, wenn Henry Miller über den Tod sprach, gern auf andere Themen ausgewichen war, schrieb nach Gonzalos traurigem Ende: »Meine intensive persönliche Vorstellung seines Todes wird schließlich von der Zeit aufgesogen und fließt zurück in einen universalen Ozean, wo alle unsere Schmerzen und Tode eins sind. Wir sterben nicht individuell, sondern Stück für Stück beim Tod derer, die wir lieben. An manchen Tagen zähle ich die Toten, und es ist wie ein Ritual der schwarzen Magie, als beschwörte ich Namen und sei nicht ganz sicher, daß der meine nicht auch unter ihnen ist.«[209]

Nach dem Besuch bei Durrell – »am Abend tranken wir eine Flasche Champagner, die ich mitgebracht hatte, und mehrere Flaschen Rotwein. Danach wurden wir geradezu hysterisch fröhlich, bis wir müde wurden, einschliefen und erst nach zwölf Stunden wieder erwachten«[210] – ging es auf direktem Weg zurück nach New York. Im Frühsommer 1958 brachte sie im Selbstverlag die *Sonnenbarke* heraus. Sie umging die Kritiker und fand »wunderbaren« Kontakt zu ihren Lesern, die ihr Briefe schrieben und Bücher für sich und ihre Freunde bestellten. Außerdem veröffentlichte sie eine Neuauflage von *Haus des Inzests* mit Fotomontagen, redigierte ihre Artikel über die Brüsseler Weltausstellung und korrespondierte mit Jim Herlihy über Tagebücher im allgemeinen und mit Lesley Blanche über deren jüngsten Roman *The Sabres of Paradise* im besonderen.

Glücklich darüber, ihre Depressionen vertrieben zu haben, notierte sie Ende des Jahres 1958: »Mein Leben verläuft jetzt so ereignisreich, und mir bleibt keine Zeit aufzuschreiben, was geschieht. Ich bin mit meinen Aufzeichnungen zurückgefallen.«[211]

Die erweiterte *Sonnenbarke*, die 1961 als *Labyrinth des Minotaurus* erschien und zusammen mit den vorangegangenen vier »Romanen« als Sonderband unter dem Gesamttitel *Städte des Innenlebens* (*Cities of the Interior*) 1959 von der *Swallow Press* in Denver publiziert wurde, verkaufte sich erst, seit Nin durch die Veröffentlichung ihres ersten Tagebuchs 1966 schlagartig berühmt wurde. Aber ebenso wie ihre anderen Prosatexte, die gleichermaßen im Verkauf von der plötzlich begehrten Autorin intimer Geständnisse profitierten, rief auch das *Labyrinth des Minotaurus* bei den Literaturkritikern keine Lobeshymnen hervor.

Einige der deutschen Rezensenten, die 1986, als die Übersetzung erschien, bereits die meisten Tagebücher kannten – 1993 fehlte noch die Übertragung der Jahrgänge 1921–1931 – und trotz zunehmender Ermüdung durch die nicht enden wollenden »exzessiven Selbstbetrachtungen«[212] schätzten, hielten es sogar für eine bedauerliche Fehlentscheidung, die überholten und verstaubten Romanversuche Nins enthüllt zu haben.

In dem Versuch, das Überholte der Geschichte auf einen verständlichen Nenner zu bringen, schrieb Wolfgang Leppmann: »In diesem Roman folgen wir dem Schicksal von Lillian, die ihr Leben als verheiratete Frau und Mutter in New York aufgibt und auf der Suche nach ihrer wahren Identität nach Mexiko zurückkehrt, in jenes Land also, das sie seit ihrer Jugend kennt. Wem das vertraut oder sogar banal vorkommt, der sei daran erinnert, daß die englische Originalfassung 1961 erschien, als die rituelle Selbstfindung noch nicht zu den Privilegien ganzer Altersgruppen und Gesellschaftsschichten gehörte.«[213]

Der übliche Tenor lautete wie bereits bei den Besprechungen der anderen literarischen Texte Nins: »Anaïs Nin hat viel Bewunderung gefunden; Leserinnen und Leser, die sich von ihr als einer zweiten Ariadne am Faden führen lassen. Nicht-Bewunderer können sich darüber nur wundern. Vielleicht begnügen sie sich mit der Feststellung, daß Verworrenheit schon oft mit Weisheit verwechselt worden ist.«[214]

Den richtigen Stellenwert, den die Mexikoaufenthalte und die aus ihnen gewonnene Bekenntnisschrift *Labyrinth des Minotaurus* für Nin hatten, erkannte, bis auf einen kleinen Irrtum, die Rezensentin Agnes Meinold. »Lillian denkt über ihre Ehe nach, nähert sich schrittweise dem gefürchteten Minotaurus und erkennt, befreit und glücklich, daß dieser kein verschlingendes Monstrum ist, sondern Teil ihrer selbst, das sie von sich abgespalten und verdrängt hatte, dessen dunkle Existenz sie aber bei sich zulassen kann. Nur mit dieser Schattenseite ihres Selbst kann sie sich entwickeln, ihren Mann neu sehen und lieben lernen und die Flucht vor sich selbst beenden.«[215]

Der kleine Irrtum der Rezensentin bestand darin, daß Nin nicht einen, sondern zwei Männer liebte, beziehungsweise den einen, Rupert, liebte und den anderen, Hugo, brauchte, beziehungsweise beide brauchte und viele andere Frauen und Männer zusätzlich liebte und brauchte, so daß sie am Ende vielleicht sogar selbst als Minotaurus erschien. Außerdem war das Zurückkehren an den häuslichen Herd eine Vorstellung, die Nin zeit ihres Lebens und auf fünfunddreißigtausend Seiten Tagebuch nicht nur für sich bekämpfte. Wobei es ihr nicht um »Vielweiberei« und »Vielmännerei« ging, im Gegenteil, sie litt an der Unvollkommenheit der menschlichen Natur, die jeden zwang, »über die Erde hinwegzuwandern«, um im Wechsel der Beziehungen Vollkommenheit, das heißt, Harmonie mit sich und der Welt zu erlangen.

Im März 1959 mußte Anaïs wieder ins Krankenhaus, diesmal wegen einer doppelseitigen Lungenentzündung, die genauso wie die Bronchitis 1956 mit Depressionen einherging. Die neutrale Umgebung flößte ihr jedoch nicht mehr das gleiche Unbehagen ein wie früher. Sie war sogar ein bißchen stolz auf ihre nicht zu übersehende Selbstdisziplin: »Auf dem Weg zum

Röntgenraum trage ich meinen roten Burnus, und alle amüsieren sich. Die Schwestern sind dankbar, daß ich mich zurechtmache und nicht wie eine Sterbende aussehe.«[216]

Sobald sie sich wieder einigermaßen bei Kräften fühlte, absolvierte sie bis zum Beginn des Jahres 1960 ein Programm, das die hektische Kehrseite ihrer vorherigen Depression zeigte: sie hielt mehrere Vorträge an der Harvard-Universität, zu denen sie von Studentenorganisationen und dem Redaktionsteam der für die Rechte Homosexueller eintretenden Zeitschrift *The Advocate* gebeten worden war, sie schrieb ihre Beiträge für *Two Cities* und berichtete aus Venedig von der Herbstmodenschau der italienischen Alta Moda, sie tüftelte an einer zweiten Version der *Sonnenbarke*, quälte sich damit, Grund in ihr Tagebuch zu bringen – »ich war so lange spontan und sprunghaft, daß ich nichts mehr ordnen kann«[217] –, und nach einer Lesung aus ihren Büchern im Guggenheim Museum fand sie auch noch Zeit, sich mit Renate Druks und deren neuestem Freund, John, einem von schriftstellerischen Ambitionen geplagten ehemaligen Football-Spieler, zu treffen. Nicht ganz unempfänglich für Johns männliche Schönheit und Ausstrahlung, schrieb sie:

»Abendessen mit Renate und John. Er ist groß und außergewöhnlich schön. Er hat zerzauste, leicht gewellte, goldene Haare, klare, aufmerksame, durchdringende blaue Augen, blendend weiße Zähne, buschige Augenbrauen, ein klar gezeichnetes Profil mit einer kleinen Nase, einen vollen, geschwungenen Mund. Er ist strahlend jung und hat makellose Haut. Sie sind glücklich miteinander. Sie reisten zusammen nach Mexiko. Er erzählt, wie er mitten in einem brutalen Spiel sich fragte: ›Was tue ich hier; ich bin ein Dichter‹, während ein genagelter Schuh über seinem Gesicht schwebte, kurz davor, ihn zu verunstalten. Renate sagte: ›Du kannst dir die Vollkommenheit seines Körpers nicht vorstellen. Er ist schön wie ein griechischer Gott.‹ Er möchte ein Boot kaufen und um die Welt segeln.«[218]

Im Frühjahr 1960 wurde Anaïs zu Vorträgen, Lesungen und Signierstunden nach Stockholm eingeladen, wo einige ihrer

Bücher in Übersetzung erschienen waren. Eher vertraut mit der romanischen und amerikanischen Literatur, schwärmte sie von dem »Land Ibsens« und dem »schwedischen Romancier Knut Hamsun«. Die Gastgeber freuten sich, daß ihnen die beiden berühmten Norweger zugetraut wurden, aber die zahlreichen Presseleute, die sie »überschwemmten«, interessierten sich weniger für das Innenleben ihrer Interviewpartnerin als vielmehr für ihr Make-up, ihre Garderobe, ihre Frisur. Kurz zuvor hatten sie die gleichen Fragen Marlene Dietrich gestellt. Geschmeichelt und benommen über so viel Aufmerksamkeit, notierte Anaïs: »Es war eine Kostprobe der Berühmtheit. Als etwas Neues bereitete es Spaß und stellte meine geheime, verborgene Scheu auf eine harte Probe. Als ich ein Restaurant betrat, bat man mich um ein Autogramm. Nach der Gleichgültigkeit in Amerika ist das sehr beglückend.«[219]

Man zeigte ihr die Stadt, fuhr mit ihr in die nach amerikanischem Muster erbauten Vorortsiedlungen und gab ihr zu Ehren Gesellschaften, bei deren Zusammenstellung viel Sensibilität bewiesen wurde. Besonderen Eindruck versprach man sich von der Schauspielerin Ingrid Thulin. Anaïs schrieb: »In Ingrids Gesicht spiegelt sich große Emotionalität; sie hat dunkle, brennende Augen, eine helle Haut und eine warme rauhe Stimme. Sie wollte Ingmar Bergman dazu überreden, ›Ein Spion im Haus der Liebe‹ zu verfilmen, aber er schreibt lieber seine eigenen Drehbücher.«[220] Ebenso erfreut reagierte Anaïs auf die Keramikerin Gunilla Palmstjerna, die Frau von Peter Weiss, die sie noch persönlich einlud. »Ihre Wohnung liegt im obersten Stock eines Hauses im alten Viertel. Sie hat helle Kiefernholzmöbel, seidig und glatt wie die in dem japanischen Haus im Museum of Modern Art, niedrige Decken mit schönen alten Balken, einen großen weißen Kamin. Schöne Keramiken.«[221] Die so Geehrte vergaß zum Schluß nicht, die Schweden insgesamt zu charakterisieren: »Es sind leidenschaftliche Menschen, die in alten Formen, Konventionen und Puritanismus erstarrt sind. Ihr Nacktheitskult ist Teil der athletischen Liebe zu körperlicher Kondition und hat nichts mit Sinnlichkeit zu tun.«[222]

Bevor Anaïs nach Amerika zurückflog, mußte sie wenigstens noch für ein paar Tage durch ihr »geliebtes« Paris bummeln, aber trotz eines durch Empfehlungsschreiben zustande gekommenen Besuchs bei Henri Michaux, der sich wie sie in den zwanziger Jahren für die Surrealisten begeistert und sich seitdem einen eigenen Sprachkosmos geschaffen hatte, irritierte sie diesmal die angespannte Atmosphäre in der Stadt. Die französische Kolonie Algerien stand auf dem Spiel, und überall auf den Straßen und in den Hotels fahndete die Polizei nach politischen Attentätern, die die Bevölkerung durch explodierende Plastikbomben in Angst und Schrecken versetzten.

So kam Anaïs die Einladung eines italienischen Geschäftsmanns und seiner jungen Frau gerade zupaß, sie in ihr Haus nach Florenz zu begleiten. Da sie eine besondere Schwäche für europäischen Luxus im Stil des Palais Lambert in Brüssel hatte, verließ sie um so lieber mit dem wohlhabenden Florentiner Ehepaar die von Nationalisten und Freiheitskämpfern heimgesuchte Künstlermetropole.

Ihre Hoffnungen sollten nicht im mindesten enttäuscht werden. Das Palais erwies sich als ein uraltes Klostergemäuer mit großen Sälen, die prunkvoll ausgestattet waren, und zu allem Überfluß gestand die Frau des Hauses, als sie nach Mitternacht in blutrotem Gewand noch nach dem Rechten sah, der verständnisvollen Autorin zwischen Baldachinbett, Renaissanceschränken und Brokatvorhängen, daß ihre Ehe einem Gefängnis gleiche. »Dies war der befriedigende Moment hinter allen Kulissen, und kein Aufwand an Schönheit, aristokratischem und historischem Hintergrund vermochte den Schmerz einer jungen Frau zu überdecken, die vom Ehrgeiz ihres Ehemanns betrogen wurde.«[223]

Das Leben in New York und Los Angeles, das die aus der Zeit der Borgias Zurückkehrende empfing, war weniger romantisch. Der Vertrieb ihrer Bücher – viertausend Exemplare von *Städte des Innenlebens* waren fertiggestellt – brachte viel Ärger ein, denn sie mußte Pakete schnüren, zur Post bringen und Rechnungen bei den Buchhändlern anmahnen. In dieser Not wandte sie sich an Allan Swallow, der in Denver einen Einmannbetrieb führte und den sie während ihrer ersten Tour durch die Staaten mit Rupert Pole kennengelernt hatte. Sie einigten sich in allen verlegerischen und geschäftlichen Punkten, und Anaïs hielt Swallow die Treue, obwohl sie vom Regen in die Traufe gekommen zu sein schien:

»Es entstand eine genuine Zusammenarbeit. Ich bespreche und unterstütze seine Autoren. Er vertreibt die Bücher, so gut er kann. Große Zeitungen besprechen nie Bücher, die in kleinen Verlagen erscheinen, und das ist das größte Hindernis. Ich entdeckte bald, daß über Allan Swallow auszuliefern beinahe ebenso frustrierend war wie mein Selbstvertrieb. Er konnte nur in Collegezeitschriften Besprechungen erwarten.«[224] Seit Doktor Bogner ihr empfohlen hatte, die Realitäten anzunehmen, entwickelte sich Anaïs zu einer geschäftstüchtigen Frau, als wandele sie in dieser Hinsicht auf den Spuren ihrer Mutter aus den zwanziger Jahren.

Ein anderer Zug, den sie ebenfalls von ihrer Mutter geerbt zu haben schien, den der Hilfsbereitschaft, der ihr bereits mehrere Krisen in ihrem »Taubenschlag« in Greenwich Village eingebracht hatte, machte ihr erneut und fast über zwei Jahre zu schaffen. Sie ließ sich auf eine Korrespondenz mit einem Strafgefangenen ein, über den sie auf irgendeiner Party reden gehört hatte. Es handelte sich um den schriftstellerisch begabten achtundvierzigjährigen Roger Bloom, der sich schon seit geraumer Zeit um schriftliche Kontakte zu bekannteren Autoren bemühte.

Anaïs schrieb ihm, er antwortete begeistert, sie schrieb ihm wieder, schickte ihm eine Schreibmaschine, die aber nicht durchgelassen wurde, und als sie so nach und nach erfuhr, daß Roger wegen einer dubiosen Anhaltergeschichte südlich von St. Louis, über die er sich nicht näher äußern wollte, bereits siebenundzwanzig Jahre seiner lebenslänglichen Haftstrafe in seinem Gefängnis in Los Angeles verbracht hatte, bemühte sie sich zusammen mit anderen namhaften Künstlern, das Justizministerium von Kalifornien zu einer Begnadigung zu bewegen.

Anaïs Nin bei der Arbeit an ihrer Handpresse in New York.

Die Schauspielerin Luise Rainer Anfang der vierziger Jahre.

Oben: Tennessee Williams.
Unten: Gore Vidal.

Anaïs Nin, fotografiert im Atelier von Jean (Yanko) Varda.

Auch Henry Miller war mit von der Partie, und er besuchte Roger sogar und brachte ihm einige seiner Bücher. Da jedoch der Gnadenausschuß das mehrmals eingereichte Ersuchen immer wieder abschlägig beschied und Roger sich schließlich unter Hinweis auf seine guten Kumpel mit seinem Schicksal abgefunden hatte, schlief die Verbindung zwischen den Außenseitern diesseits und jenseits der Gefängnismauern mit der Zeit ein. In einem seiner letzten Briefe schrieb Roger: »Vor einigen Tagen unterhielt ich mich mit Sammy im Hof. Wir stellten uns vor, was aus einem solchen Ort würde, wenn jeder Gefangene einen Freund wie Sie hätte. Wir kamen beide zu dem Schluß, in einem solchen Fall würden diese Mauern einfach zusammenstürzen, und kein Mensch wäre mehr hinter ihnen gefangen.«[225]

In Nins Korrespondenz tauchte Anfang der sechziger Jahre ein weiterer neuer Name auf, der von Marguerite Young, einer auf dem Land lebenden und das Landleben in ihre historisierenden Romane integrierenden Schriftstellerin, die sie 1959 kennengelernt hatte. »Marguerite Young«, schrieb sie in jenem Jahr, als sie sich bereits mit der Veröffentlichung ihrer Tagebücher trug und sich um mehr Objektivität bemühte, »orientiert sich in ihren Träumen nicht an Mythen. Sie hält sich an Folklore, an ihre Kenntnisse des amerikanischen Lebens und Charakters, die sie im sehr bodenständigen Mittleren Westen erworben hat, in Indiana, wo sie geboren wurde.«[226] Young erlebte später eine ähnlich große Enttäuschung mit der New Yorker Kritik, die ihr Buch *Miss MacIntosh, My Darling*, an dem sie siebzehn Jahre gearbeitet hatte, mehr oder weniger ignorierte, da es den falschen politischen Ton hatte.

Da sich der von Allan Swallow geleitete Vertrieb nur mühsam über Wasser hielt und wenige Chancen bot, auch aktuelle Texte zu verbreiten – *Eve* und *Two Cities* hatten sich ökonomisch als Fehlschläge erwiesen –, ging Anaïs auf den Plan der verlegerisch erfahrenen Literatin Lila Rosenblum, einer Bekannten von Jim Herlihy, ein, eine provozierende Frauenzeitschrift mit dem Titel *Fair Sex* herauszugeben und mit eigenen Beiträgen zu versehen. Andere Mitherausgeber waren bereits gewonnen, ein Fotograf und ein Graphiker engagiert, und sogar das Briefpapier mit aufgedruckter Adresse der Redaktion lag bereit. Lilas Vater wollte die Hälfte des Startkapitals stiften, und so fehlte nur noch die andere Hälfte, die Lila von einem jungen Millionär aus Phoenix versprochen worden war, der sich telefonisch als Mäzen angeboten hatte und den Scheck persönlich überreichen wollte. Das Ende der Geschichte nahm schließlich jeder mit Humor. Der Millionär, den sie mit Champagner auf »Spesen« und in Fliedersträußen versteckten Glühbirnen erwarteten, erschien nie. Wie sich später herausstellte, arbeitete er als Gärtner bei einem Millionär in Phoenix, durch den er auf die Idee der Gönnerschaft gekommen war oder, wie Anaïs gutmütig idealisierend erklärte: »Sein Traum verband sich mit unseren Träumen.«[227]

Im Sommer 1961 war ein großer Augenblick für das Privatleben von Anaïs gekommen. Das Haus, das Lloyd Wright für Rupert und sie an einem Berghang des Silver Lake im Osten Hollywoods gebaut hatte, konnte bezogen werden. Eine Art Verwurzelung, gegen die sie sich immer so sehr gewehrt hatte, fand nun doch statt. Aber durch die sich vermehrende Anzahl ausländischer Verlage, die ihre Bücher übernahmen, durch die Vortragsreisen und schließlich durch den überwältigenden Erfolg ihrer veröffentlichten Tagebücher wurde sie öfter, als ihr guttat und ihr lieb war, aus ihrem zweiten Eigenheim seit Richmond Hill herausgerissen. Das Apartment, das sie mit Hugo in New York bewohnte, besaß jetzt fast nur noch Hotelcharakter für sie.

Das Haus am Silbersee mit Swimmingpool und exotischem Garten machte sie überglücklich und tröstete sie während der letzten Monate ihres Lebens, als sie schwer krebskrank im Bett lag und die Vögel, die sie besonders liebte, auf den Zweigen der Bäume beobachtete. »Es stand ganz in der Wrightschen Tradition, das Leben im Haus und in der Natur zu vereinen, Natur und Herd zusammenbringen. Haus und Natur standen in einer Wechselbeziehung und verschmolzen miteinander – Schutz und die Freiheit der Wälder. Die Vögel schienen durch das Haus zu fliegen und dort ihre Nahrung zu suchen. Es schien an dieser Stelle gebaut worden zu sein, damit man den Sonnenuntergang betrachten könnte.

Ich hatte ein kleines Zimmer, in dem ich schrieb. Wenn ich im Wohnzimmer saß, das den Blick auf die Berge, den See und den Himmel freigab, wurde meine Aufmerksamkeit wie in Mexiko von immer neuen Dingen angezogen; ich wurde eins mit der Natur. Das Haus war auf eine Weise schön, daß ich nie ein Gefühl von Verlust, des Abbruchs oder der Enttäuschung empfand, ob ich nun aus Mexiko oder aus Paris zurückkam. Die Reise dauerte an. Die Lichter des Hauses, die sich im See spiegelten, konnten die Lichter von Acapulco sein, die Lichter der italienischen Riviera.«[228]

Der Bitte eines französischen Verlags, im Herbst 1961 nach Paris zu kommen, gab Anaïs vor allem nach, weil sie in Paris den französischen Regisseur Jean-Gabriel Albiocco treffen wollte, der sich für *Ein Spion im Haus der Liebe* interessierte. Anaïs hatte eine Schauspielerin kennengelernt, Tracey Roberts, die sie an Luise Rainer erinnerte, aber sie noch mehr faszinierte, weil sie ein Ebenbild von Sabina, der Hauptfigur aus *Spion*, zu sein schien, und deren Rolle sollte sie auch spielen. »Ich glaube, sie ist Sabina, aber ich bin mir noch nicht sicher. Sie hat eisblaue Augen, schwere Haare, eine schimmernde Haut von der gleichen Intensität wie die der dunkelhäutigen, schwarzäugigen Südländerinnen. Für mich ist sie, was ich eine russische Schönheit nenne.«[229] Noch aufregender wurde es, als Anaïs die Beobachtung machte, daß Tracey die Laszivität und auch die selbstzerstörerische Trägheit von June hatte.

Das Treffen mit Albiocco fand statt. Er versprach, das Treatment für den Film persönlich anzufertigen, sobald er mit Dreharbeiten in Südamerika fertig sei, und Anaïs konnte ihm versprechen, daß französische Freunde die Produktionskosten übernehmen würden. In Los Angeles mußte sie Tracey beruhigen, die weder Amerika noch Hollywood verlassen wollte und sogar ihre Ersparnisse anbot, um in amerikanischen Studios arbeiten zu können. Nach endloser Wartezeit kam ein Brief von Albiocco, daß er wegen Arbeitsüberlastung das Treatment einem anderen übergeben habe, und als dieser andere schließlich die Drehbuchskizze ablieferte, konnte Anaïs nur ausrufen: »Reinster Schund, banal, ohne Tiefe, ein einziges Klischee, völlig wertlos!«[230]

Das einzige, was Anaïs zurückbehielt, war die Freundschaft mit Tracey, die sich allerdings zu einer solchen Belastung entwickelte, daß sie Doktor Bogner ihr Leid klagen mußte. Die Arbeit an den alten Tagebüchern ging jedoch verhältnismäßig zügig weiter. »Ich habe einhundertfünfundsiebzig Seiten abgeschrieben und überarbeitet. Endlich scheine ich zu wissen, wie ich das Tagebuch behandeln muß. Da es wie ein Skizzenbuch geschrieben ist, bedarf es der Fähigkeit eines Schriftstellers, um die richtige Auswahl zu treffen und Streichungen vorzunehmen. In einem Skizzenbuch wird dieselbe Person auf der Suche nach immer neuen Blickwinkeln, Veränderungen und einer neuen Sehweise vielleicht fünfundzwanzig Mal festgehalten. Diese beinahe identischen Wiederholungen müssen gestrichen werden. Menschen verändern sich, und Veränderungen sollten festgehalten werden, aber in der Auswahl, im Feststellen fehlender Brücken liegt ein künstlerisches Element.«[231]

Mit Genugtuung beobachtete sie, daß immer wieder da und dort Artikel und Essays über ihre Romane und über sie selbst erschienen, aber es war doch eher Futter für den Underground, für eingeweihte Künstlerkreise, für strebsame Akademiker und keine Themen für Kritiker, die zählten, für Verleger, die hohe Auflagen drucken ließen. Sie mußte weiter warten, und sie mußte sich von ihrer Nervosität, die auch das »Haus« nicht besänftigte, ablenken und gleichzeitig Material für ihr gegenwärtiges Tagebuch sammeln, das einerseits zu schrumpfen, andererseits sich durch Briefe aufzublähen begann.

Zur Ablenkung und Unterhaltung hatte sie in Los Angeles Tracey, die jedoch immer mehr in Trägheit versank, oder Renate, die inzwischen mit John verheiratet war, sich aber schon wieder von ihm scheiden lassen wollte und aus diesem Anlaß

»Happenings« in Schwarz veranstaltete, oder flüchtige Partybekanntschaften, die nur wiederholten, was sie bereits wiederholt hatten.

In New York kam sie zwar weniger zum Arbeiten, dafür aber war das Unterhaltungsprogramm abwechslungsreicher. Im Winter 1962/63 hielt sie im College von Greenwich, Connecticut, vor der Literaturklasse Marguerite Youngs einen Vortrag, traf sich mit einer weiblichen Neuentdeckung, der jungen japanischen Schriftstellerin Nobuko, sah sich Ian Hugos letzten Film über Venedig, *Gondola Eye*, an und besuchte Tennessee Williams in dessen Erdgeschoßwohnung, »einer garçonnière für garçons«.

Anaïs war niemals eng mit Williams befreundet gewesen, aber seit Robert Duncan, eins ihrer »Kinder«, ihn ihr in den vierziger Jahren in Provincetown am Strand vorgestellt hatte, bekam sie gelegentlich Theaterkarten für Aufführungen seiner Stücke, die sie anfangs schätzte, später aber als kaum noch verhüllte psychoanalytische Fälle ablehnte. Der Besuch bei Williams im Frühjahr 1963 bot ihr reichlich Material für ihr Tagebuch, aber das Alkohol- und Drogenwrack, dem sie begegnete, erschütterte sie zu sehr, als daß sie bei der Aufzeichnung dieses Abends ihre Emotionen ganz verbergen konnte. Daß sie eine gewisse Genugtuung darüber empfand, einen der erfolgreichsten und angesehensten amerikanischen Dramatiker seiner Zeit in fast hilflosem Zustand zu sehen, konnte sie ebensowenig unterdrücken, eine Schwäche, der sie seit frühester Jugend immer wieder unterlag, wenn die Eifersucht auf eine starke oder berühmte Persönlichkeit sie überfiel. Ihr Gefühlsgemisch kommt in folgenden Auszügen der makabren Studie deutlich zum Ausdruck:

»Tennessee stand beinahe immer im Scheinwerferlicht der Öffentlichkeit. Man sagte mir: ›Tennessee trinkt zuviel. Er nimmt Schlaftabletten und dann wieder Tabletten, um wach zu werden, und das beeinträchtigt seine Arbeit und sein Erinnerungsvermögen.‹ Er wirkte klein, weich, eine Mischung aus alter Dame und Kind, kleine, weiche Hände, der Kopf rund und voll, die Augen leicht hervortretend – aber der ganze Mensch schien sich im Stadium der Auflösung zu befinden. Er gab sich Mühe, Haltung zu bewahren, und überreichte mir eine rote Blume in einer winzigen Glasvase. Er spitzte die Lippen, und ich mußte dabei an eine Knospe denken. Wir umarmten uns. In seinen Bewegungen lag nichts vom Taumeln und Schwanken der Trunkenheit. Sie ähnelten eher denen eines Menschen, der unter Drogen steht oder unter Wasser schwimmt. Er ging sehr vorsichtig. Seine Augen verschwammen. Plötzlich entdeckte ich, daß sich in ihm, in dem zerfließenden Gesicht, den weichen Händen, alle alternden, verzweifelten Frauen spiegelten, die er porträtiert hatte.

Wir standen alle unter dem Druck, Tennessee unterhalten zu müssen. Die drei jungen Männer sprachen kaum. Zwischen den Worten entstanden beklemmende Pausen; er verlor den Faden, die Stimme versagte, er schwieg. Es war, als säße man neben einem Kranken, der Träume und Alpträume hat, und mir wurde plötzlich klar, daß wir in all diesen Jahren die Zeugen von Tennessees Alpträumen gewesen waren. Die Welt hatte ihn so reich beschenkt, aber die Alpträume verschlangen ihn. Ich sehe, wie sich Tennessees Gesicht verändert, nicht das lächelnde Gesicht des Tennessee in Gesellschaft, sondern die erschlaffenden, unter der Angst der Alpträume zerfließenden Fettpolster des Babys und der Frau.«[232]

Ähnliche Mischtöne aus Schadenfreude einer sich verkannt fühlenden Künstlerin und aus Mitleid einer mütterlich empfindenden Frau kennzeichneten auch später noch, als Nin eine berühmte Tagebuchschreiberin, aber weiterhin keine Literaturgröße war, ihre Beobachtungen. Über André Malraux, den de Gaulle zum Kulturminister ernannt hatte, schrieb sie: »Ich erinnerte mich an den schmächtigen, leidenschaftlichen Malraux aus der Zeit des spanischen Bürgerkriegs, als Gonzalo und ich zu den Veranstaltungen gingen, auf denen er gegen den Faschismus sprach. Dieses Bild konnte ich mit dem Mann vor mir, einem gutgenährten und zufriedenen Geschäftsmann, nicht in Einklang bringen. Er wirkte wie ein gutsituierter

Bourgeois mit leicht hervorstehenden Augen und nervösen Ticks.«[233]

Oder über Henry Miller, den sie 1973 in Los Angeles im Krankenhaus besuchte, und der trotz starker physischer Einbußen bis zu seinem Tod 1980 – er wurde fast neunzig Jahre alt – unermüdlich weiterschrieb (unter anderem an seinen Erinnerungen *Book of my Friends*, in denen er Anaïs eine »ungeheuerliche Lügnerin« und »Wortverdreherin« nannte). Anaïs bewunderte ihn als Schriftsteller, seit sie Rupert und Mexiko kannte, aber es fiel ihr schwer, einen Mann zu akzeptieren, der sie als Künstler in der Öffentlichkeit überflügelt hatte und dessen Bücher Lawrence Durrell – sie zitierte es sorgfältig im Tagebuch – als »Pißbudenliteratur« bezeichnete. Mit subtiler Genugtuung und echtem Mitgefühl schrieb sie über den gerade operierten Henry: »Er war so schwach und zerbrechlich. Als Nebenwirkung der Operation ist er auf dem rechten Auge blind. Er hört nicht mehr gut. Als er mich bat, ihm die Kissen wegzunehmen, damit er liegen und ruhen könne, hatte ich beinahe das Gefühl, er wolle sich zusammenrollen und für immer einschlafen. Ich möchte nicht wie Miller leben, hinkend, mit Schmerzen, nicht mehr in der Lage zu reisen. Henry, der einmal so gesund, so fröhlich und so lebendig war, der unermüdlich laufen konnte und mit Genuß aß.«[234]

Anaïs Nin blieb auch nach dem riesigen Erfolg ihrer Tagebücher zutiefst unzufrieden, denn das, was sie sich seit ihrer Kindheit sehnlichst erwünscht und wonach sie ein Leben lang gestrebt hatte, eine berühmte Schriftstellerin zu werden, war ihr versagt geblieben. Der Kampf, den sie seit Mitte der dreißiger Jahre erst in Paris und dann in New York führte, um ihre literarischen Texte veröffentlicht und von »Fachleuten« belobigt zu sehen, beweisen deutlich genug, daß ihr an einer Karriere als Originalgenie mehr lag als an dem Ruf, eine geniale Buchhalterin des Tages zu sein. Der Ruhm, den sie faute de mieux durch die Tagebücher erntete, brachte ihr viel Rummel ein, aber nicht den erhofften Status einer Schriftstellerin, wie ihn Marguerite Young – zu ihr, der »echten«, aber erfolglosen Dichterin, fand sie eine Brücke: »Sie lebt in der hermetisch abgeriegelten Zelle ihrer selbsterschaffenen Welt. Wir sind Fiktionen. Ich bin eine Fiktion«[235] – oder Simone de Beauvoir besaßen. Über die französische Autorin, die im Alter mehrere autobiographisch gefärbte Romane schrieb, äußerte sich Nin 1971 einer Pariser Journalistin gegenüber: »Ich respektiere Simone de Beauvoir als Künstlerin, auch deshalb, weil es ihr gelungen ist, die Fesseln ihrer Herkunft abzustreifen. Ich halte ›Das andere Geschlecht‹ für ein altmodisches Buch. In gewisser Weise habe ich sie immer als Schatten Sartres gesehen. Sie bejahte Sartres Existentialismus und scheint daher ihre Emotionen und Intuitionen wie er zu verleugnen. Deshalb sind die Frauen in ihren Romanen für mich falsch und unreal.«[236]

Das, was letztlich die Qualität eines Schriftstellers ausmacht, die Originalität seiner Sprache, fehlt in beinahe allen Texten Nins, in denen der Tagebücher wie in denen ihrer literarischen Kompositionen. Sie war ein Medium, das ungeheure Kräfte daransetzte, möglichst viel von ihrer Welt und aus ihrer Zeit aufzunehmen und fast identisch wiederzugeben. Sie spürte diesen Zwang, und sie litt darunter, und sie erkannte erst, daß sie diese ungewöhnlich stark ausgeprägte Begabung durch ihre persönlich veranlagte und in Amerika nur noch gesteigerte Sucht nach Erfolg verraten hatte, als sie, erfolglos als Literatin, ihre Tagebücher – immerhin und bezeichnenderweise mit großen Hemmungen – zur Veröffentlichung vorbereitete und jetzt »objektivierte«, so daß sogar noch der intuitive Sprachfluß teilweise verlorenging.

Unter den unzähligen Besprechungen von Nins Tagebüchern, die auch in Deutschland die Feuilletons der Zeitungen ab 1968 füllten, gab es nur eine, die das reiche Material, das Nin als phänomenales Medium anbot, von der Sprache, in der es übermittelt wurde, radikal trennte. Verweise auf Sprachanleihen, die meist erfolgten und von Proust bis Miller und von Artaud bis D. H. Lawrence reichten – Nin selber nannte außerdem Jean Giraudoux, Pierre Jean Jouvet und Djuna Barnes –, umkreisten nur immer den Kern, nämlich den, daß Nin keine eigene Sprache zur Verfügung hatte, wie zum Beispiel Henri Michaux, von dessen Sprachgenie Nin wußte und den sie wenigstens einmal in seinem Arbeitszimmer sehen wollte, um dann festzustellen: »Ich fühlte in seiner Gegenwart einen solchen Mangel an Wärme, daß er mir vorkam wie ein Mensch aus der Eiszeit.«[237]

Überraschend hellsichtig, um nicht zu sagen medial, schrieb Ernst Grollmann in den *Neuen deutschen Heften* 1980: »Es genügt nicht, Zitate zu bringen, nicht einmal, einen oder auch alle Bände pedantisch die Tage nacheinander durchzulesen, was keine kleine Strapaze ist. Wenn jemand selbst nicht siebt, muß es also fast zwangsläufig der Leser tun. Diese Frau ist gewiß ein Genie der geistigen Kommunikation, eine Dame, die im deutschen Umkreis am ehesten Verwandte in der Romantik hat. Rein von den Horizonten her, in denen sich ihr Leben bewegt hat, kommt man sich provinziell vor.

Nun noch einmal das Geschriebene. Schließlich ist es ja eine unbändige im Wortsinn ›literarische‹ Leidenschaft, die das Leben der Anaïs Nin beherrscht hat. Doch nein, Anaïs Nin hat wohl keine Sprache, soviel sie auch zu erzählen hat, und dies niemals in schnödem, immer in menschlichem Geist, gemischt aus Einfühlung und Kritik, aus Realitäten und Reflexionen. Es ist kaum vorstellbar, daß diese Tagebücher in die von Land zu Land unterschiedlich geordneten Bestände der Weltliteratur eingehen.«[238]

Trotz des ermüdenden Kopierens und Retuschierens der Tagebuchblätter begann Anaïs im Herbst 1963 auch noch die Briefe, die sie seit Mitte der dreißiger Jahre von Henry Miller erhalten hatte, zusammenzustellen. Ihr Literaturagent Gunther Stuhlmann unterstützte sie in diesem Vorhaben, denn er rechnete damit, daß sich ein indirekt von dem inzwischen berühmt gewordenen Autor der *Wendekreise* geschriebenes Buch auf die Veröffentlichung der Ninschen Tagebücher vorteilhaft auswirken würde. Von Anaïs Gegenbriefen wurde nicht eine Zeile aufgenommen, weil sonst der Band, so Stuhlmann im Vorwort der Erstausgabe von 1965, »allzusehr angewachsen wäre«. Vielleicht hatte ihr Stuhlmann abgeraten, denn noch war Henry Miller der bekanntere Autor, so ungerecht das auch sein mochte.

Eine dritte Fleißarbeit, der sich Anaïs mit ihren schon immer erstaunlich regenerierungsfähigen Energien hingab, bestand aus dem letzten Versuch, auf literarischer Ebene einen Durchbruch zu erzielen. Sie stellte aus ihren »amerikanischen« Tagebüchern und Notizen eine Sammlung von besonders markanten Charakteren zusammen, die eine Reihe von neunzehn Kapiteln bildeten. Bis auf den Trick, daß das letzte Kapitel das erste wiederaufnahm, gab es als Verbindung zwischen den einzelnen Teilen weder eine Person noch einen gemeinsamen Ort noch einen Handlungsfaden. Diese 1964 von Allan Swallow veröffentlichten *Collages*, die nicht einmal Kurzgeschichten oder Anekdoten ähnelten, fanden nur noch bei Intimfreunden Nins Beachtung, da sie gern rätselten, hinter welcher Figur, hinter welchem Detail sie sich selbst verbargen.

Wegen des Filmprojekts *Ein Spion im Haus der Liebe* ließ sich Anaïs im Frühjahr 1964 noch ein weiteres Mal nach Paris locken. Marguerite Duras hatte ihr Interesse bekundet, das Drehbuch zu schreiben. Man traf sich erst unter vier Augen: »Wir umarmten uns wie alte Freundinnen. Sie ist klein und wirkt mit ihrem kurzen dunklen Haar und den leuchtend schwarzen Augen orientalisch. Sie liebt ›Ein Spion im Haus der Liebe‹ und sagt, es sei ein sehr schöner Roman. Sie ist bereit, es für den Film zu adaptieren.«[239] Dann traf man sich mit dem Regisseur Robert Wise und seinem Stab in Salzburg: »Salzburg ist zauberhaft. Ein breiter Fluß, eine alte Stadt, Blumen und Berge.«[240] Und schließlich traf man sich wieder in Paris.

Zurück in Los Angeles, mußte Anaïs erneut eine kleine Ewigkeit warten, und erneut gab es ein bitteres Ende: »Das Drehbuch kommt. Es ist ganz Marguerite Duras. Das ist nicht meine Sabina aus ›Ein Spion‹. Ich übersetzte es und war enttäuscht: eine veränderte, geänderte und nicht wiederzuerkennende Geschichte. Manchmal konnte ich die Ironie darin erkennen: die Kombination meines verschleierten Schreibens mit Marguerite Duras' indirektem Stil konnte nur dichten Nebel hervorbringen. Noch eine schmerzliche Enttäuschung, die ich am wenigsten erwartete.«[241]

Als im Sommer 1965 endlich alle Vorbereitungen für eine Veröffentlichung des ersten Bands der Tagebücher getroffen waren – Anaïs und Gunther Stuhlmann wollten mit den Jahren 1931 bis 1954 beginnen, da die Affäre mit Henry Miller in Paris gut zu dem Briefband passen würde und außerdem noch andere bekannte Namen im Spiel waren –, erlebte Anaïs eine Krise: »Es begann mit einem Alptraum: ich öffnete meine Haustür und wurde von einem tödlichen Blitz getroffen.« Ihr nächster Weg führte sie gewohnheitsgemäß zu Doktor Inge Bogner, die in geduldigen Gesprächen die ihr bereits bekannten Ursachen der Krise herauslockte. Anaïs faßte zusammen: »Die Mehrzahl der Kritiker hatte meine Romane boshaft rezensiert. Was würden sie mit dem Tagebuch tun? Die alten Schuldgefühle wegen sinnlicher Erlebnisse stellten sich wieder ein. Hier lag mein eigenes Tabu. Plötzlich hatte ich das Gefühl, mich der Gehässigkeit der Welt auszuliefern.«[242]

Da während der Behandlungsdauer mehrere Verlage, denen Stuhlmann Auszüge aus den redigierten Tagebüchern zugeschickt hatte, sich nur negativ äußerten, schienen sich Anaïs' Befürchtungen zu bestätigen. Dann aber reagierte sie, wie schon einmal, als sie 1934 in Paris das Vorwort zu Henry Millers »obszönem« Buch *Wendekreis des Krebses* entgegen dem Rat vorsichtiger Freunde geschrieben hatte, mit dem Trotz und dem Stolz einer Autorin, die nicht nur, wie Marguerite Young, siebzehn Jahre, sondern über fünfzig Jahre an ihrem Werk gearbeitet hatte: »Aber eine andere, weit stärkere Kraft drängte mich vorwärts – ich glaubte an das Tagebuch. Hier hatte ich mein natürlichstes und ehrlichstes Schreiben verwirklicht. Der Zwang zur Geheimhaltung belastete mich zu sehr; ich war es leid, nur einen kleinen Teil meiner Arbeit zu zeigen. Ich wußte, der stärkste und beste Teil meines Werks lag hier. «[243]

Der Kampf mit den Verlagen konnte jetzt von Gunther und Anaïs mit vereinten Kräften geführt werden. Die Absagen erstickten in geheucheltem Interesse und in Lobeshymnen, endeten aber jeweils mit dem bedauernden Hinweis auf das zu hohe kommerzielle Risiko. William Morrow, einer der bekanntesten Verleger in New York, schrieb persönlich: »Ich muß Ihnen leider mitteilen, daß wir uns nicht für den richtigen Verlag der Tagebücher halten. Um offen zu sein, uns enttäuschte der erste Teil vom rein redaktionellen Standpunkt aus; vielleicht liegt das aber auch daran, daß wir uns nicht ganz auf Anaïs Nins Standpunkt und Stil einstimmen können. Wie auch immer, wir vermißten in diesem Teil die Direktheit und das Gefühl des Kontakts mit wirklichen Menschen, das man in einem Tagebuch erwartet. Alles wirkt beinahe wie ein Roman, selbst wenn es spontan niedergeschrieben wurde, und das vorliegende redigierte Manuskript verstärkt diesen Eindruck noch. Man liest das Tagebuch beinahe wie einen offen strukturierten Roman. Kurz gesagt, wir sehen nicht, daß das Buch einen größeren Leserkreis als den derzeitigen ansprechen wird – eine treue, aber, wie wir glauben, kleine Leserschaft. Im Hinblick darauf bedeutet dieses Projekt eine unangemessene Investition, selbst bei Unterstützung von Allan Swallow. Ich schicke Ihnen hiermit das Manuskript zurück.«[244]

Anaïs und Gunther gaben jedoch nicht auf. Während sich Anaïs zwischendurch zu Nobuko flüchtete, die sich wieder einmal in New York aufhielt – »Sie trägt weiße Spitzenstrümpfe und ein erbsgrünes Wickelkleid. Sie hat einen Mittelscheitel, und riesige Gänseblümchen halten ihr loses schwarzes Haar hinter den Ohren zusammen. Beim Lachen verbirgt sie das Gesicht hinter den Händen. Sie beugt sich zu mir herüber und flüstert verschwörerisch: ›Anaïs, ich werde dir alles erzählen‹«[245] –, bereitete Gunther die nächste Werbeparty vor. Dann kam alles ganz plötzlich und wie selbstverständlich. An seinem Cocktailglas nippend, sagte Hiram Haydn, der Cheflektor des Verlags Harcourt und Brace, zu Anaïs: »Ich liebe es, ich werde es machen.« Er fügte hinzu, daß er eine Tochter habe und daß ihn die Vater-Tochter-Beziehung im *Tagebuch* tief berühre.[246]

Anfang des Jahres 1966 erfuhr Anaïs, die sich gerade mitten in der Lektüre der ihr vom Verlag zugeschickten Fahnenabzüge zum ersten Band des *Tagebuchs* befand, daß sie an Krebs erkrankt sei. Vor der Operation dachte sie: »Wenn ich nicht überlebe, sterbe ich in dem Glauben, im Leben versagt zu haben.«[247] Als sie die Klinik wieder verlassen durfte und ihre Post durchsah, atmete sie auf: »Alle zeigen jetzt Interesse, Spannung, Neugierde und Wohlwollen.«[248]

Und dann erlebte Anaïs endlich den Rausch des Erfolgs: »Band I der Tagebücher ist erschienen! April, Mai und Juni [1966] haben alle Enttäuschungen der Vergangenheit ausgelöscht. Ich erhielt wunderbare Besprechungen. Ich sprach im Barnard College vor einem überfüllten Saal. Es gab eine Sendung im ›Camera Three‹ mit realitätsgetreuen Kulissen von Louveciennes, und ich las aus dem Tagebuch. Eine Signierstunde im ›Gotham Book Mart‹. So viele Menschen kamen, daß sie auf den Treppen standen, im unteren Teil des Ladens und sogar auf der Straße. Einer meiner Korrespondenten bezeichnete meine Post nicht als Fanpost, sondern als Liebesbriefe. Plötzlich herrschten Freude, Feiern, Lob; es gab Einladungen zu Vorlesungen, Interviews, und man schickte Blumen. Einer meiner jungen Lieblingsdichter streute Rosenblätter über mein Haupt.«[249]

Der Erfolg erhöhte sich schon bald zu Ruhm, denn innerhalb von drei Jahren wurde das Tagebuch weltweit übersetzt, in hohen Auflagen verkauft und mit Lob überschüttet. Insgesamt erschienen bis 1985 in Amerika elf Bände – das *Intime Tagebuch* (Henry, June und ich) kam erst 1986 nach dem Tod Nins heraus –, von denen bis auf die Jahrgänge 1921 bis 1931 alle in deutscher Übersetzung veröffentlicht wurden (bis 1993). Die überschwengliche Begeisterung wich von Fortsetzungsband zu Fortsetzungsband und im Lauf der Jahre einer fast ebenso extremen Ablehnung.

Begeisterung und Ablehnung hingen aber gleichermaßen von Zeiterscheinungen und Modewellen ab. Während der sechziger Jahre, als Nins erste Tagebücher bekannt wurden, herrschte eine allgemeine Aufbruchstimmung in den westlichen Industrieländern gegen jede individuelle Einengung durch Normen, Autorität und Staatsgewalt. Nach den Studentenrevolten 1968 wandelte sich vieles. Sexuelle Freizügigkeit wurde zur Norm – heute gibt es an jeder Straßenecke einen Pornoladen, und Badeorte ohne Nacktstrände müssen Konkurs anmelden –, Frauenorganisationen und Umweltschützer bildeten immer stärker werdende politische Kräfte, und Ehe und Familie verloren ihren zwingenden Alleinheitsanspruch auf die Gestaltung individuellen Lebens.

Anaïs Nin hatts teils bewußt, teils unbewußt für diese Ziele einer freieren Gesellschaft und eines freieren individuellen Umgangs gekämpft, gelebt und geschrieben. Da sie jedoch keine Theoretikerin war, blieben viele zeitgebundene Bilder in ihrem Tagebuch haften, die sowohl die fast hysterische Verehrung ihrer Person – vor allem durch die amerikanische Jugend – als auch die Schmähung ihrer bekenntnishaften Texte durch Literaturkritiker und Feministinnen verursachten.

Die Tagebücher Nins verdienen aber mehr als nur oberflächliche Beachtung. Sie enthalten unter ihrer Zeitpatina und hinter ihren mitunter verblaßten, mitunter zu grellen Bildern unschätzbare Dokumente über die Spätphase der bürgerlichen Epoche, über den geistigen und künstlerischen Nährboden, aus dem das moderne individuelle Selbstverständnis erwuchs, und über den Kampf einer Frau, weiblicher Artikulation zu künstlerischer Gleichberechtigung zu verhelfen. Alles in allem ein faszinierendes Werk mit lebendigen Porträtzeichnungen, allgemeingültigen Betrachtungen über die menschliche Natur, Schilderungen einer internationalen Bohème, deren Vorbildcharakter auf dem Gebiet geistiger und moralischer Toleranz noch lange nicht verlorengehen wird, und in jedem Detail dieses schillernden Mosaiks vibriert ein Leben nach, das dem Chaos der sich selbst zerstörenden Menschheit eine schützende Illusion abzutrotzen versuchte.

Durch die Vermittlung der anhänglichen und rührigen Nobuko erhielt Anaïs im Sommer 1966 eine Einladung von einem japanischen Verlag, der *Ein Spion im Haus der Liebe* veröffentlichen wollte. Seit vielen Jahren neugierig auf Asien und nicht unvorbereitet, was die Kenntnisse in japanischer Literatur betraf, nahm sie die Einladung umgehend an. Da sie für den ersten Tagebuchband bereits einen Vorschuß auf ihr Honorar erhalten hatte, erweiterte sie ihr Reiseprogramm und besichtigte anschließend an ihren Japanaufenthalt noch Hongkong, Bangkok, Manila und Singapur.

Sobald sie wieder in Amerika war, wurde sie von Einladungen zu Vorträgen und Lesungen, von Briefen – zeitweise bis zu zweihundert täglich – und Terminen für Interviews überschüttet. Ihr Tagebuch wurde zur Bibel unglücklich liierter Frauen, männerliebender Männer, schreibwütiger Teenager und frustrierter akademischer Literaten. Anaïs erkannte zwar bald, daß sie eher als Beichtmutter mißbraucht und weniger für ihre persönliche Leistung bewundert wurde, aber sie konnte der Flut, die sie erfaßt hatte, nicht mehr entkommen. Auch aus Europa trafen zeitverschoben, da die Übersetzungen erst fertiggestellt werden mußten, gleiche Anfragen und Bitten, sich zu zeigen und über jedes nur erdenkliche Problem zu sprechen, in Hülle und Fülle ein. So vergingen die Jahre schneller, als es ihr lieb war, denn zwischen Los Angeles und Paris, zwischen New York und London, zwischen den Universitätsstädten in Amerika und der Messestadt Frankfurt am Main, wo sie im Oktober 1969 auftrat, blieb ihr weder Zeit, ihr jüngstes Tagebuch zu füllen, noch sich um alte Freundschaften zu kümmern.

Daß sie bei allem an ihre fortschreitende Krebserkrankung dachte, wußten nur die wenigsten. Ab Anfang 1970 mußte sie sich regelmäßig einer chemotherapeutischen Behandlung unterziehen. Ihre Fähigkeit, sich in Illusionen zu bewegen, half ihr, die deprimierende Prozedur zu überstehen. In ihren selbstsuggerierten Bildern floh sie zu Rupert, ihrem »Förster«, wie sie ihn gelegentlich im Tagebuch nannte, denn er war der einzige Mensch, der ihr in Momenten der Angst und Beklemmung, die auch vor den Kameras und Mikrofonen, bei den Vorträgen vor bis zu über tausend Studenten und auf Partys zunahmen, Trost bedeutete. In der Öffentlichkeit spielte sie die Zerbrechliche, die Weise, die ewig junge und attraktive Frau, wenn sie jedoch in den Behandlungsraum der Klinik geführt wurde, wußte sie, daß sie ihre ureigenen Kräfte, aus denen ihr Tagebuch entstanden war, sammeln mußte, um nicht der Angst vor dem Chaos zu erliegen.

»Um neun Uhr fünfzehn komme ich in den Bestrahlungsraum. Es ist ein gelbes Zimmer. Die Maschine ist riesig. Eine fröhliche Krankenschwester richtet sie auf mein Becken und schaltet sie ein. Das Geräusch ist ohrenbetäubend. Vom ersten Tag an nahm ich mir vor, die Augen zu schließen und die Bestrahlung zu unterstützen. Mir gelang, was ich spirituelle Bestrahlung nenne. Als ich dort in dem hellgelben Raum unter dem riesigen gelben Gerät lag und das laute Geräusch einsetzte, auf das man mich vorbereitet hatte, schloß ich die Augen und ließ schöne, glückliche, sinnliche Momente vorüberziehen. Das Geräusch wurde zum überlauten Surren eines Filmprojektors:

Mein Phantomgeliebter fährt mit mir in seinem Ford den Fluß entlang, um mir eine Silberbirke zu zeigen. Mein Geliebter und ich fahren durch die Canyons, halten am Colorado River – und pflanzen am Ufer einen kleinen Baum. Mein Geliebter landet in Acapulco. Wir leben in einem kleinen Haus auf einem Felsen – ein unbeschreiblicher Blick. Wir fahren durch den mexikanischen Dschungel. Wir schwimmen. Wir bauen ein Haus . . . Die sechs Minuten sind vorüber.«[250]

Der einzige Widerstand, der Anaïs öffentlich entgegengebracht wurde, kam von radikalen Feministinnen, die einen realen gesellschaftlichen und politischen Hintergrund in den Tagebüchern vermißten. Bisweilen unterbrachen sie mit lautstarken Parolen die Vorträge, oder sie formulierten ihre Vorbehalte in bitterbösen Briefen. In einer ihrer Antworten schrieb Nin: »Ja, es war schwierig, aber die Frauenbewegung hat sich dasselbe Element zu eigen gemacht, das ich in den vierziger Jahren ablehnte – engstirnige, bigotte, unmenschliche Parolen. Aber obwohl Sie mich nicht zu Ende reden ließen und die

Brücke nicht sahen, die ich schlug, hatte ich das Gefühl, mehr Freundinnen als Feindinnen zu haben. Wer ist für die Gehirnwäsche so vieler Frauen verantwortlich? Wer hat sie programmiert, daß sie den schlechtesten Theorien des Mannes und nicht den besten folgen und zu Krieg und Haß in einer kriegserfüllten Welt beitragen? Die neue öffentliche Rolle, die man mir auferlegt (ich habe Frauen auf andere Weise befreit), ist vielleicht falsch, denn die militanten Frauen glauben nicht, daß die Bemühungen, die Qualität der Menschen zu heben, soziale Überstände beseitigen kann.«[251] Einer französischen Feministin gab sie zu bedenken: »Die Ängste der Frauen sind die wahren Hindernisse, die der inneren Freiheit entgegenstehen.«[252]

Im Herbst 1971 wurde Anaïs der Prix Sévigné verliehen. Sie hätte ihn gern persönlich in Empfang genommen, aber sie war bereits für eine Feier vorgemerkt, die die Berkeley-Universität zu ihren Ehren veranstaltete. Außerdem fühlte sie sich durch die nicht abreißenden öffentlichen Verpflichtungen völlig erschöpft. 1975 und 1976 wurden Teile ihrer auf Band aufgenommenen Vorträge und Diskussionsbeiträge in zwei Bänden publiziert, die in Deutschland unter den Titeln *Sanftmut des Zorns – Was es heißt, Frau zu sein* und *Die neue Empfindsamkeit – über Mann und Frau* erschienen. Ende des Jahres 1972 beglückwünschte Henry Miller sie in einem Brief scherzhaft zu dem Entschluß, die Vorträge ab Mai 1973 aufzugeben. Sie hielt sich daran, denn sie wollte und konnte nicht mehr.

»Ich hatte das Gefühl, außerhalb meiner selbst zu leben – oder daß mein Ich sich völlig aus mir herauslöste, um der Welt zu begegnen. Ich gab alles, was ich wußte, ich schöpfte es aus meinem Ich – auch meine Empfänglichkeit für die Liebe, die man mir entgegenbrachte. Aber manchmal riefen die ständigen Auftritte vor dem Publikum ein Spiegelbild wie ein Echo hervor, das nicht gut für mich war. Zu viele Bilder von Anaïs in einem roten Kleid, in einem weißen Kleid, in einem rosa Kleid, in einem violetten Kleid. Eine Anaïs, die auftritt. Selbst wenn meine Gefühle stark sind, raubte die Wiederholung ihnen jede Spontaneität. Ich wußte, was meine Zuhörer sagen würden, und ich kannte meine Antworten.«[253] Nach einem Aufenthalt im Sommer 1973 in Mexiko drehte Robert Snyder einen Film mit ihr, *Anaïs observed*, und sie wurde zum Mitglied des Lehrkörpers des International Community College in Los Angeles ernannt. Im Sommer 1974 reiste sie mit Rupert nach Bali, wo sie ihre letzten für die Öffentlichkeit bestimmten Tagebuchaufzeichnungen machte. Dann zog sie sich in das von Natur umgebene Haus am Silbersee zurück und wartete, von Rupert gepflegt und von Hugo am Telefon getröstet, auf den Tod, der sie am 14. Januar 1977 von ihrer Krankheit erlöste oder, wie Rupert im Epilog des siebten Tagebuchbands schrieb, die Taube aus ihr befreite.[254] Ein Grab von Anaïs Nin gibt es nicht. Ihre Asche wurde von einem Hubschrauber aus über dem Pazifischen Ozean verstreut.

Zeittafel

1903 Anaïs wird am 21. Februar in Paris als Tochter des spanischen Pianisten Joaquin Nin und der kubanisch-dänischen Sängerin Rosa Culmell, deren Vorfahren aus Frankreich stammen, geboren.

1905 Geburt des Bruders Thorvald in Havanna. Anaïs erkrankt an Tuberkulose.

1908 Geburt des Bruders Joaquin in Berlin.

1910 Während eines zweijährigen Aufenthalts der Familie in Brüssel wird Anaïs eingeschult und muß wegen einer Blinddarmentzündung operiert werden.

1913 Sommeraufenthalt der Nins an der französischen Atlantikküste in Arcachon. Joaquin Nin verläßt Frau und Kinder mit seiner jungen Geliebten Maria Luisa Rodriguez (Maruça), die er 1924 heiratet. Rosa zieht mit den Kindern zu ihren Schwiegereltern nach Barcelona.

1914 Im Juli Überfahrt mit der *Montserrat* nach New York. Anaïs beginnt ihr Tagebuch zu schreiben. Rosa Nin-Culmell wird von ihren in Amerika lebenden kubanischen Verwandten aufgenommen und verdient für sich und ihre Kinder den Lebensunterhalt als Gesangslehrerin, Pensionswirtin, Immobilienmaklerin und Börsenspekulantin. Anaïs und ihre Brüder besuchen eine katholische Schule.

1920 Anaïs, die ihr Tagebuch in Französisch begann, macht ihre Eintragungen nur noch in Englisch.

1922 Anaïs arbeitet zeitweise als Malermodell und Mannequin und studiert ein Semester Literatur an der Columbia-Universität.

1923 Anaïs heiratet im März den Bankangestellten Hugh (Hugo) Guiler, der in den vierziger Jahren als Graphiker und Filmemacher den Künstlernamen Ian Hugo annimmt. Erster Romanversuch, *Alines Wahl*.

1924 Im August übersiedelt Rosa nach Paris (Musikausbildung für Joaquin), wohin ihr Hugo und Anaïs im Dezember folgen. Erstes surrealistisches Manifest von André Breton.

1925 Anaïs' Eltern lassen sich scheiden, und Joaquin Nin heiratet Maruça, seine Geliebte aus Arcachon. Hugo arbeitet in der Auslandsfiliale der National City Bank. Im Dezember trifft John Erskine, Hugos ehemaliger Literaturprofessor, mit Frau und Kindern in Paris ein.

1929 Umzug von Paris nach Louveciennes. Liebesbeziehung zu John Erskine. Entstehung mehrerer Kurzgeschichten.

1930 Eduardo Sanchez macht seine Cousine Anaïs mit dem Werk von D. H. Lawrence bekannt. Zweites surrealistisches Manifest von André Breton.

1931 Beginn der Beziehung zu Henry Miller, die nach einer leidenschaftlichen Phase den Charakter einer literarischen Freundschaft annimmt, und zu June, Millers zweiter Frau.

1932 Veröffentlichung der Studie über D. H. Lawrence. Analyse bei René Allendy und Affäre mit ihm.

1933 Begegnung mit Antonin Artaud. Treffen mit dem Vater in Paris und in Valescure an der Riviera. Anaïs wechselt den Psychoanalytiker und geht zu Otto Rank, einem abtrünnigen Schüler Sigmund Freuds. Die Ehe mit Hugo bleibt trotz Anaïs' Eskapaden bestehen.

1934 Schwangerschaft, mißglückte Abtreibung und Todgeburt einer Tochter. Vorwort zu Henry Millers in Paris veröffentlichtem *Wendekreis des Krebses*. Im Dezember folgt Anaïs Otto Rank nach New York, wo sie ein halbes Jahr lang selbständig Analysen durchführt.

1936 *Haus des Inzests*, der erste literarische Text Nins, erscheint im Selbstverlag *Siana Editions*. Abermals drei Monate bei Otto Rank in New York. Auf der Rückreise im Herbst über Spanien Abstecher nach Fez. Umzug von Louveciennes nach Paris. Hugo immer häufiger geschäftlich in London. Liebesidyll mit dem Peruaner Gonzalo More auf dem Hausboot *Belle Aurore*.

1938 Hugo leitet die Londoner Filiale der National City Bank.

1939 Im März stirbt Otto Rank in New York. Die dreiteilige Erzählung *Eiszeit* erscheint. Nach Ausbruch des Zweiten Weltkriegs Rückkehr mit Hugo nach New York. Joaquin Nin geht nach Kuba.

1940 Anaïs' Wohnstudio in Greenwich Village wird zum »Taubenschlag« für junge Künstler.

1941 Um ihre »Kinder« weiter unterstützen zu können, schreibt Anaïs mit einigen von ihnen pornographische Texte für einen gut zahlenden Auftraggeber *(Das Delta der Venus)*.

1942 Mit Gonzalos Hilfe druckt Anaïs ihre eigenen Bücher: *Eiszeit*, *Haus des Inzests* und *Unter einer Glasglocke*. Hugo (Ian Hugo) illustriert die bibliophilen Ausgaben mit eigenen Graphiken. Psychotherapie bei Martha Jaeger.

1944 Mit Erscheinen von *Unter einer Glasglocke* beginnt Anaïs' Kampf gegen die »puritanischen« Kritiker, die den amerikanischen Realismus gegen ihren verspäteten surrealistischen Stil setzen.

1945 *Dieser Hunger*, der erste Teil von *Leitern ins Feuer*, erscheint als letztes Buch im Selbstverlag *Gemor Press*.

1946 Kurze Freundschaft mit Gore Vidal, der *Leitern ins Feuer* (1. Band des Zyklus *Städte des Innenlebens*) im Verlag Dutton herausbringt; schlechte Kritiken, geringer Verkauf.

1947 Mit Rupert Pole, ihrem zukünftigen zweiten »Ehemann«, durch die Vereinigten Staaten nach Kalifornien und Mexiko

(Winteraufenthalt). Veröffentlichung von *Kinder des Albatros* (2. Band von *Städte des Innenlebens*) bei Dutton.

1948 Erste Vorträge und Lesungen an amerikanischen Universitäten. Hauptthemen ihrer Tagebücher: weibliche Kreativität, Homosexualität, Mexiko.

1949 Tod von Joaquin Nin auf Kuba. Anaïs lebt bis drei Jahre vor ihrem Tod teils in Kalifornien bei Rupert und in Mexiko, teils in New York bei Hugo, der die Bank verläßt und sich als Graphiker und Filmemacher profiliert.

1950 *Djuna oder Das Herz mit den vier Kammern* (3. Band von *Städte des Innenlebens*) erscheint. Wiederholt negatives Echo.

1951 Die Psychoanalytikerin Doktor Inge Bogner behandelt und berät Anaïs bis Anfang der siebziger Jahre. Hauptproblem: Unfähigkeit, negative Kritik zu verarbeiten.

1953 Entfernung eines schmerzhaften Tumors. Freundschaft mit der Wiener »Happening«-Künstlerin Renate Druks.

1954 Tod von Rosa Nin-Culmell. *Ein Spion im Haus der Liebe* (4. Band von *Städte des Innenlebens*) wird trotz gleichbleibender negativer Rezensionen ein Publikumserfolg in Amerika und im Ausland. Erster Parisaufenthalt seit 1939.

1955 Experiment mit LSD und wiederholte Ablehnung künstlicher Rauschmittel. Mitarbeit als freie Redakteurin der Zeitschriften *Eve* und *Two Cities*.

1958 Berichterstattung von der Weltausstellung in Brüssel. *Solar Barque*, die erste Version von *Labyrinth des Minotaurus* (5. Band von Städte des Innenlebens), erscheint.

1959 Berichterstattung von der italienischen Modemesse in Venedig. Der Einmannverleger Allan Swallow aus Denver veröffentlicht erstmals sämtliche fünf Bände der *Städte des Innenlebens* in einem Band. Krankenhausaufenthalt wegen einer doppelseitigen Lungenentzündung. Beginn der Freundschaft mit Marguerite Young.

1960 Vortragsreise nach Stockholm. Korrespondenz mit Roger Bloom, einem lebenslänglich verurteilten Strafgefangenen.

1961 Das »Haus« am Silbersee in Hollywood, erbaut von Rupert Poles Stiefvater Lloyd Wright, ist fertig. Bemühungen um Verfilmung von *Ein Spion im Haus der Liebe. Labyrinth des Minotaurus* (2. Version von *Solar Barque*) erscheint.

1962 Nach den ständigen Mißerfolgen als Romanautorin beginnt Anaïs ihre alten Tagebücher abzuschreiben und zu redigieren, um sie zur Veröffentlichung anbieten zu können.

1964 Allan Swallow gibt *Collages* heraus, die letzte literarische Textsammlung Nins. Marguerite Duras fertigt ein Drehbuch zu *Ein Spion im Haus der Liebe* an, aber Anaïs lehnt es aus stilistischen Gründen ab.

1966 Krebserkrankung und Beginn chemotherapeutischer Behandlung. Der erste Band der Tagebücher erscheint nach anfänglicher Ablehnung durch mehrere große Verlage bei *Harcourt-Brace*. Im Sommer Reise nach Japan und in andere Länder Südostasiens.

1967 Der ungeheuere Erfolg des ersten Tagebuchs, dem zehn weitere Bände folgen, macht Nin zum Spielball der Öffentlichkeit, der sie sich ohne Widerstand bis zur völligen Erschöpfung überläßt.

1971 Verleihung des Prix Sévigné. Ernennung zum ständigen Mitglied der International Community University in Los Angeles.

1973 Verleihung der Ehrendoktorwürde durch die Universität von Philadelphia.

1974 Da sich die Krebserkrankung verschlimmert, zieht sich Anaïs nach einer Reise nach Bali in ihr Haus am Silbersee zurück.

1975 Veröffentlichung einiger von Nins Vorträgen und Diskussionsbeiträgen in dem Sammelband *Sanftmut des Zorns – Was es heißt, Frau zu sein.*

1976 Veröffentlichung der Vortragssammlung *Die neue Empfindsamkeit – Über Mann und Frau.*

1977 Anaïs Nin stirbt am 14. Januar. Ihre Asche wird über dem Pazifischen Ozean verstreut. Die posthum herausgegebenen Bücher *Das Delta der Venus* (1977) und *Henry, June und ich – Das intime Tagebuch* (1986) werden zu Bestsellern.

1982 Gründung der Anaïs Nin Foundation in Los Angeles.

1985 Tod von Hugh (Hugo) Guiler.

1990 Rupert Pole und Gunther Stuhlmann planen die Herausgabe weiterer Tagebuchaufzeichnungen Nins.

Anmerkungen

1 Anaïs Nin: *Das Kindertagebuch (1919–1920)*. München 1981.
2 Anaïs Nin: *Das Labyrinth*. In: *Unter einer Glasglocke*. München 1989, S. 64.
3 Anaïs Nin: *Das Kindertagebuch (1914–1919)*. Frankfurt/Main 1982, S. 6–7.
4 s. Anm. 3, S. 158.
5 s. Anm. 3, S. 65.
6 s. Anm. 1, Eintragung vom 17. November 1919.
7 Anaïs Nin: *Eiszeit*. In: *Unter einer Glasglocke*. München 1989, S. 155.
8 s. Anm. 7, S. 181.
9 s. Anm. 3, S. 75.
10 s. Anm. 3, S. 47–48.

11 s. Anm. 3, S. 86.
12 s. Anm. 3, S. 284.
13 s. Anm. 3, S. 287–288.
14 s. Anm. 3, S. 56.
15 s. Anm. 3, S. 54.
16 s. Anm. 3, S. 55–56.
17 s. Anm. 7, S. 116.
18 s. Anm. 7, S. 117.
19 s. Anm. 7, S. 150.
20 In: Elisabeth Barillé: *Maskierte Venus*. München 1992, S. 23.
21 s. Anm. 3, S. 370–371.
22 s. Anm. 3, S. 370.
23 s. Anm. 3, S. 348.
24 s. Anm. 1, S. 307.
25 s. Anm. 1, S. 292–293.
26 s. Anm. 1, S. 321–322.
27 s. Anm. 3, S. 229.
28 Anaïs Nin: *Tagebücher (1920–1921)*. München 1990, S. 191.
29 s. Anm. 1, S. 377.
30 s. Anm. 28, S. 248–249.
31 s. Anm. 28, S. 307.
32 s. Anm. 28, S. 308–309.
33 s. Anm. 28, S. 325–326.
34 Anaïs Nin: *The early diary of Anaïs Nin (1920–1923)*. New York 1982, Vol. 2, S. 402–403.
35 s. Anm. 34, S. 481.
36 s. Anm. 34, S. 512.
37 s. Anm. 34, S. 485.
38 s. Anm. 34, S. 495.
39 s. Anm. 34, S. 501.
40 s. Anm. 34, S. 502.
41 s. Anm. 34, S. 508.
42 s. Anm. 34, S. 509.
43 Anaïs Nin: *The early diary of Anaïs Nin (1923–1927)*. New York 1983, Vol. 3, S. 9.
44 s. Anm. 43, S. 14.
45 s. Anm. 43, S. 14.
46 s. Anm. 43, S. 18–19.
47 s. Anm. 43, S. 25–26.
48 s. Anm. 43, S. 61.
49 s. Anm. 43, S. 74.
50 s. Anm. 43, S. 72.
51 s. Anm. 43, S. 177–178.
52 Anaïs Nin: *Henry, June und ich. Intimes Tagebuch*. München 1991, S. 15.
53 s. Anm. 52, S. 26.

54 Anaïs Nin: *The early diary of Anaïs Nin (1927–1931)*. New York 1985, Vol. 4, S. 184.
55 s. Anm. 54, S. 185.
56 s. Anm. 54, S. 188–189.
57 s. Anm. 54, S. 189–190.
58 s. Anm. 52, S. 43.
59 s. Anm. 52, S. 250.
60 s. Anm. 54, S. 480.
61 s. Anm. 52, S. 61.
62 George Wickes: *Natalie Barney*. In: *American Writers in Paris 1920–1939*. Dictionary of Literary Biography, Vol. 4. Detroit 1980, S. 23.
63 Anaïs Nin: *Ein gefährliches Parfüm. Die frühen Erzählungen*. Reinbek 1993.
64 Anaïs Nin: *D. H. Lawrence. An unprofessional study*. Denver 1964, S. 14.
65 s. Anm. 64, S. 52.
66 s. Anm. 64, S. 71.
67 s. Anm. 52, S. 16.
68 Anaïs Nin: *Die Tagebücher der Anaïs Nin 1 (1931–1934)*. München 1971, S. 17.
69 s. Anm. 52, S. 85.
70 s. Anm. 52, S. 83.
71 Brassaï: *Henry Miller in Paris*. Frankfurt/Main 1979, S. 46.
72 s. Anm. 71, S. 48.
73 s. Anm. 71, S. 48.
74 s. Anm. 68, S. 145.
75 s. Anm. 68, S. 21.
76 Henry Miller: *Book of Friends*. Santa Barbara 1987, S. 265–267.
77 Ulrich Schnappauf: *Gespräch mit der Schriftstellerin Anaïs Nin*. In: *Die Welt*, 22.10.1969.
78 s. Anm. 52, S. 88.
79 s. Anm. 52, S. 59–60.
80 s. Anm. 68, S. 89.
81 s. Anm. 52, S. 246.
82 s. Anm. 52, S. 250.
83 s. Anm. 52, S. 256–257.
84 s. Anm. 52, S. 262.
85 s. Anm. 52, S. 265–266.
86 Henrty Miller: *Briefe an Anaïs Nin*. Reinbek 1968, S. 21.
87 Anaïs Nin: *Haus des Inzests*. München 1987, S. 75.
88 s. Anm. 87, S. 79.
89 s. Anm. 87, S. 33.
90 Ingrid Pohl: *In einer schönen Welt*. In: *Der Tagesspiegel*, 28.7.1985, S. 55.

91 Gerhard Kirchner: *Goldfisch im Teich der Liebe. Anaïs Nins »Haus des Inzests« in einer zweisprachigen Ausgabe.* In: *Frankfurter Allgemeine Zeitung*, 11.6.1985, S. 24.
92 s. Anm. 68, S. 203–204.
93 s. Anm. 68, S. 252.
94 s. Anm. 68, S. 255–256.
95 s. Anm. 68, S. 266.
96 Dieses Motto stellte Anaïs Nin dem *Haus des Inzests* voran.
97 s. Anm. 68, S. 220–221.
98 s. Anm. 68, S. 224.
99 s. Anm. 68, S. 224–225.
100 s. Anm. 68, S. 228–229.
101 s. Anm. 68, S. 229.
102 s. Anm. 68, S. 256.
103 s. Anm. 68, S. 259.
104 s. Anm. 68, S. 259.
105 s. Anm. 7, S. 159.
106 s. Anm. 7, S. 160.
107 s. Anm. 68, S. 218.
108 s. Anm. 68, S. 243.
109 s. Anm. 68, S. 217–218.
110 s. Anm. 7, S. 252–253.
111 s. Anm. 68, S. 353.
112 s. Anm. 68, S. 362.
113 s. Anm. 68, S. 369.
114 Anaïs Nin: *Die Tagebücher der Anaïs Nin 2 (1934–1939)*. München 1972, S. 29.
115 s. Anm. 114, S. 45.
116 s. Anm. 114, S. 46.
117 s. Anm. 114, S. 68.
118 s. Anm. 114, S. 78.
119 s. Anm. 114, S. 76.
120 Beide Erzählungen sind in der Sammlung *Unter einer Glasglocke* enthalten.
121 s. Anm. 114, S. 90–91.
122 s. Anm. 114, S. 314–315.
123 s. Anm. 114, S. 313.
124 Anaïs Nin: *Die Tagebücher der Anaïs Nin 3 (1939–1944)*. München 1974, S. 51.
125 s. Anm. 124, S. 29.
126 s. Anm. 124, S. 104.
127 s. Anm. 124, S. 37.
128 s. Anm. 124, S. 33.
129 s. Anm. 124, S. 39.
130 s. Anm. 124, S. 64.
131 s. Anm. 124, S. 30.

132 s. Anm. 124, S. 148–149.
133 s. Anm. 124, S. 133.
134 s. Anm. 124, S. 255.
135 s. Anm. 124, S. 198–199.
136 s. Anm. 124, S. 116.
137 s. Anm. 124, S. 120.
138 s. Anm. 124, S. 73.
139 s. Anm. 124, S. 84.
140 s. Anm. 124, S. 84.
141 s. Anm. 76, S. 265–266.
142 s. Anm. 124, S. 215.
143 s. Anm. 124, S. 236.
144 s. Anm. 124, S. 240–241.
145 s. Anm. 124, S. 266.
146 s. Anm. 124, S. 272.
147 s. Anm. 124, S. 272–275.
148 s. Anm. 124, S. 345.
149 s. Anm. 124, S. 243.
150 Anaïs Nin: *Die Tagebücher der Anaïs Nin 4 (1944–1947)*. München 1986, S. 93.
151 Anaïs Nin: *Realism and Reality*. In: *White Blackbird*. Santa Barbara 1985, S. 23.
152 s. Anm. 150, S. 95.
153 Anaïs Nin: *Die Tagebücher der Anaïs Nin (1955–1966)*. Frankfurt/Main 1981, S. 50.
154 s. Anm. 150, S. 65–66.
155 s. Anm. 150, S. 134–135.
156 Christa Melchinger: *Dem Rätsel Frau auf der Spur*. In: *Frankfurter Allgemeine Zeitung*, 13.10.1980, S. 24.
157 Anaïs Nin: Leitern ins Feuer. München 1988, S. 125–142.
158 s. Anm. 150, S. 174–175.
159 s. Anm. 150, S. 207–208.
160 s. Anm. 150, S. 201.
161 s. Anm. 150, S. 176.
162 Aufgenommen im Sammelband *Unter einer Glasglocke*.
163 s. Anm. 150, S. 177.
164 s. Anm. 150, S. 197–198.
165 s. Anm. 150, S. 209.
166 s. Anm. 150, S. 210.
167 s. Anm. 150, S. 217–218.
168 Anaïs Nin: *Die Tagebücher der Anaïs Nin (1947–1955)*. Frankfurt/Main 1980, S. 25.
169 Anaïs Nin: *Labyrinth des Minotaurus*. München 1988, S. 85–86.
170 s. Anm. 168, S. 59.
171 s. Anm. 168, S. 55–56.

172 s. Anm. 168, S. 55.
173 s. Anm. 168, S. 57.
174 s. Anm. 168, S. 76.
175 Christina Weiss: *Die Ich-Tiefen einer Frau.* In: *Frankfurter Allgemeine Zeitung,* 22.11.1983, S. 26.
176 s. Anm. 168, S. 101.
177 s. Anm. 168, S. 102.
178 s. Anm. 168, S. 103.
179 s. Anm. 168, S. 105.
180 s. Anm. 168, S. 113.
181 s. Anm. 168, S. 125.
182 Anaïs Nin: *Ein Spion im Haus der Liebe.* München 1972, S. 10.
183 s. Anm. 168, S. 145.
184 s. Anm. 168, S. 149.
185 s. Anm. 168, S. 153.
186 s. Anm. 168, S. 186–187.
187 s. Anm. 168, S. 188.
188 s. Anm. 168, S. 189.
189 s. Anm. 168, S. 223.
190 s. Anm. 182, S. 32–33.
191 Günter Blöcker: *Beim neurotischen Widerschein.* In: *Frankfurter Allgemeine Zeitung,* 6.6.1987.
192 s. Anm. 168, S. 233.
193 s. Anm. 168, S. 238.
194 s. Anm. 168, S. 251–252.
195 s. Anm. 168, S. 252.
196 s. Anm. 168, S. 285.
197 s. Anm. 168, S. 297.
198 s. Anm. 168, S. 298–299.
199 s. Anm. 168, S. 308–309.
200 s. Anm. 168, S. 371.
201 s. Anm. 153, S. 19–20.
202 s. Anm. 153, S. 47.
203 s. Anm. 153, S. 50.
204 s. Anm. 153, S. 113.
205 s. Anm. 153, S. 111–112.
206 s. Anm. 153, S. 149.
207 s. Anm. 153, S. 252–254.
208 s. Anm. 153, S. 258–260.
209 s. Anm. 153, S. 194.
210 s. Anm. 153, S. 265.
211 s. Anm. 153, S. 277.
212 Karl Krolow: *Flattern der Traumflügel.* In: *Der Tagesspiegel,* 14.9.1986, S. 57.
213 Wolfgang Leppmann: *Minotaurus in Mexiko.* In: *Frankfurter Allgemeine Zeitung,* 1.2.1986.

214 Johannes Kleinstück: *Maskierte Frau im Spiegel*. In: *Die Welt*, 8.2.1986.
215 Agnes Meinold: *Eine Frau in ihrem eigenen Labyrinth*. In: *Welt am Sonntag*, 2.2.1986, S. 42.
216 s. Anm. 153, S. 291.
217 s. Anm. 153, S. 308.
218 s. Anm. 153, S. 307.
219 s. Anm. 153, S. 360.
220 s. Anm. 153, S. 361.
221 s. Anm. 153, S. 362.
222 s. Anm. 153, S. 364.
223 s. Anm. 153, S. 373–376.
224 s. Anm. 153, S. 405–406.
225 s. Anm. 153, S. 424.
226 s. Anm. 153, S. 331.
227 s. Anm. 153, S. 411.
228 s. Anm. 153, S. 434–436.
229 s. Anm. 153, S. 421.
230 s. Anm. 153, S. 464–465.
231 s. Anm. 153, S. 470.
232 s. Anm. 153, S. 511–513 und Anaïs Nin: *Die Tagebücher der Anaïs Nin (1966–1974)*. München 1982, S. 74–78.
233 s. Anm. 153, S. 558.
234 Anaïs Nin: *Die Tagebücher der Anaïs Nin (1966–1974)*. München 1982, S. 305.
235 s. Anm. 234, S. 47.
236 s. Anm. 234, S. 187.
237 s. Anm. 153, S. 366.
238 Ernst Grollmann: *Anaïs Nin – Die Tagebücher*. In: *Neue deutsche Hefte*, Jg. 27, Heft 3, 1980, S. 608–611.
239 s. Anm. 153, S. 555–556.
240 s. Anm. 153, S. 556.
241 s. Anm. 153, S. 562.
242 s. Anm. 153, S. 586.
243 s. Anm. 153, S. 587.
244 s. Anm. 153, S. 593.
245 s. Anm. 153, S. 601.
246 s. Anm. 153, S. 594.
247 s. Anm. 153, S. 605.
248 s. Anm. 153, S. 605.
249 s. Anm. 153, S. 613–614.
250 s. Anm. 234, S. 147.
251 s. Anm. 234, S. 197–198.
252 s. Anm. 234, S. 197.
253 s. Anm. 234, S. 303.
254 s. Anm. 234, S. 362.

Bibliographie

Werke (Auswahl)

D. H. Lawrence: An Unprofessional Study. Paris (Edward W. Titus) 1932.
The House of Incest. Paris (Siana Editions) 1936.
The Winter of Artiface. Paris (The Obelisk Press) 1939.
Under a Glass Bell. New York (Gemor Press) 1945.
This Hunger. New York (Gemor Press) 1945.
Ladders to Fire. New York (Dutton) 1946.
Realism and Reality. New York (Alicat Book Shop) 1946.
Children of the Albatross. New York (Dutton) 1947.
The Four-Chambered Heart. New York (Duell, Sloane and Pearce) 1950.
A Spy in the House of Love. New York (British Book Centre) 1954.
Solar Barque. Ann Arbor (Edwards Brothers) 1958.
Cities of the Interior. Denver (Swallow) 1959.
Seduction of the Minotaur. Denver (Swallow) 1961.
Collages. Denver (Swallow) 1964.
The Diary of Anaïs Nin (1931–1934). New York 1966.
The Diary of Anaïs Nin (1934–1939). New York 1967.
The Diary of Anaïs Nin (1939–1944). New York 1969.
The Diary of Anaïs Nin (1944–1947). New York 1971.
The Diary of Anaïs Nin (1947–1955). New York 1974.
The Diary of Anaïs Nin (1955–1966). New York 1976.
In Favor of the Sensitive Man and Other Essays. New York 1976.
Delta of Venus, Erotica. New York 1977.
Waste of Timelessness and Other Early Stories. New York 1977.
Linotte. The Early Diary of Anaïs Nin (1914–1920). New York 1978.
The Diary of Anaïs Nin (1966–1974). New York 1979.
The Early Diary of Anaïs Nin (1920–1923). San Diego 1982.
The Early Diary of Anaïs Nin (1923–1927). San Diego 1983.
The Early Diary of Anaïs Nin (1927–1931). San Diego 1985.
Henry and June. From the Unexpurgated Diary of Anaïs Nin. San Diego 1986.

Deutschsprachige Übersetzungen

Henry Miller: Briefe an Anaïs Nin. Reinbek 1968.
Die Tagebücher der Anaïs Nin (1931–1934). Hamburg 1968.
Die Tagebücher der Anaïs Nin (1934–1939). Hamburg 1969.
Die Tagebücher der Anaïs Nin (1939–1944). Hamburg 1970.
Ein Spion im Haus der Liebe. München 1972.
Die Tagebücher der Anaïs Nin (1944–1947). München 1977.

Die Tagebücher der Anaïs Nin (1947–1955). München 1978.
Das Delta der Venus. München 1978.
Die Tagebücher der Anaïs Nin (1955–1966). München 1979.
Die verborgenen Früchte. München 1979.
Unter einer Glasglocke. München 1979.
Sanftmut des Zorns – Was es heißt, Frau zu sein. München 1979.
Die neue Empfindsamkeit – Über Mann und Frau. München 1980.
Leitern ins Feuer. München 1980.
Das Kindertagebuch (1914–1919). München 1981.
Das Kindertagebuch (1919–1920). München 1981.
Die Tagebücher der Anaïs Nin (1966–1974). München 1982.
Kinder des Albatros. München 1982.
Djuna oder Das Herz mit den vier Kammern. München 1983.
Haus des Inzests (zweisprachig). München 1984.
Labyrinth des Minotaurus. München 1985.
Tagebücher (1920–1921). München 1986.
Intimes Tagebuch. Henry, June und ich. München 1989.

Benutzte Literatur

Artaud, Antonin: *Das Theater und sein Double*. Frankfurt/Main 1969.
Barillé, Elisabeth: *Maskierte Venus. Das Leben der Anaïs Nin*. München 1992.
Brassaï: *Henry Miller in Paris*. Frankfurt/Main 1979.
Brodin, Pierre: *Écrivains Américains d'Aujourd'hui*. In: *Présences contemporaines*. Paris 1964.
Franklin, Benjamin und Schneider, Duane: *Anaïs Nin. An Introduction*. Athens (Ohio) 1979.
Harms, Valerie (Hg.): *Celebration with Anaïs Nin*. New York 1973.
Hocke, Gustav René: *Das europäische Tagebuch*. München 1978.
Miller, Henry: *Book of Friends*. Santa Barbara 1987.
Salber, Linde: *Anaïs Nin*. Reinbek 1992.
Shapiro, Karl: *The Charmed Circle of Anaïs Nin*. In: *Book Week*, 1. Mai 1966.
Surrealismus in Paris 1919–1939. Hg. Karlheinz Barck. Leipzig 1986.

Personenregister

Bildnachweis

Archiv für Kunst und Geschichte, Berlin: Henry Miller; Antoine Artaud; Simone de Beauvoir
Bilderdienst Süddeutscher Verlag, München: Anaïs Nin zu Beginn der dreißiger Jahre; Otto Rank; John Erskine; Henry Miller und Rip Torn; Marguerite Duras; Anaïs Nin in New York; Gore Vidal
Interfoto-Pressebild-Agentur, München: Lawrence G. Durell; Carl van Vechten fotografierte Anaïs Nin; Anaïs Nin mit ihrem Hündchen; Tennessee Williams; Anaïs Nin fotografiert von Jean Varda.